구속사를
열어가는
성경공부
시리즈

우리가 섬겨야 할
하나님 나라의
복음

마태복음

박승호 지음

한국장로교출판사

머리말

'하나님 나라와 구속사'를 구하는 우리의 기도

성경의 주제는 하나님 나라, 성경의 내용은 예수 그리스도입니다.

내 인생의 목적도 하나님 나라, 내 삶의 내용도 예수 그리스도입니다.

목회도, 사역도, 삶도,

불신자를 향한 전도의 접근도 이 본질을 선포하고, 나누기 위한 의도이기를 원합니다.

먼저 그의 나라와 그의 의를 구하는 자가 되게 해 주십시오(마 6 : 33).

그들이 날짜를 정하고 그가 유숙하는 집에 많이 오니 바울이 아침부터 저녁까지 강론하여 하나님의 나라를 증언하고 모세의 율법과 선지자의 말을 가지고 예수에 대하여 권하더라(행 28 : 23)

30 바울이 온 이태를 자기 셋집에 머물면서 자기에게 오는 사람을 다 영접하고 31 하나님의 나라를 전파하며 주 예수 그리스도에 관한 모든 것을 담대하게 거침없이 가르치더라(행 28 : 30–31)

바울처럼 우리도 이렇게 마지막 순간까지 올곧게 한 방향, 한 목적으로 나아가기를 원합니다.

심령이 가난한 자가 하나님 나라를 소유한 자임을 가르쳐 주심을 감사합니다(마 5 : 3).

하나님을 목말라하고, 예수님을 배고파하기를 원합니다(마 5 : 6).

돈에, 명예에,

사람들의 인정에, 인기에 나의 마음이 더 가 있다면 하나님 나라를 사모하는 자가 아님을 알게 하소서.

영혼이 깨어 있는 사람은 빵이나 사람들의 평가나 욕망의 충족으로 만족할 수 없습니다. 오직 그리스도를 사모하고 목말라합니다.

주님, 저는 안전, 돈, 이성, 행복을 목말라합니까?

말씀, 기도, 거룩을 배고파합니까?
나는 매일 무엇을 기다리며 삽니까?
나는 무엇을 행복이라고 생각합니까?
하나님 나라와 구속사가 나의 매일의 우선적인 갈망이요, 기도제목이기를 원합니다.
그 소원으로 나의 매일이 분망하게 하옵소서.

주님, 나도 다윗의 고백처럼 돈보다도 말씀을 더 사모하며,
송이꿀보다도 말씀을 더 맛있게 먹는다고 고백할 수 있기를 원합니다.

금 곧 많은 순금보다 더 사모할 것이며 꿀과 송이꿀보다 더 달도다(시 19 : 10)

주님 나라를 건설하기 위해 공을 세웠던 특별한 개국공신들,
곧 다말(마 1 : 3), 라합(5), 룻(5), 우리아의 아내(6), 마리아(16)……
그 끝자락 즈음에 부끄럽지만 저의 이름 석 자도 함께 기록되기를 소원합니다.
그 나라를 세우기 위하여 우리를 나라와 제사장으로 불러 주심을 감사합니다.

9 그들이 새 노래를 불러 이르되 두루마리를 가지시고 그 인봉을 떼기에 합당하시도다 일찍
이 죽임을 당하사 각 족속과 방언과 백성과 나라 가운데에서 사람들을 피로 사서 하나님께
드리시고 10 그들로 우리 하나님 앞에서 나라와 제사장들을 삼으셨으니 그들이 땅에서 왕
노릇 하리로다 하더라(계 5 : 9-10)

우리를 피 값을 주고 사신 이유가 나라와 제사장으로 세우시기 위함이라니 감격일 뿐입니다.

39 나는 너희에게 이르노니 악한 자를 대적하지 말라 누구든지 네 오른편 빰을 치거든 왼편도
돌려 대며 40 또 너를 고발하여 속옷을 가지고자 하는 자에게 겉옷까지도 가지게 하며 41 또 누
구든지 너로 억지로 오 리를 가게 하거든 그 사람과 십 리를 동행하고(마 5 : 39-41)

이것이 대의를 품고 나라를 세울 왕들과 제사장들의 철학이요, 삶의 원칙임을 알게 하여 주십시오.

아담의 범죄가 우리로 하나님 나라를 잃게 했습니다.
아담이 죄와 사망을 가져와 죄와 사망이 왕 노릇하게 되었습니다.
지금도 가정에, 교회에, 직장에, 사회에, 국가에 저주와 손상을 가져오는 아담족들이 많이 있습니다.
우리는 주님이 가져오신 은혜와 의를 넘치게 받음으로 생명 안에서 왕으로 살게 하여 주십시오(롬 5 : 17).

주님 제가 아담족이 아닌 예수족이기를 원합니다.
우리 주님처럼 죽이는 자가 아닌, 살리는 자가 되기를 원합니다(고전 15 : 45)
주님이 나의 의요, 거룩함이요, 구원함이었듯(고전 1 : 30),
이제는 제가 주님의 찬송이요, 기쁨이요, 영광이기를 기도합니다(고후 5 : 21, 엡 1 : 12).

죄가 왕 노릇하면 사망이 왕 노릇하고,
은혜가 왕 노릇하면 내가 생명 안에서 왕 노릇할 수 있음을 압니다(롬 5 : 17, 21).
은혜받는 시간, 은혜를 끼치는 사람, 은혜받는 장소를 놓치지 않게 하소서.

큰 민족으로 나를 부르신 하나님(창 12 : 2), 제가 혼자이지 않음을 알게 하여 주옵소서.
복의 근원으로 살게 하시고 나로 인하여 나라들과 민족들이 복을 받게 하소서.
생명의 부양자로 요셉처럼 창고를 짓고 나라들을 부양하는 자가 되게 하소서.

하나님 나라를 가지고 이 땅에 오신 우리 주님처럼(마 4 : 17)
하나님 나라와 구속사의 완성을 위하여

우리가 제사장으로,
왕으로,
주님의 나라로 살게 하여 주옵소서.
완성될 하나님 나라를 위하여 개국공신(Kingdom Builder)으로 쓰임받게 하소서.

……세상 나라가 우리 주와 그의 그리스도의 나라가 되어 그가 세세토록 왕 노릇 하시리로다 하니(계 11 : 15)

'하나님 나라와 구속사'를 나의 최고의 기도제목으로,
삶의 가치로 주님 앞에 올려드리게 하소서.

그런즉 너희는 먼저 그의 나라와 그의 의를 구하라 그리하면 이 모든 것을 너희에게 더하시리라(마 6 : 33)

2016년 2월
박승호 목사

차례

우리가 섬겨야 할
'하나님 나라'의 복음

—마태복음

하브루타 학습법 – 본 교재의 사용법

신약성경은 마태복음으로부터 시작합니다. 연대적으로 볼 때 처음 기록된 책이 아님에도 불구하고 신약을 여는 맨 처음 책으로 마태복음을 위치시킨 이유는 무엇일까요? 바로 '하나님 나라'라는 주제 때문입니다. 물론 복음서뿐 아니라 모든 성경이 '하나님 나라'를 주제로, '예수 그리스도'를 그 내용으로 기록되었습니다. 그러나 메시야를 기다리고 있는 유대인들에게 그들의 관점과 그들의 기대의 방향을 따라 그들이 십자가에 못 박은 '예수'가 하나님 나라를 주시기 위해 오신 메시야이며 왕이심을 설명할 필요가 있었습니다. 그래서 '예수 그리스도'와 '하나님 나라'에 대해 가장 유대적으로 기록한 책인 마태복음을 새 언약 시대를 여는 첫 책으로 배열하게 되었습니다.

마태복음 안에서

1. 예수님은 어떤 분이십니까?

"아브라함과 다윗의 자손 예수 그리스도의 계보라"(마 1 : 1)

예수님은 아브라함과 다윗의 자손으로 살아 계신 하나님의 씨(Sonship)이시며 그리스도, 곧 우리에게 기름을 부어 통치권(Kingship)을 주기 위해 오신 분입니다.

2. '하나님 나라'는 무엇이라고 설명할 수 있습니까?

'하나님 나라'는 하나님의 통치가 실현되고 있는 모든 영역으로, 미래, 혹은 죽음 이후의 세계에 국한된 것이 아닌 하나님이 왕과 주인으로 '지금, 여기'로부터 시작하여 영원까지 다스리시는 나라입니다.

3. 예수님은 누구(인격)이시며 무슨 일(사역)을 하셨습니까?(마 16 : 16)

인격 : 살아 계신 하나님의 아들이십니다.

예수님은 사람이 타락함으로 잃어버렸던 하나님의 생명(영생)을 우리에게 주십니다(요 1 : 12).

사역 : 그리스도이십니다.

예수님은 하나님 나라를 건설하시기 위해(마 4 : 17) 이 땅에 구원자로, 왕으로 오셨습니다. 우리를 훈련시키시고, 우리에게 기름을 부으셔서 우리를 하나님 나라 건설의 동역자로 부르십니다(마 10장, 행 2장).

유대인들이 기대한 메시야는 아브라함과 다윗의 자손으로 오실 분이었는데 예수님이 바로 그분이었습니다. 단지 그들이 원하고 기대하는 방법으로 통치하시지 않고 전혀 그들이 예측하지 못한 새로운 질서를 선포하셨기에 그들과 충돌이 있었습니다.

이 책은 이러한 하나님 나라의 중심 사상을 이해하고 적용하기 위한 질문과 답으로 구성되어 있습니다. 질문은 뇌를 자극하여 생각을 깊게 하고 새로운 관점들을 발견하게 합니다. 유대인들은 서로 짝을 지어 질문하고 토론하는 방법으로 토라와 탈무드를 공부하였습니다. 이러한 교육 방법을 '하브루타'라고 합니다. 하브루타는 '서로 짝을 지어 질문하고 대화하고 토론하고 논박하는 방식'의 학습법입니다.

유대인들이 포로 시대와 2천 년의 나라 잃은 긴 방랑의 역사를 지내면서도 하나님의 말씀, 언어, 율법, 문화를 잃어버리지 않고 그 고유성을 지킬 수 있었던 것은 두 사람이 짝을 이루어 서로에게 문답하는 형식의 하브루타 학습법이 있었기 때문이었다고 해도 지나치지 않을 만큼, 하브루타는 유대인 교육의 중요한 역할을 감당했습니다.

하브루타 방식으로 마태복음 공부하기

1. 제일 먼저, 각 단원이 제시하는 분량의 성경본문을 여러 번 반복해서 읽습니다.
2. 각 성경본문을 읽은 후 4단계(내용(사실)질문–심화(상상)질문–적용(실천)질문–메타(종합)질문)의 질문을 만들어 봅니다.
3. 본 교재를 읽고 위의 질문들의 답을 찾아 가능한 대로 스스로 해결해 봅니다.
4. 일대일 양육자와 함께 궁금한 점들을 서로 질문하고 대화, 토론, 논박하면서 함께 문제를 해결합니다.
5. 교재의 적용질문을 통해 하나님의 말씀을 내 삶으로 체화시킵니다.
6. 가능한 대로 양육자는 말을 적게 하고 학습자가 말을 많이 하면서 자기 주도적 학습을 할 수 있도록 '공감소통대화법'의 원리를 적용하여 공부합니다.
7. 만약 주 1회 만나서 공부하는 관계라면 그 주간에 실천할 적용과제를 주어 하나님 나라를 삶으로 실천할 수 있도록 도우십시오.

많은 성도님들이 성경읽기를 어려워하고 또 읽어도 무슨 말인지 잘 이해할 수 없다고도 합니다. 그러나 성경 본문을 차근차근 읽으면서 질문하고 스스로 답을 찾다보면 성경이 보이고 말씀이 이해될 뿐 아니라 오래도록 기억할 수 있습니다. 본 교재는 더 깊이 있는 성경읽기와 성경공부를 할 수 있게 돕습니다. 이 교재는 평신도뿐만 아니라 설교를 준비하고 성경공부를 인도하는 목회자들에게도 유용하게 구성되어 있습니다. 아무쪼록 이 교재를 통해 「우리가 섬겨야 할 '하나님 나라'의 복음」을 충분히 공부하고 그 은혜를 누리시기를 소망합니다.

마태복음 시작하는 글

1. 예수님은 어떤 분이십니까?

15 이르시되 너희는 나를 누구라 하느냐 16 시몬 베드로가 대답하여 이르되 주는 그리스도시요 살아 계신 하나님의 아들이시니이다(마 16 : 15-16)

예수님은 누구이십니까?
예수님의 인격-하나님의 아들
예수님의 사역-그리스도

1) 살아 계신 하나님의 아들로 오셨습니다.
아브라함의 자손 : 씨의 문제를 해결하러 오심.

아브라함과 다윗의 자손 예수 그리스도의 계보라(마 1 : 1)

나는 구원받았습니까?
그 씨가 내 속에 들어와 성장하고 있습니까?
하나님의 형상으로 변화되어 가고 있습니까?
어떤 부분이 주님을 닮았다고 생각합니까?
예수님을 영접한 이후에 나의 변화된 성품들은 무엇입니까?

나는 씨 뿌리는 일을 위하여 어떤 계획을 세우고 있습니까?
생육, 번성, 충만의 확장 맵(map)을 작성할 수 있습니까?

'아브라함의 자손'으로서의 씨를 얼마나 남겼습니까?
전도한 상황, 전도 계획, 씨를 확산시키기 위한 구체적 계획은 무엇입니까?
금년도 선교 비전은 어떠합니까?
향후 5년, 10년 동안 행할 선교에 대한 계획이 있습니까?

내가 너로 큰 민족을 이루고……(창 12 : 2a)
그 작은 자가 천 명을 이루겠고……(사 60 : 22a)

나의 영적 후손이 천 명을 이루고 큰 민족을 이루기 위해 나는 어떤 계획을 갖고 있습니까?
나는 열국의 아비가 되어야 합니다.

2) 그리스도로 오셨습니다.
다윗의 자손 : 통치권의 문제를 해결하러 오심

아브라함과 다윗의 자손 예수 그리스도의 계보라(마 1 : 1)

나는 성령 충만합니까?
성령의 기름 부음을 자주 경험하십니까?
나는 어떤 영적 세력과 싸우고 있습니까?
나의 삶의 전 영역에서 내가 정복하고 통치하는 영역이 있습니까?
나는 하나님 나라를 위하여 누구를 양육하고 있습니까?
내가 직접적으로 영향을 주고 있는 사람은 누구입니까?
구속사, 하나님 나라를 위하여 나는 어떤 역할을 하고 있습니까?
하나님 나라를 위해 어떤 공로를 쌓았다고 생각하십니까?
다윗의 자손으로서의 영향력 – 누구에게 하나님의 통치를 경험하게 했습니까?
구체적인 영역 – 경제, 신체, 정서, 인간관계, 하나님과의 관계, 성경공부, 정서적 치유, 영적 싸움, 자기관리 등
내가 이 땅에 왔다 간 사실이 하나님 나라에 어떤 유익을 드릴 것 같습니까?
나로 인하여 하나님 나라가 확장되고 있습니까?
나 때문에 마귀의 왕국이 패해 가고 있습니까?
혹시 아군 폭격(Friendly fire)의 사례는 없습니까?
이적(利敵) 행위를 하고 있지는 않습니까?

……그 약한 자가 강국을 이룰 것이라……(사 60 : 22b)

나의 영적 후손들이 삶의 현장에서 어떤 승리의 삶을 살아가고 있습니까?
그들 중 승리의 삶을 내어놓은 간증이 있다면 나누어 봅시다.
그들과 함께 연대하여 어떻게 하나님 나라를 이루어 가고 있습니까?
예수님은 하나님 나라(천국)를 가지고 이 땅에 오셨습니다.

……땅의 모든 족속이 너로 말미암아 복을 얻을 것이라 하신지라(창 12 : 3b)

15 스불론 땅과 납달리 땅과 요단강 저편 해변 길과 이방의 갈릴리여 16 흑암에 앉은 백성이 큰 빛
을 보았고 사망의 땅과 그늘에 앉은 자들에게 빛이 비취었도다 하였느니라 17 이때부터 예수께서
비로소 전파하여 이르시되 회개하라 천국이 가까이 왔느니라 하시더라(마 4 : 15-17)

적용질문

1. 만약 "당신이 만난 하나님을 소개하라"고 한다면 나는 어떻게 그분을 소개할 수 있겠습니까?
2. '살아 계신 하나님의 아들'이라는 개념은 나에게 어떤 의미가 있습니까? 나는 그분을 살아 계신 분으로 인정합니까?
3. 나의 삶의 공급은 어떤 루트를 통해 옵니까? 그리스도는 나에게 어떻게 기름 부음을 주고 계십니까?

2. '하나님 나라'를 무엇이라고 설명할 수 있습니까?

유대인들은 메시야가 오시면 영원히 지속될 정의와 평화의 나라가 세워질 것이라고 믿고 있었습니다. 그러므로 예수님이 다윗의 자손이라는 선언은 구약의 약속이 실현되었다는 것을 의미합니다.[1)]

1) 하나님이 주인으로 다스리시는 영역

하나님 나라는 하나님의 통치가 실현되고 있는 모든 영역을 지칭합니다. 반대로 세상, 세

속 사회는 하나님의 통치권을 거부하고 부인하는 모든 영역과 공간을 통칭하는 단어입니다.

하나님 나라의 원형은 타락하기 전의 성경 처음 두 장(창 1–2장, 에덴동산)과, 이 땅의 모든 무너진 것들이 다시 회복되고 완성되는 성경 마지막 두 장(계 21–22장, 새 하늘과 새 땅, 새 예루살렘 성) 안에 있습니다. 그 때문에 하나님 나라 운동은 타락이 시작된 창세기 3장부터(성경 맨 처음 세 번째 장) 사탄이 사로잡혀 영원한 형벌에 들어간 요한계시록 20장(성경 맨 끝에서부터 세 번째 장)까지 진행되고 있습니다. 하나님 나라는 죽은 이후의 세계만이 아닌 예수 그리스도를 주로 고백하는 순간부터 시작됩니다. 하나님 나라에 대한 바른 정의는 '하나님의 통치'입니다.

보통 나라가 성립되기 위해서는 세 가지 요소가 필요합니다. '주권, 국민, 영토'입니다. 그 중에 가장 우선적인 개념이 '주권'입니다. 누가 주인이냐, 누가 왕이냐에 따라 국호가 달라집니다. 공양왕이 다스리는 나라는 고려였습니다. 그러나 역성(易姓)혁명 이후 이성계가 동일한 영토, 국민을 다스렸는데 우리는 그 나라를 조선이라고 부릅니다. 주권이 바뀌었기 때문에 나라 이름도 바뀌었습니다. 백성과 영토의 개념도 다릅니다. 하나님의 주권을 인정하고 그 질서에 복종하는 모든 사람을 하나님 나라의 백성이라고 부르고, 그들이 생활하는 곳이 하나님 나라의 영토가 됩니다. 마태복음 5~7장의 산상수훈은 우리의 삶이 하나님 나라의 질서 아래 있어야 함을 강조합니다.

2) '지금', '이곳'에서 시작되는 하나님 나라

여기에서 '이미'(already)와 '아직'(not yet)의 두 가지 개념이 동시에 생겨납니다. 하나님의 나라는 이미(already) 우리에게 임한 나라입니다. 이는 하나님을 믿는 사람들의 마음과 또 그 사람들이 활동하는 영역을 말합니다.

그러나 내가 하나님의 성령을 힘입어 귀신을 쫓아내는 것이면 하나님의 나라가 이미 너희에게 임하였느니라(마 12 : 28)
그러나 내가 만일 하나님의 손을 힘입어 귀신을 쫓아낸다면 하나님의 나라가 이미 너희에게 임하였느니라(눅 11 : 20)
또 여기 있다 저기 있다고도 못하리니 하나님의 나라는 너희 안에 있느니라(눅 17 : 21)

그러나 다른 한편으로 그 나라는 아직(not yet) 완성되지 않았습니다. 아직 이 땅에는 죄의 문제, 사망의 문제가 완전히 해결되지 않았고, 또 외적으로는 예수 그리스도의 통치권, 하나님의 통치권을 인정하지 않는 존재들이 남아 있기 때문입니다. 따라서 전 우주적으로 모든 창조물이 하나님의 주권을 인정하고 하나님을 경배하는 그날에 궁극적인 하나님의 나라는 이 땅에 완성될 것입니다.

1 또 내가 새 하늘과 새 땅을 보니 처음 하늘과 처음 땅이 없어졌고 바다도 다시 있지 않더라 2 또
내가 보매 거룩한 성 새 예루살렘이 하나님께로부터 하늘에서 내려오니 그 준비한 것이 신부가 남
편을 위하여 단장한 것 같더라 3 내가 들으니 보좌에서 큰 음성이 나서 이르되 보라 하나님의 장막
이 사람들과 함께 있으매 하나님이 그들과 함께 계시리니 그들은 하나님의 백성이 되고 하나님은
친히 그들과 함께 계셔서 4 모든 눈물을 그 눈에서 닦아 주시니 다시는 사망이 없고 애통하는 것이
나 곡하는 것이나 아픈 것이 다시 있지 아니하리니 처음 것들이 다 지나갔음이러라(계 21 : 1-4)

지금 나는 하나님 나라를 누리면서 살고 있습니까? 그 혜택은 무엇입니까?

내가 기대하는 하나님 나라의 미래는 어떠합니까?

우리는 지속적으로 그 나라의 회복과 건설과 확장을 위해 수고하고 애써야 합니다.

그 나라를 무너뜨리는 '아담족'이 아닌 그 나라를 이 땅에 가지고 오는 '예수족'이어야 합니다.

3) 지금, 우리가 우리의 삶의 현장에서 회복시켜야 할 하나님 나라의 영역들

선교학에서는 우리의 문화를 형성하는 중요한 7가지 영역을 '7 Mind Molders'라고 표현합니다.

7 Mind Molders : **가정, 교육계, 정치계, 경제계, 예술계, 문화-대중매체, 종교(교회)**

이 7가지 영역 안에 하나님의 다스리심이 나타나야 합니다. 어둠의 질서 속에 주님의 왕되심을 선포하고, 주님께서 전적으로 다스리시도록 그 영역을 복음으로 정복해야 합니다.

복음을 전해야 할 9가지 미개척의 영역을 정의하여 '9 Frontiers'라고 표현합니다.

9 Frontiers : **무슬림권, Unreached People(미전도 지역, 제 3세계), 도시, 공산권, 불교권, 힌두교권, 가난하고 소외된 자, 25세 이하 청년 및 어린이, 명목상의 그리스도인**

우리는 성령님의 도우심을 받아 하나님과 이웃과의 올바른 관계를 회복하고 맡겨 주신 각자의 영역에서 세상 문화를 변혁시키는 예수 그리스도의 제자로 살아가야 합니다. 예수님의 통치는 사람들의 삶의 모든 영역에서 이루어집니다(마 8-9장). 나는 내 삶의 어느 영역에서 주님의 은혜와 통치의 혜택을 경험하고 있습니까?

4) 하나님 나라와 교회의 관계에 대한 정의들

조지 래드(G. E. Ladd)

"하나님 나라는 하나님의 통치이며, 교회는 그의 통치 아래 있는 인간의 공동체이다. 하나님 나라는 교회를 창조한다. 교회는 하나님 나라를 증거한다. 교회 속에 이미 하나님의 나라가 침투해 있고 교회는 하나님 나라를 증거하는 통로이며 대리 기관이다."

하워드 스나이더(Howard Snyder)

"교회는 하나님 나라를 건설하기 위한 그의 사신이다. 교회는 하나님께서 그의 화해의 뜻을 이루시는 최상의 수단이다."

피터 쿠즈믹(Peter Kuzmic)

"교회는 과거에 이루어진 하나님 나라의 결과이며 현재 하나님 나라에 참여하고 있으며, 미래에 나타날 하나님 나라를 기다리는 공동체이다."

어거스틴

"예수님이 이 땅에 오셔서 하나님 나라를 선포하셨고 그 결과로 교회가 세워졌다. 이것으로 보아 예수님이 의미하셨던 하나님 나라는 곧 교회이다."

하나님은 교회를 통하여 음부의 권세를 깨뜨리시고 교회를 통하여 천국을 건설하십니다.

오늘 나의 목회, 나의 교회 생활, 나의 셀 생활은 구체적으로 어떻게 하나님 나라 건설에 기여하고 있습니까?

오늘 나의 가정 생활, 직장 생활, 대인 관계, 삶의 제반 활동 영역들이 하나님 나라의 통치를 실현하는 하나님의 통치의 장이라고 말할 수 있습니까?

나의 교회 생활은 하나님 나라의 실현으로서의 의미를 가지고 있습니까?

복음을 가지고 오신 예수님을 만나야 합니다.

예수님이 나의 삶의 새로운 가치관이요, 목적이요, 인생철학입니다.

예수님은 나의 삶의 전 영역에 영향력을 주고 계십니다.

그리스도와 함께 사는 삶은 작건, 크건 하나님 나라입니다.

적용질문

1. 내 삶의 어느 부분의 주권을 주님께 드렸습니까?

2. '지금, 여기'에서의 나의 문제는 무엇입니까? 그 문제를 주님은 어떻게 도와주십니까?

3. 내 삶의 영역에서 주님과 함께 정복해 나가야 할 영역은 어떤 부분이 있습니까?(건강관리, 재정 운영의 문제, 가족관계, 취미생활, 감정 관리, 대인 관계 등)

3. 하나님 나라를 건설하시는 주님

1) 왕으로 이 땅에 오심(마 1장)

예수님은 왕의 혈통을 따라오셨습니다. 마지막 아담으로 오셔서 죄의 문제를 해결해 주시고(마 1 : 21) 임마누엘로 오셔서 하나님 나라를 건설하게 하십니다(마 1 : 23, 28 : 18-하늘과 땅의 모든 권세란 죄, 사망 권세, 심판, 저주, 마귀, 불행의 문제를 이길 수 있는 능력을 말한다). 특별히 1장의 왕의 족보에는 하나님 나라 건설에 이바지했던 여성들을 소개하고 있습니다(다말(3절), 라합(5절), 룻(5절), 우리야의 아내(6절), 마리아(16절)).

2) 나라가 성립되기 위한 법, 원칙들을 먼저 제시함(마 5-7장)-하나님 나라 건설을 위해 부름받은 제사장들, 왕들의 삶의 원칙들

5장-하나님의 왕국을 세우기 위해서 왕국을 책임질 사람들의 마음 구조를 먼저 세우십니다. 마음, 생각의 바른 자세가 새 나라의 주인들의 자격을 결정합니다.

6장-킹덤 빌더들의 생활로서의 실천사항을 가르칩니다.

7장-주의해야 할 구분선, 곧 경계를 주셨습니다.-흉내 내는 자들과 진짜들의 차이

3) 인간 삶의 전 영역에 걸쳐서 나타날 왕의 권세, 왕국의 특징들을 보여 주심(마 8-9장)

자연계-풍랑을 잔잔하게 하심

육신계-나병 환자, 백부장의 하인, 베드로의 장모를 고치심

영적세계-중풍병자의 죄를 사하시고, 사탄을 정복하심

우리 주님은 하나님이 창조하신 모든 영역의 왕이 되심을 보여 주십니다.

4) 제자를 세워 왕국을 계승하게 함(마 10장)

주님이 지상명령을 따를 수 있도록 불러 주시고, 훈련시켜 주시고, 권능을 주셔서 그 나라를 위해 싸우게 하시고, 그 나라를 세워 가게 하십니다.

……더러운 귀신을 쫓아내며 모든 병과 모든 약한 것을 고치는 권능을 주시니라(마 10 : 1b)
[7] 가면서 전파하여 말하되 천국이 가까이 왔다 하고 [8] 병든 자를 고치며 죽은 자를 살리며 나병
환자를 깨끗하게 하며 귀신을 쫓아내되 너희가 거저 받았으니 거저 주라(마 10 : 7-8)

책임만 주시지 않고 법적 권능을 주십니다.

권능

엑수시아-사법적 권리(마 10 : 1, 눅 10 : 8, 보다 높은 사법기관이 허락한 '권리'(right), '권세'(authority), '승인'(permission)

두나미스-할 수 있는 능력(행 1 : 8, 신체적, 지적, 영적 '힘', '능력'을 의미함(power, mighty work, strength, miracle)[2)]

5) 두 왕국의 충돌을 힘의 대결로 표현함(마 12장)

[28] 그러나 내가 하나님의 성령을 힘입어 귀신을 쫓아내는 것이면 하나님의 나라가 이미 너희에
게 임하였느니라 [29] 사람이 먼저 강한 자를 결박하지 않고서야 어떻게 그 강한 자의 집에 들어가
그 세간을 강탈하겠느냐 결박한 후에야 그 집을 강탈하리라(마 12 : 28-29)

나라가 성립되기 위해서는 국력이 필요합니다. 하나님 나라는 관념이나 논리의 세계만이 아니라 권세요, 능력이요, 힘입니다. 하나님 나라를 건설할 자는 강한 자를 결박할 힘을 가져야 합니다.

6) 하나님 나라를 가시적으로, 전략적으로 섬길 수 있도록 방법을 주심(마 13장)

씨 뿌리는 비유

씨 뿌림은 말씀을 받은 마음의 자세, 마음의 상태를 가리킵니다. 네 가지 밭 중 기경된 밭에 뿌려진 씨만이 30배, 60배, 100배로 번식합니다. 씨와 밭이 동시에 준비되었을 때 생육, 번성, 충만하게 됩니다. 씨를 뿌렸다는 사실에 만족하지 말고 그 나라의 확장을 위하여 많은 결

실이 있도록 밭을 먼저 기경해야 합니다.

결과를 기대하며 효과적인 사역을 해야 합니다. 씨를 준비하는 일이 중요하지만 더불어서 밭을 기경하는 일이 따르지 않으면 농부의 수고가 헛될 수 있습니다. 밭을 일구는 일에 더 많은 비용, 더 많은 시간, 더 많은 관심이 요구됩니다.

가라지 비유

가짜와 진짜의 섞임이 있음을 인식해야 합니다.

겨자씨, 누룩 비유

살아있는 씨, 생명은 반드시 성장, 확장, 영향력을 갖습니다.

감추인 보화와 값진 진주 비유

합당한 대가를 지불해야 합니다.

그물과 고기 비유

심판, 최후 판결이 있음을 알고 살아야 합니다.

7) 신앙고백 위에 교회를 세우심(마 16장)

예수님이 하나님의 아들이요, 그리스도이심을 고백하는 신앙 위에 교회를 세우겠다고 말씀합니다. 죄와 음부의 권세는 하나님의 자녀에게서 생명을 빼앗아 갔고, 정복하고 다스리는 왕권을 빼앗아 타락하게 했습니다. 구원은 죽음 이후에 있을 천당만을 보장해 주는 것이 아니라 아들의 생명과 우리에게 주신 삶의 현장에서 하나님의 통치를 구현할 수 있는 능력, 권세를 줍니다. 씨와 통치권, Sonship과 Kingship의 기초 위에 교회는 서 있습니다.

적용질문

1. 나의 삶은 하나님이 다스리시는 '하나님 나라'라고 말할 수 있습니까? 그 주인 되심을 인정하고 주권을 넘긴 때는 언제입니까?

2. 내 삶이 하나님 나라로 구별되도록 하기 위하여 내가 만든 원칙들이 있습니까?

3. 하나님 나라와 그 스피릿을 계승하기 위하여 내가 섬기는 양(제자, 멘티)이 있습니까? 혹은 목자(멘토)가 있습니까? 그 스피릿이 흘러가고 있습니까?

4. 내용 정리－구조도

1－2장

왕의 오심－예수님은 누구입니까?

아브라함의 씨로, 다윗의 후손으로 오심을 족보를 제시함으로 시작함
구약이 예언한 그 메시야가 바로 이분이라는 것을 증명함

3－4장

왕의 대관식과 왕권대결

왕의 길을 예비한 요한의 사역
세례, 영적 싸움

5－7장

새로운 왕국의 통치 질서

자신이 왕으로서 다스리실 원칙들을 가르쳐 주시고
하나님의 왕국의 계승자들이 지키고 살아야 할 의의 법을 공포하심

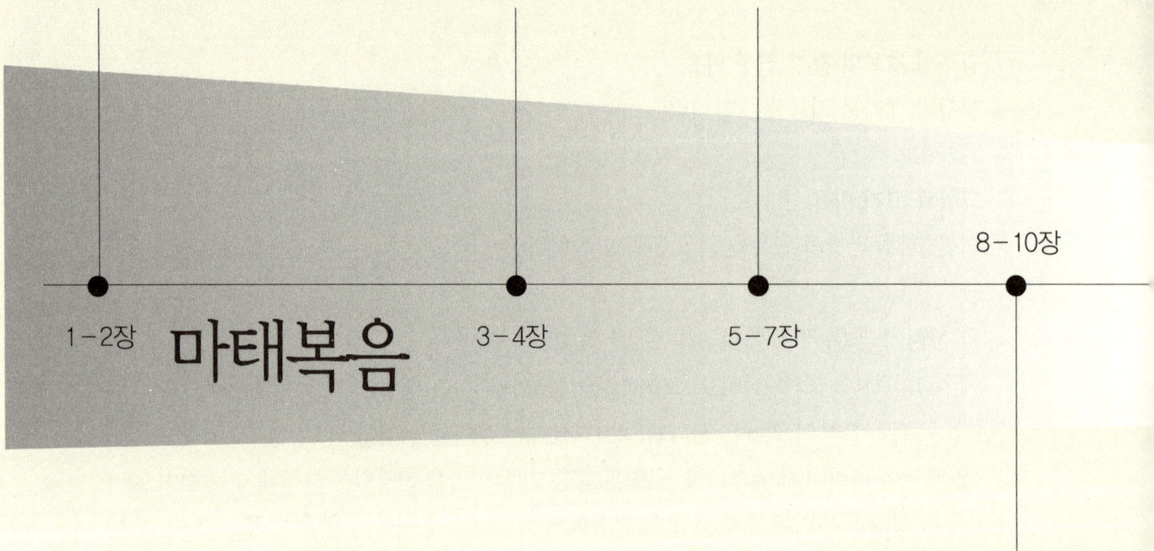

8－10장

의로운 왕의 능력, 새로운 통치의 특징

메시야가 왔음을 그의 능력을 통해 보여 주고 그가 완성하실 왕국이 어떤 것인가를 보여 주심

하나님 나라를 건설하기 위해 오신 메시야의 7대 능력

1. 질병을 정복하는 능력(마 8 : 1－17)－나병 환자, 백부장 하인의 중풍병, 베드로의 장모의 열병 치유
2. 자연을 통치하는 능력(마 8 : 18－27)－풍랑을 잔잔하게 하심
3. 사탄을 정복하는 능력(마 8 : 28－33)－가다라 지방의 축사 사역
4. 죄를 사하는 능력(마 9 : 1－17)－죄 사함과 함께 중풍병자 치유
5. 죽음을 이기는 능력(마 9 : 18－26)－죽은 소녀를 살리시고, 혈루증 여인을 치유하심
6. 어두움을 정복하는 능력(마 9 : 27－33)－두 맹인의 치유(믿음대로), 벙어리의 치유(귀신을 쫓음으로)
7. 권능을 부여하는 능력(마 10 : 1)－12사도를 임명함으로 왕국 계승을 준비함

11–20장

왕에 대한 세상의 반역과 왕국 건설을 위하여 제자들을 준비시킴

11–13장 왕에 대한 반역

11장 세례 요한의 질문과 예수님의 답변–천국을 침노하라.

12장 세 가지 논쟁(안식일, 축사, 표적)–강한 자를 결박하라.

13장 천국의 비유 7가지(씨, 가라지, 겨자씨, 누룩, 감추인 보화, 진주, 그물) –하나님 나라는 확장되고 백배의 결실로 열매 맺어야 합니다.

14–20장 왕의 은신

14장 오병이어와 바다 위를 걸으시는 기적

15장 장로들의 유전을 책망하심

16장 베드로의 신앙고백

17장 수난 예고

18장 교회생활에 대한 교훈(어린아이와 같은 겸손, 섬김, 범죄한 형제의 처리, 합심 기도, 용서)

19장 이혼에 대한 교훈, 부자 청년과의 대화

20장 포도원 품꾼의 비유

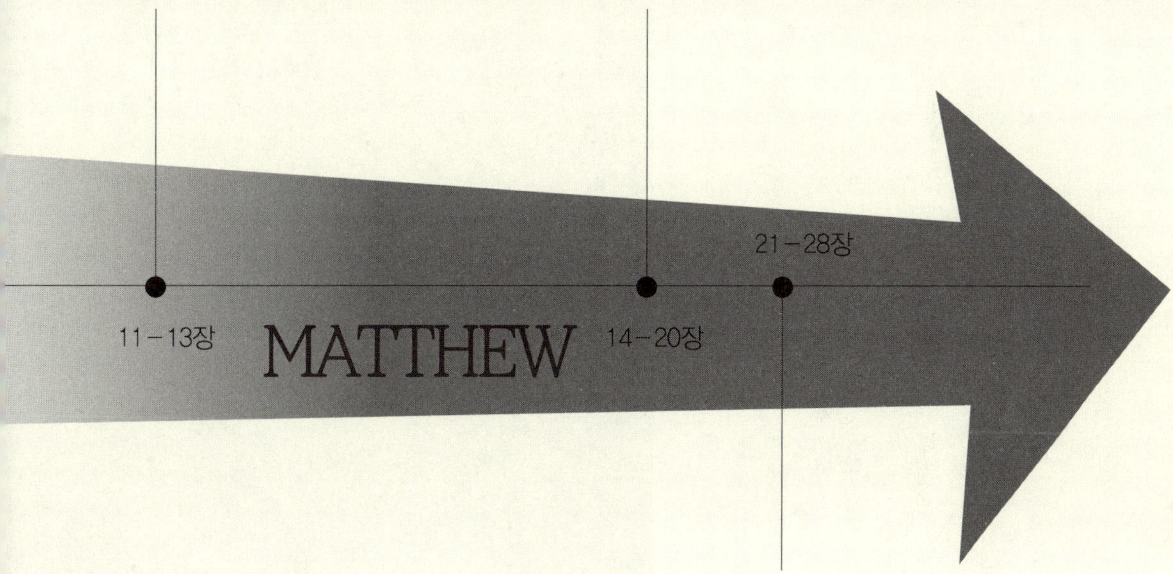

21–28장

왕에 대한 거절, 수난, 승리

21–27장 왕의 예루살렘 입성과 수난

21장 예루살렘 입성, 성전청결

22장 네 가지 논쟁–혼인잔치, 세금, 부활 시의 결혼, 가장 큰 계명

23장 서기관과 바리새인들을 책망하심

24–25장 종말에 관한 감람산 설교

26–27장 마지막 유월절

28장 왕의 궁극적 승리

28장 부활과 지상명령

아브라함과 다윗의 자손

예수 그리스도의 계보라

제1강

왕의 오심

마태복음 1-2장

1

왕의 오심

1–2장

마태복음은 "아브라함과 다윗의 자손 예수 그리스도의 계보라"라는 말씀으로 시작됩니다. 구약에서 예언했던 하나님 나라를 건설하기 위해 이 땅에 오신 메시야가 바로 예수 그리스도이십니다. 왕에게는 객관적 신분의 검증을 위해 왕의 족보가 필요합니다. 그래서 마태복음은 족보로 시작합니다. 이 땅에 하나님의 아들이 왕으로 오실 수 있도록 헌신한 사람들이 있습니다. 이들을 통해 생명의 계보가 이어졌기에 이들의 존재는 소중합니다. 구원받은 하나님의 백성들은 모두 예수 그리스도와 연결된 자들이며, 또 그들을 통해 이 땅에 하나님 나라가 건설됩니다.

1. 왕으로 오신 그리스도

1) 족보 속에 나타난 예수님의 DNA(마 1 : 1)

1 아브라함과 다윗의 자손 예수 그리스도의 계보라

Q 예수님은 누구의 자손으로 오셨습니까?

A 아브라함과 다윗의 자손입니다.

아브라함은 씨(Sonship)의 대표입니다(롬 4 : 16-17).

16 그러므로 상속자가 되는 그것이 은혜에 속하기 위하여 믿음으로 되나니 이는 그 약속을 그 모
든 후손에게 굳게 하려 하심이라 율법에 속한 자에게 뿐만 아니라 아브라함의 믿음에 속한 자
에게도 그러하니 아브라함은 우리 모든 사람의 조상이라 17 기록된 바 내가 너를 많은 민족의 조
상으로 세웠다 하심과 같으니 그가 믿은 바 하나님은 죽은 자를 살리시며 없는 것을 있는 것으
로 부르시는 이시니라

하나님이 그에게 씨를 약속하셨듯이, 우리는 믿음으로 하나님의 씨인 그리스도를 얻습니다(요 1 : 12). 이 씨는 큰 민족이 되고 강성한 나라가 되어야 합니다(창 12 : 1-3). 생육하고 번성하고 충만해지는 것이 생명을 주신 목적입니다(창 1 : 26-28). 우리가 믿음으로 예수님을 받아들이게 되면 아브라함의 후손이 됩니다(롬 4 : 16-17). 아브라함처럼 우리도 씨를 낳아야 합니다. 나의 힘으로가 아니라 믿음으로, 은혜로, 이삭을 낳아야 합니다. 그리하여 우리도 열국의 아비가 되어야 합니다. 생명을 가진 자는 모두가 씨를 확산하고 번성, 충만하게 하는 일에 동참해야 합니다(창 1 : 26-28). 아브라함은 복의 근원이었으며 모든 민족의 조상이었습니다. 아브라함은 이삭을 낳는 일을 위해 평생을 드린 사람입니다. 우리도 아브라함처럼 예수님 낳는 일을 위해 생애를 바쳐야 합니다. 이 씨를 통해 땅의 모든 민족이 복을 받아야 합니다. 이 스피릿을 Sonship이라 합니다. 하나님의 씨를 가진 하나님의 백성, 하나님의 자녀들로 큰 민족을 이루는 일입니다.

그 작은 자가 천 명을 이루겠고……(사 60 : 22)

다윗은 하나님 나라의 통치(Kingship)를 보여 준 대표적인 왕입니다(삼하 7 : 8－16).

8 그러므로 이제 내 종 다윗에게 이와 같이 말하라 만군의 여호와께서 이와 같이 말씀하시기를
내가 너를 목장 곧 양을 따르는 데에서 데려다가 내 백성 이스라엘의 주권자로 삼고 9 네가 가는
모든 곳에서 내가 너와 함께 있어 네 모든 원수를 네 앞에서 멸하였은즉 땅에서 위대한 자들의
이름 같이 네 이름을 위대하게 만들어 주리라 10 내가 또 내 백성 이스라엘을 위하여 한곳을 정
하여 그를 심고 그를 거주하게 하고 다시 옮기지 못하게 하며 악한 종류로 전과 같이 그들을 해
하지 못하게 하여 11 전에 내가 사사에게 명령하여 내 백성 이스라엘을 다스리던 때와 같지 아니
하게 하고 너를 모든 원수에게서 벗어나 편히 쉬게 하리라 여호와가 또 네게 이르노니 여호와가
너를 위하여 집을 짓고 12 네 수한이 차서 네 조상들과 함께 누울 때에 내가 네 몸에서 날 네 씨
를 네 뒤에 세워 그의 나라를 견고하게 하리라 13 그는 내 이름을 위하여 집을 건축할 것이요 나
는 그의 나라 왕위를 영원히 견고하게 하리라 14 나는 그에게 아버지가 되고 그는 내게 아들이 되
리니 그가 만일 죄를 범하면 내가 사람의 매와 인생의 채찍으로 징계하려니와 15 내가 네 앞에서
물러나게 한 사울에게서 내 은총을 빼앗은 것처럼 그에게서 빼앗지는 아니하리라 16 네 집과 네
나라가 내 앞에서 영원히 보전되고 네 왕위가 영원히 견고하리라 하셨다 하라

예수님은 이 땅에 다윗의 왕권을 가지고 오셨습니다. 이 세상 나라를 하나님의 나라로 바꾸어 하나님의 통치를 실현하고 빼앗긴 백성에게 하나님의 위로와 하늘의 삶을 살아갈 수 있도록 돕기 위해 다스리는 왕으로 오셨습니다. 사탄은 이 세상 임금은 될 수 있으나 믿는 자들에게는 더 이상 왕이 아닙니다(요 12 : 31, 롬 5 : 17). 우리는 세상에 속한 자가 아니기 때문입니다. 예수님이 하나님의 아들이심과 그리스도이심을 믿는 자는 모두가 세상을 이기는 왕권을 가진 자들입니다(요일 5 : 1－8, 마 16 : 16). 우리도 다윗처럼 그 땅을 확보하고 정복해 나가서 하나님 나라의 통치와 권세를 보여 드려야 합니다. 이 스피릿을 Kingship이라 합니다.

……그 약한 자가 강국을 이룰 것이라 때가 되면 나 여호와가 속히 이루리라(사 60 : 22)

적용질문

1. 나의 구세주 예수 그리스도는 나에게 어떤 변화를 주었습니까? 내 속에 흘러들어 온 예수님의 DNA는 어떤 것인지 설명해 보십시오.

2. 나의 영적 아비는 누구입니까? 나에게 영향력(스피릿)을 준 저자, 목자, 스승은 누구입니까? 그들은 나에게 어떤 영향력을 주었습니까?

3. 나는 구속사의 두 기둥(Sonship, Kingship)을 위해 어떻게 쓰임받고 있습니까?

2) 왕의 족보에서 그 이름이 빠진 사람들(마 1 : 1–17)

Q 원래 유대인의 족보는 장자들을 기록하게 되어 있습니다. 예수님의 조상 중에서 족보에서 빠진 장자들의 이름을 정리해 보십시오. 또 역대기의 족보와 마태복음 족보를 비교해서 왕들 중 빠진 왕이 누구인지 정리해 보십시오(참고. 대상 3 : 11–13, 마 1 : 8–9/ 대상 3 : 15–19, 마 1 : 11–12).

A 족장들 중 축복을 잃어버린 불행한 사람들 : 이스마엘, 에서, 르우벤, 암논, 시므온, 레위, 엘, 엘리압

- 이스마엘–율법의 의로 난 자녀(갈 4 : 23, 30)
- 에서–하나님보다 세상의 질서, 정욕과 탐욕을 좇은 유물론자(히 12 : 16)
- 르우벤, 암논–정욕으로 장자의 특권을 버린 자(창 49 : 3–4)
- 시므온, 레위–폭력자(창 49 : 5–7)
- 엘–악한 자(창 38 : 7)
- 엘리압–그 마음을 보고 하나님이 버린 자(삼상 16 : 6–7)

A 족보에 누락된 4명의 왕 : 아하시야, 요아스, 아마샤, 여호야김

● 아하시야–분열 유다 왕국의 6대 왕으로 요람(여호람)의 뒤를 이어 왕이 되었습니다. 어머니 아달랴의 꾀임에 빠져 우상을 숭배하였으며, 북왕국 이스라엘 왕 요람(처남)과 결탁하여 왕래하다가 혁명가 예후에게 피살되었습니다(대하 22장, 왕하 8 : 25–29, 9 : 16, 27–29, 10 : 13–14). 역대하 21장 17절에는 여호아하스라는 이름으로 명기되어 있습니다.

● 요아스–유다의 8대 왕, 아세라 목상과 다른 우상들을 섬겼습니다. 여호야다의 아들 스가랴가 백성 앞에 서서 죄를 책망했으나 백성들은 왕명에 따라 오히려 그를 여호와의 전 뜰 안에서 돌로 쳐 죽였습니다(왕하 12 : 17–20, 대하 24 : 12–25). 그 일로부터 1년 후에 하사엘이 보낸 아람 군대가 요아스를 치러 올라와 블레셋 사람의 성읍을 점령하고, 예루살렘을 침노하여 모든 방백들을 죽이고, 노략한 물건은 다메섹 왕에게로 가져갔습니다. 이때 요아스는

중상을 입고 침상에 누워 있다가 스가랴의 복수당에게 피살되었습니다.

● 아마샤–유다 왕국의 9대 왕으로 처음에는 옳은 일들을 많이 했으나 에돔을 무찌른 뒤에는 교만해져 우상숭배를 하고 북왕국 이스라엘에게 싸움을 걸었다가 화를 자초했습니다. 역대기 기자는 그의 비운을 여호와를 떠난 배교자로서 신랄하게 비난하고 있습니다(대하 25 : 14–28).

● 여호야김–25세에 왕위에 오른 여호야김은 폭정을 일삼았으며 불의와 불공평으로 노동을 강요하였습니다. 또 이기적이고 사치 생활을 했으며, 탐욕과 무죄자의 피 흘림과 강포를 자행하였기 때문에 예레미야 선지자의 신랄한 비난을 받았습니다(렘 22 : 13–19). 하나님 보시기에 악을 행하고 우상을 숭배하였습니다. 끝내는 바벨론에게 패망된 후 쇠사슬에 결박되어 바벨론으로 끌려갔습니다(대하 36 : 6). 그의 최후는 참으로 비참하여 "그가 끌려 예루살렘 문 밖에 던져지고 나귀같이 매장함을 당하리라"라고 예언되었습니다(렘 22 : 19, 36 : 30).

역대상 족보 : 요람–아하시야–요아스–아마샤–아사랴(웃시야)–요담–아하스–히스기야
마태복음 족보 : 요람–웃시야–요담–아하스–히스기야

11 그의 아들은 요람이요 그의 아들은 아하시야요 그의 아들은 요아스요 12 그의 아들은 아마샤요 그의 아들은 아사랴요 그의 아들은 요담이요 13 그의 아들은 아하스요 그의 아들은 히스기야요 그의 아들은 므낫세요(대상 3 : 11–13)
8 아사는 여호사밧을 낳고 여호사밧은 요람을 낳고 요람은 웃시야를 낳고 9 웃시야는 요담을 낳고 요담은 아하스를 낳고 아하스는 히스기야를 낳고(마 1 : 8–9)

역대상 족보 : 요시야–여호야김–여고냐–스알디엘–스룹바벨
마태복음 족보 : 요시야–여고냐–스알디엘–스룹바벨

15 요시야의 아들들은 맏아들 요하난과 둘째 여호야김과 셋째 시드기야와 넷째 살룸이요 16 여호야김의 아들들은 그의 아들 여고냐, 그의 아들 시드기야요 17 사로잡혀 간 여고냐의 아들들은 그의 아들 스알디엘과 18 말기람과 브다야와 세낫살과 여가먀와 호사마와 느다뱌요 19 브다야의 아들들은 스룹바벨과 시므이요 스룹바벨의 아들은 므술람과 하나냐와 그의 매제 슬로밋과(대상 3 : 15–19)
11 바벨론으로 사로잡혀 갈 때에 요시야는 여고냐와 그의 형제들을 낳으니라 12 바벨론으로 사로잡혀 간 후에 여고냐는 스알디엘을 낳고 스알디엘은 스룹바벨을 낳고(마 1 : 11–12)

왕들 중 총 4명이 빠졌습니다. 우상을 섬기고 하나님의 뜻과 반대로 행하였기 때문에, 왕이었지만 새 왕국을 건설하기 위하여 이 땅에 오신, 영원하신 왕의 족보에 들어가지 못했습니다. 죄를 짓는다고 예수 믿는 사람이 지옥가지는 않습니다. 그러나 구약의 경우를 보면 죄는 제사장권, 장자권, 왕권을 잃게 합니다. 죄는 우리의 권리를 상실하게 하는 힘이 있습니다. 족보에서 빠진 사람들의 정황을 정리해 보았더니 우상숭배와 불순종, 하나님을 대적하는 죄 가운데 빠졌던 사람들입니다. 신약시대에도 옛 생활에서 벗어나지 못하고, 유치한 어린아이의 모습으로 살아가며 변화와 성숙으로 나아가지 못하는 자들에게 그 나라의 상속권(기업, 유업)을 잃게 된다고 경고하고 있습니다(고전 6 : 9−10, 갈 5 : 19−21, 엡 5 : 3−5).

우리 인생 속에 가장 중요한 가치는 무엇일까요? 결국 신분, 서열, 소유나 지식이 아니라 이 땅에 메시야로 오신 예수님을 위하여, 곧 구속사를 위하여 쓰임받았느냐의 문제입니다. 우리도 이 땅에 예수 그리스도의 생명이 확산되는 일을 위하여, 왕국의 도래를 위하여 쓰임받기를 원하는 갈망을 가져야 합니다. 세상을 구원하시는 하나님의 방법은 오직 그리스도입니다. 하나님 앞에서의 성공은 명예, 부, 편안함이 아닌 그리스도입니다. 주님이 나를 위하고 내가 주님을 위하는 삶이 그리스도인의 삶입니다(계 3 : 20). 예수님은 하늘에서 직접 오시지 않고 인간의 역사적 계보를 따라오셨습니다. 성령으로 오셨지만 인간적인 방법, 일상성을 무시하지 않고 오셨습니다. 우리들의 신앙은 시대와 역사, 삶의 정황에서 떠나는 것이 아니라 그 상황을 인정함으로, 자신이 처한 현실에 성실함으로 시작됩니다.

적용질문

1. 나는 왕의 족보 안에 있는 사람이라고 생각합니까? 지나온 삶을 되돌아볼 때 하나님 나라 건설을 위하여 나는 어떤 기여를 해 왔습니까?

2. 나라를 세우기 위해서는 공신들의 연합이 필요합니다(교회). 나는 누구와 연대하여 그 나라를 세워 가고 있습니까?(Kingdom−Builders)

3. 장자권, 제사장권, 왕권은 모두 통치권입니다. 하나님이 내게 주신 통치권을 가지고 앞으로 하고 싶은 사역이 있다면 어떤 사역들입니까?

3) 족보에 나타난 세 세대의 특징

Q 족보에 나타난 3세대를 정리해 보고 그 시대의 특징들을 말해 봅시다.

A 아브라함부터 다윗까지 14대(마 1 : 1－6a)－다윗 왕가의 기원(起源)과 영광, 성전과 성을 세움
다윗부터 바벨론으로 사로잡혀 갈 때까지 14대(마 1 : 6b－11)－다윗 왕가의 쇠퇴기, 우상숭배로 성전과 성을 빼앗기고 훼파됨
바벨론으로 사로잡혀 간 후부터 그리스도까지 14대(마 1 : 12－16)－다윗 왕가의 재흥, 성전과 성을 재건함

아브라함은 씨의 출발이요, 다윗은 성전과 나라의 성취입니다. 족보 안에는 출발과 성취, 몰락, 회복의 시간이 있었음을 보여 줍니다. Sonship과 Kingship이 내 대에 와서 몰락하지 않도록 결단합시다. 아브라함과 다윗처럼 구속사의 기둥이 됩시다. 족보를 억지로 14의 숫자에 맞춘 이유는 다윗의 이름을 숫자로 풀면 14가 나옵니다. 그만큼 다윗은 모든 유대인들이 사모하고 존경하는 조상이었습니다.

적용질문

1. 족보의 중심은 아브라함과 다윗입니다. 나는 아브라함과 다윗을 어떻게 생각합니까? 하나님이 그들을 믿음의 모델로 세운 이유가 무엇이라고 생각하십니까?

2. 바벨론에서 돌아온 사람들은 바로 성전 재건을 시작했습니다. 회개의 삶을 산다는 의미는 예배의 회복, 하나님과의 영적 관계의 회복을 의미합니다. 회심 이후의 신앙 경험들(성전 재건, 예배 회복)을 나누어 봅시다.

3. 더불어서 그들은 퇴락한 예루살렘 성(城)을 보수하기 시작합니다. 내 삶에서 재건해야 할 부분은 어느 영역입니까?(가정의 평화, 마음의 평안, 건강, 경제, 대인관계, 자기관리 등)

2. 왕의 오심을 준비하는 사람들

1) 마리아와 요셉의 섬김(마 1 : 18－25)

18 예수 그리스도의 나심은 이러하니라 그의 어머니 마리아가 요셉과 약혼하고 동거하기 전에
성령으로 잉태된 것이 나타났더니 19 그의 남편 요셉은 의로운 사람이라 그를 드러내지 아니하
고 가만히 끊고자 하여 20 이 일을 생각할 때에 주의 사자가 현몽하여 이르되 다윗의 자손 요셉

아 네 아내 마리아 데려오기를 무서워하지 말라 그에게 잉태된 자는 성령으로 된 것이라 21 아들
을 낳으리니 이름을 예수라 하라 이는 그가 자기 백성을 그들의 죄에서 구원할 자이심이라 하니
라 22 이 모든 일이 된 것은 주께서 선지자로 하신 말씀을 이루려 하심이니 이르시되 23 보라 처녀
가 잉태하여 아들을 낳을 것이요 그의 이름은 임마누엘이라 하리라 하셨으니 이를 번역한즉 하
나님이 우리와 함께 계시다 함이라 24 요셉이 잠에서 깨어 일어나 주의 사자의 분부대로 행하여
그의 아내를 데려왔으나 25 아들을 낳기까지 동침하지 아니하더니 낳으매 이름을 예수라 하니라

Q 왕의 오심을 위하여 마리아와 요셉은 어떻게 쓰임받았습니까?

A 마리아는 씨를 낳는 일을 위하여 자신을 드렸습니다(Sonship).
요셉은 양육하는 일을 위하여 헌신했습니다(Kingship).

씨를 낳기 위해 '여종'(둘레)으로 드려진 마리아

마리아가 정혼한 후 결혼하기 전에 아이를 잉태했다는 것은 개인뿐 아니라 그가 속한 공동체에게도 최대의 위험한 순간으로 씻을 수 없는 치욕을 안겨 준 사건입니다.[3] 그럼에도 "나는 둘레입니다"(눅 1 : 38 마리아가 이르되 주의 '여종'이오니 – 개역개정/ '계집종' – 개역한글)라고 마리아는 고백합니다. 그는 아직 아이를 가져서는 안 될 소녀요, 정혼한 남자가 있는 사람입니다. 그러나 주께서 그의 인생을 사용하겠다고 말씀하실 때 자신의 의지를 내려놓고 전적으로 주인의 목적을 위해 쓰임받을 종으로 자신을 헌신했습니다.

마리아와 요셉은 그리스도가 이 땅에 오시는 일에 가장 요긴하게 쓰임받은 사람들입니다. 여인 중에 가장 복 받은 여인은 마리아입니다. 마리아의 신실한 신앙은 예기치 못했던 천사의 방문으로 드러났습니다. 사람의 신앙이나 성품은 뜻밖의 사건에 직면했을 때 적나라하게 드러나게 됩니다.[4] 마리아가 됩시다. 오직 구속사를 위하여, 그리스도를 잉태하고 낳고 섬기기 위해 나는 이 땅에 살아있습니다. 나를 통하여 나타날 중다한 민족에 대한 미래 지도를 그려 보십시다.

돕는 자로서의 요셉의 섬김

요셉은 마리아를 보호하며 어린 예수를 낳는 일에 자신의 도덕적 기준을 내려놓았습니다. 그는 아이를 낳을 때까지 동침하지 않고 주의 뜻을 이루어 드렸습니다. 그리스도를 섬기기 위해 우리는 제한하고 절제하고 포기해야 합니다. 그러나 그것은 참으로 영광스러운 희생이요, 드림이 됩니다. 그리스도를 섬기는 일은 특권입니다. 나는 그를 위해 무엇을 희생하고 손해 봤습니까?

요셉은 그리스도를 양육하는 일에 생애를, 직업을, 자신의 삶의 모든 자원을 드렸습니다. 곧, 재산과 목공 기술, 남은 생애 전체가 모두 그리스도를 섬기기 위해 드려졌습니다. 그는 하나님의 지시에 복종하고 헌신했습니다. 그는 마리아를 데리고 호적하기 위해 베들레헴에 감으로 성경의 예언들을 이루었습니다. 천사는 그에게 애굽으로 피난하라고 지시했고, 다시 나사렛으로 돌아오도록 현몽했습니다. 우리에게 있는 성령의 감동, 꿈, 영감들은 모두 그리스도를 모시고, 섬기고, 드러내기 위함입니다. 실질적인 아버지는 아니었지만 요셉은 아기의 아버지로서의 기능을 온전히 감당했습니다. 그의 섬김은 하나님 앞에서 존귀한 사역이었습니다.[5)]

그리스도의 생명을 가진 한 사람을 그리스도의 장성한 분량이 충만한 데까지 성장하도록 돕는 일은 구속사의 중요한 사역입니다. 그가 자신이 처한 삶의 영역에서 다스리는 자로 영향력을 끼치며, 하나님의 통치를 실현하는 자로 살아가도록 돕는 일은 목자의 최고의 영광입니다.

요셉은 의로운 사람이었습니다. 여기서 '의롭다(짜딕)'는 정의롭다는 의미가 아니라 '하나님의 성품을 갖는 것, 하나님의 성품을 닮는 것'을 말하며, 이는 결과적으로 하나님 나라와 관련되는 것을 말합니다. 히브리인들에게 의로운 사람이라는 뜻은 '그가 하나님과 의사소통을 합니다'라는 개념이 있습니다. 하나님과 대면하는 사람, 하나님의 뜻을 직접 전달받는 사람이라는 말입니다.[6)]

적용질문

1. 나의 주된 사역은 마리아처럼 직접 씨를 낳는 일입니까? 아니면 요셉처럼 양육, 돌봄, 지원 사역입니까?

2. 마리아와 요셉은 서로 연합하여 예수님을 낳고, 메시야로 세워지기까지 잘 섬겼습니다. 나는 누구와 연합하여 구속사를 돕고 있습니까? 혹은 누구와 연합하여 이 일을 하기를 원하십니까?

3. 마리아는 자신을 주의 여종(둘레)이라고 표현했습니다(눅 1 : 38). 주님 말씀하시면 나도 둘레(둘로스)라고 고백하며 순종할 수 있습니까?

2) 생명을 낳기 위하여 준비된 여자들

Q 예수님의 오심을 위해 다섯 여자가 쓰임을 받았습니다. 누구이며 어떤 특성들을 가지고 있습니까?

A 다말(마 1 : 3) – 가정 창녀(창 38장)
라합(마 1 : 5) – 여리고 기생(수 2장), 가나안 땅의 진멸받아야 할 원수 나라 출신
  * 기생(자나) – 매춘하다. 간음하다. 창녀이다.[7]
룻(마 1 : 5) – 저주받은 모압 족속 출신, 남편을 잃은 과부, 저주받은 가정의 며느리
우리아의 아내 밧세바(마 1 : 6) – 부정한 여인
마리아 – 남자를 알지 못하기에 아이를 낳을 수 없는 소녀, 그러나 거룩한 씨를 이 땅에 오게 한 복된 여인. 그러나 당시에는 온갖 오해를 받고 수모를 당함.

마태복음의 족보에는 구약성경에 등장하는 유명한 선조모들인 사라, 리브가, 레아, 그리고 또 그 밖의 여자들이 빠져 있습니다. 이를 통해 유명하지 않은 자들을 택함으로 사람들이 보기에 위대한 것을 선택하지 않는 하나님의 은혜의 특성들이 드러납니다.[8] 이스라엘 족속만, 장자들만 쓰지 않으셨습니다. 이방인도, 장자가 아닌 사람들도, 여자들도 쓰셨습니다. 복음의 특성, 은혜의 원리입니다. 예수님은 문제 있는 여자들을 통해 오셨습니다. 하나님의 파격, 곧 은혜가 무엇인지를 보여 줍니다. 버림받은 사람들을 통해 오셨습니다. 깨닫고 응답하면 신분과 관계없이 쓰임받습니다.

그리스도는 지금도 은혜의 원리, 복음의 원리, 약속의 원리를 따라오십니다. 사람의 상식이나, 원칙을 고집하지 마십시오. 하나님의 나라는 하나님의 법, 원칙, 질서에 따라 이루어집니다. 하나님을 왕으로 모시는 나라가 하나님 나라입니다. 유대 나라의 풍습에는 여자와 아이는 인구조사 때 계수하지 않지만, 이 거룩한 왕의 족보에 다섯 명의 여자가 의도적으로 기록되어 있습니다. 우리는 타락한 죄인이었지만 은총으로 구원을 얻었습니다. 그러나 구원의 감격, 축복에 머무르지 않고 은혜를 받은 자로서 구속사를 위해 그리스도의 생명을 낳아드린 다섯 여인처럼 쓰임받아야 합니다. 그리스도를 낳는 자, 그리스도의 생명을 확산시키는 자로 살아가야 합니다. 그 땅의 정복을 위하여 공을 세운 자, 곧 하나님 나라의 건설을 위하여 쓰임받는 자가 되어야 합니다.

"여자의 후손으로 오실 것이다. 여자와 여인의 후손을 통하여 뱀의 머리는 깨어질 것이다."(창 3 : 15)는 말씀은 성경이 증언하는 최초의 복음입니다(The Original Gospel, Primitive

Gospel). 예수님은 오늘도 여자를 통해서 이 땅에 낳아지고 전달되십니다. 씨를 낳기 위해 준비된 여자들을 통하여 이 땅에 오십니다. 우리는 이 땅에 예수와 그의 나라를 위해 세움받은 여자들입니다. 우리의 과거가 어떠하든지 우리는 씨를 받기 위해 준비된 밭들입니다. 언제든지 순종할 수 있어야 합니다. 어떠한 희생과 대가를 지불하더라도 낳기 위한 자세를 갖추어야 합니다. 신명기 23장 1~2절에 따르면 고자와 사생자는 여호와의 총회에 들어오지 못합니다. 창세기 5장의 낳고(begat), 살고(lived), 죽는 것(died)이 인생이지만 '낳음'은 구속사를 위한 가장 기본적인 축복입니다. 사람의 형상이 아닌 하나님의 형상을 낳아야 합니다. 나를 통해 누군가에게 왕의 씨가 전달되어야 합니다. 내게 주신 돈, 건강, 시간, 명예, 권세는 다 구속사를 위한 것입니다. 내게 주신 고난과 눈물의 삶은 다 낳기 위한 것(사라, 한나, 마노아의 아내, 엘리사벳, 마리아)입니다.

유다는 예수님의 계보를 이을 다말을 쫓아내고, 요셉은 마리아를 가만히 끊고자 했습니다. 안됩니다. 내가 뭔데 남편을 버리고, 부인을 버리고, 자녀를 마음대로 버릴 수 있습니까? 우리 가정에 들어온 사람을 쫓아 버리고 하나님이 주신 생명을 가만히 끊어 버리면 예수님이 나실 수 없습니다. 잠잠히 하나님이 나에게 허락하신 열 달을 기다려야 합니다. 그를 통해 예수님이 나십니다.[9)]

복음이란 하나님이 오래 전에 약속하셨던 예수 그리스도의 세계가 오늘날 지금의 나에게 들어오는 것입니다. 그런데 그 약속은 아브라함과 다윗을 거쳐 예수님까지 점진적으로 이루어지기 때문에 기다림이 필요합니다. 2천 년 동안이나 신실하셨던 하나님이심을 기억해야 합니다.[10)] 성경에서 가장 많이 보는 것은 기다림입니다. 제사장들은 하나님의 음성을 기다렸고, 선지자들은 메시야의 오심을 기다렸습니다. 그러나 그들은 메시야에 대해 기다리고 외쳤지만, 그리스도 예수께서 이 땅에 오심을 보지 못했습니다. 마침내 그리스도께서 이 땅에 오셨고 부활하시고 승천하셨지만, 여전히 기다림은 있고 지금도 기다림은 진행형입니다. 오늘 우리는 과속의 시대를 살아갑니다. 한번에 끝을 보려고 하는 이들이 많아지고 있습니다. 전도나 양육도 마찬가지입니다. 뿌린 씨앗의 열매를 보지 못한다 할지라도 약속을 붙잡고 신실하신 하나님을 믿고 인내하면서 기다리는 일이 필요합니다. 너무 조급해하지 마십시오. 하나님은 한 번도 신실하지 않으신 적이 없습니다.

적용질문

1. 문제가 많다 하더라도, 연약하고 부족한 사람이라 하더라도 구속사를 위해 헌신할 때, 예수님의 족보에 이름이 올라가는 영광을 누리게 됩니다. 예수님의 생명의 씨가 내 대에서 끝나지 않고 계속 이어 나가기 위해 나는 어떤 노력을 하고 있습니까?

2. 라합은 여리고의 이방여인이었고 기생이었지만 이스라엘의 소식을 듣고 자신과 가족의 구원에 대한 갈망을 가졌습니다. 어떤 대가를 치르더라도 가정구원은 꼭 이루어야 합니다. 나와 나의 가정이 하나님 나라에 참여하고자 하는 열망이 있습니까? 있다면 그 마음을 설명해 보십시오.

3. 하나님의 약속의 성취를 위해 우리에게는 하나님의 때가 차기까지의 긴 '기다림'의 시간이 필요합니다. 나에게 가장 어려운 기다림은 무엇입니까?

3) 예수 그리스도의 이름

Q 예수님의 오심의 목적을 설명할 수 있는 그 이름들을 정리해 보고 그 의미들을 해석해 보십시오.

A '하나님의 아들'로 오셨습니다(마 16 : 16).
'예수'라는 이름으로 오셨습니다(마 1 : 1, 18, 21, 25).
성령으로 잉태되셨고 '그리스도'라는 이름으로 오셨습니다(마 1 : 1, 18, 20).
'임마누엘'이라는 이름으로 오셨습니다(마 1 : 23).

예수 그리스도의 나심은 땅에 속한 일이 아니라 하늘에 속한 일입니다. 구약의 모든 약속들은 그리스도의 나심이라는 사건을 통하여 실현되었습니다. 즉, 예수 그리스도의 탄생을 통하여 새로운 시대가 도래하였다는 말씀입니다.[11] 예수님은 어떤 활동을 시작하면서부터 비로소 이스라엘의 구원자가 되신 것이 아닙니다. 이미 처음부터 '예수', '임마누엘'이시며 '하나님의 아들'이셨습니다. 그를 통하여 하나님 나라는 시작이 되었습니다.[12]

'하나님의 아들'로 오셨습니다(마 16 : 16).

16 시몬 베드로가 대답하여 이르되 주는 그리스도시요 살아 계신 하나님의 아들이시니이다

주님은 타락 때 잃어버렸던 하나님의 형상, 살아 계신 하나님의 씨를 가지고 이 땅에 오셨습니다. 아담의 씨가 아닌 하나님의 씨로, 하나님의 자녀로 살아가도록 우리 속에 그 생명을

넣으셨습니다. 하나님의 형상으로 창조된 인간이 범죄 한 후 사탄의 씨로 변질하여 주님이 오실 때쯤에는 '뱀의 자식', '마귀의 자식'이라고 책망을 받을 지경이 되었습니다(마 3 : 7, 요 8 : 44). 우리가 예수님을 믿고, 영접하면 그 아들의 생명이 내 안에 들어옴으로 나도 하나님의 자녀가 됩니다(요 1 : 12).

'예수'라는 이름으로 오셨습니다(마 1 : 1, 21, 25).

1 아브라함과 다윗의 자손 예수 그리스도의 계보라 …… 21 아들을 낳으리니 이름을 예수라 하라
이는 그가 자기 백성을 그들의 죄에서 구원할 자이심이라 하니라 …… 25 아들을 낳기까지 동침
하지 아니하더니 낳으매 이름을 예수라 하니라

'예수'의 히브리적 의미는 '구원', 헬라적 의미는 '고치다(치료함)'입니다. 죄가 무엇입니까? 과녁에서 벗어나는 것입니다. 지나쳐도, 부족해도 죄입니다. 그러므로 죄이기 때문에 집착해도 평안이 없고, 등한시해도 평안이 없기에 예수님이 오시지 않으면 우리는 죄 가운데 살 수 밖에 없습니다. 예수님을 믿는다는 것은 죄에서 구원받는다는 의미입니다.[13] 내가 아무리 많은 성경적 지식을 가지고 있고, 성령의 능력을 체험하고, 많은 사람들에게 인정받는 사람이라 할지라도 본질상 진노의 자녀인 우리는 우리의 힘으로 하나님께서 요구하시는 기준에 정확히 부합하는 삶을 살 수 없습니다. 오직 예수 그리스도만이 죄 문제로부터 나를 구원해 주실 분, 나의 모든 상함과 상실, 결핍을 치료하고 건지실 분이십니다. 예수를 만나면 죄가 우리에게 왕 노릇하지 못합니다. 예수를 믿는 자들은 사망과 저주가 그를 지배하지 못하고 새로운 질서, 하나님이 주인 되신 새 생명의 역사로 초대를 받습니다.

성령으로 잉태되셨고 '그리스도'라는 이름으로 오셨습니다(마1 : 18, 20, 16 : 16).

18 예수 그리스도의 나심은 이러하니라 그의 어머니 마리아가 요셉과 약혼하고 동거하기 전에
성령으로 잉태된 것이 나타났더니 …… 20 이 일을 생각할 때에 주의 사자가 현몽하여 이르되
다윗의 자손 요셉아 네 아내 마리아 데려오기를 무서워하지 말라 그에게 잉태된 자는 성령으
로 된 것이라
16:16 시몬 베드로가 대답하여 이르되 주는 그리스도시요 살아 계신 하나님의 아들이시니이다

그리스도는 아람어로 '메시야'입니다. 기름 부음 받은 자입니다. 예수 그리스도께서는 우

리에게 기름을 부어 하나님의 종으로 살아가게 하려고 오셨습니다(마 3 : 11-12, 막 1 : 8, 눅 3 : 16, 요 1 : 33-34). 구약시대에는 예언자에게(왕상 19 : 16), 제사장에게(출 28 : 41, 29 : 7), 왕에게(삼상 16 : 12-13, 왕상 1 : 45, 왕하 11 : 12, 시 89 : 20) 각각 기름을 부었습니다. 우리도 성령의 기름 부음을 경험하게 되면 이러한 그리스도의 삼중직을 감당함으로 하나님 나라, 그 왕국을 건설하는 일에 쓰임받게 됩니다.

'임마누엘'이라는 이름으로 오셨습니다(마 1 : 23).

23 보라 처녀가 잉태하여 아들을 낳을 것이요 그의 이름은 임마누엘이라 하리라 하셨으니 이를 번역한즉 하나님이 우리와 함께 계시다 함이라

처녀가 잉태한다는 것은 절대로 있을 수 없는 일입니다. 그러나 하나님의 방법은 전혀 우리가 알 수 없는 방법입니다. 이러한 방법으로 오시는 분의 별명이 임마누엘이십니다. 임마누엘이라는 말은 그가 가져오는 시대가 출애굽 이스라엘 백성이 꿈꾸던 젖과 꿀이 흐르는 가나안 땅의 의미를 말합니다.[14] 구약의 성막 안에 하나님이 찾아오신 것처럼 타락한 세상에 하나님은 말씀으로, 그 아들로 찾아오셨습니다(요 1 : 14). 임마누엘 하나님은 우리와 동행하기 위해 찾아오셨으며 우리와 함께 계시고 싶어 하십니다. 처녀가 잉태해서 아들을 낳았지만 그 사건을 보지 말고 함께 계신 하나님, 임마누엘의 하나님을 보아야 합니다. 처녀로서 잉태하는 마리아나, 낮아지신 예수님이나, 다 고난입니다. 그 고난의 역할을 하는 것이 말씀을 이루는 표적입니다. 십자가밖에는 보여 줄 징조가 없습니다.[15]

예수님이 스스로를 성전이라 말씀하신 것은 우리와 함께 계셔서 우리 죄를 속해 주시는 임마누엘과 성막으로서의 자신의 정체성을 규명하신 말씀입니다.[16] 하나님이 동행하시고 그분이 내 안에 거하시면 내 몸이 성전이 됩니다. 성도의 삶은 하나님의 나타나심입니다. 우리는 왕의 씨를 가지고 태어나 이 땅에 하나님의 왕국을 건설하기 위해 그 자녀로, 왕권을 가진 통치자로 살아가야 합니다(롬 5 : 17, 벧전 2 : 9).

예수님이 우리에게 오셔서 임마누엘하시는 방법은 우리가 전혀 예상할 수 없습니다. 내가 진행되는 상황들을 내 기준에서 판단하고 결정하면 안 됩니다. 이스라엘은 자신들이 생각한 메시야만 기다리다 하나님의 방법으로 임마누엘하신 예수님을 놓치고 말았습니다. 구약시대에 이름은 매우 중요한 의미를 지녔습니다. 무엇인가로 불린다는 말은 이름에 합당한 존재가 됨을 의미합니다. 나는 그리스도인이라 불림에 부끄럽지 않는 존재로 이 땅에서 살아가야 합니다.[17]

적용질문

1. 나는 예수님을 인격적으로 만났습니까? 그때의 경험과 결단을 간증해 보십시오.

2. 내가 만난 예수님은 어떤 분이십니까?(위의 4가지 이름과 나의 경험들을 연결시켜 설명해 보십시오)

3. 나는 하나님의 자녀 됨의 확신을 가지고 있습니까? 내가 누리는 자녀 됨의 특권들을 설명해 보십시오.

3. 왕을 기다렸던 사람들(마 2장)

예수님이 자기 땅에 오셨을 때 자기 백성이 영접하지 않았습니다. 하지만 하나님은 불신의 세계 속에서도 진리와 구속사에 대해 관심이 많았던 동방박사들을 통하여 왕께 합당한 예를 갖추게 하십니다.

구약의 모든 역사는 천국을 살도록 메시야를 보내기 위해 준비한 역사이기에 모두가 다 예표요, 준비였습니다. 그러나 신약의 역사는 메시야가 오셔서 이루신 실제요, 언약의 성취입니다. 그리스도를 통하여 내 속에 새로운 생명의 역사가 시작된 것이요, 그분의 통치를 통하여 천국(하나님 나라)이 시작되었습니다. 주님은 하나님 나라를 이 땅에 회복시켜 우리로 하나님의 통치를 경험하고 천국을 살게 하려고 오셨습니다. 먼 훗날이 아닌 지금, 여기(Here & Now)에서 우리는 천국을 살아야 합니다. 우리는 기다리는 예언의 시대가 아닌 성취를 선언하고 매일매일 경험하는 천국의 삶을 간증할 수 있어야 합니다.

1) 주님의 오심을 맞이한 사람들의 태도

Q 유대인들은 메시야의 오심에 대한 하나님의 약속을 오래도록 기다리고 있었지만 정작 메시야가 오셨을 때 그들은 그분을 왕으로 영접하거나 예우하지 않았습니다. 몇몇 소수의 사람들만 약속을 믿고 기다렸다가 왕의 오심을 환영했습니다. 대표적인 사람들의 모습을 정리해 보십시오(마 2장).

A 헤롯왕 – 왕을 죽이려는 대적자
제사장, 서기관 – 이론과 형식으로만 믿는 자들
천사들과 목자들 – 예수님의 오심의 소식을 전하고 찬양하는 자들
동방박사들 – 왕으로 영접하고, 왕께 합당한 경배를 드린 사람들

헤롯 왕 – 왕권을 빼앗기지 않으려고 참 왕으로 오신 그리스도를 죽이려고 하는 자

유대 지방을 다스리던 헤롯은 동방박사들의 방문을 통하여 왕의 오심의 소식을 듣고 거짓말로 축하하고 모해하려고 계획했습니다. 새로운 왕의 탄생으로 자신의 왕권이 위협을 받는 줄 생각하고 예수를 죽이기 위해 베들레헴의 모든 2살 이하의 영아들을 살해했습니다. 악인의 특징은 자신이 상대방을 속이고도 남의 탓을 합니다. 의인은 자신이 속았어도 내가 죄인이라고 하지만, 속이고도 속았다고 화를 내는 것이 악인의 모습입니다. 헤롯은 정권으로 하나님을 대적하였지만, 헤롯에 의해 죽은 영아들은 그 시대에 관영한 악을 보여 주고 있습니다. 애굽의 400년 노예 시절 모세가 태어날 때도 영아 학살 사건이 있었습니다.[18]

우리가 어떤 권세와 명예, 축복을 받았다고 할 때 그것은 은총으로 주어진 것들이기에 우리 주 예수 그리스도를 섬기고, 예배하는 일에 사용해야 합니다. 은사로 주신 축복들이, 섬김을 위한 기회로 주신 특권들이, 혹여 내가 왕 노릇함으로 말미암아 그분 앞에 원수로 서지 않도록 조심해야 합니다.

제사장, 서기관 – 이론과 형식으로만 믿는 자들, 형식적인 종교인

당시 제사장과 서기관들은 어용 종교 지도자들이었고 타락한 배금주의자들이었습니다. 성경을 연구하고 묵상하고 가르치던 자들은 예루살렘 성 안에 있었습니다. 그들은 미가서의 말씀을 인용하여 동방의 현자들에게 베들레헴에서 예수님이 나실 것을 설명했지만 단 한 사람도 주님을 찾는 자가 없었으며, 그들의 가진 지식은 오히려 주를 대적하는 자들에게 정보를 제공하는 일에 일조하였습니다. 자신의 지식과 기대, 한계, 잣대 속에 하나님의 뜻을 구겨 넣고, 그 뜻의 의미를 알려고도 하지 않으며, 때로는 하나님의 뜻이 이 땅에 이루어짐에 대한 기대도 없이 살아가고 있는 모습 때문에 하나님의 뜻을 수수방관하고만 있지는 않습니까? 혹은 그러한 타성에 젖은 종교성 때문에 복음을 방해하고, 이 땅에 세워져 가는 하나님 나라를 대적하고 있지는 않습니까?

천사들과 목자들 – 예수님의 오심의 소식을 전하고 찬양하는 자들

천사는 우리 주님과 구원 얻을 상속자들을 섬기라고 보냄을 받은 종들입니다(히 1 : 14). 목자들은 들에서 양을 치는 가난하고 멸시받는 위치에 있던 사람들입니다. 당시의 풍조에서

그들은 윤리성과 부정직함 때문에 법정에서 증인으로도 채택될 수 없는 사람들이었습니다. 그러나 그들은 메시야의 오심을 기다렸던 사람들이며 아무도 왕을 알아보지 못할 때 주님의 오심을 온 천하에 알렸고, 그에게 합당한 경배와 찬양을 올렸던 이들입니다.

사람 앞에서의 나의 신분, 위치가 어떠하든지, 과거에 어떤 일을 위해 살았든지 오늘 우리는 그리스도를 섬기기 위해 서 있습니다. 섬길 기회는 자주 오지 않습니다. 기회 주실 때 섬길 수 있는 특권을 잘 활용하도록 영적으로 깨어 있어야 합니다. 상속자들을 섬기라고 보냄을 받은 종의 신분이었던 천사들, 꿈과 비전의 계시를 기다렸던 목자들은 참으로 복된 자들입니다. 왕의 오심을 위해 쓰임받았기 때문입니다.

동방박사들 – 왕께 합당한 경배를 드린 사람들

동방박사는 유대인이 아닌 이방인이었으나 메시야의 오심에 관심이 많았던 지혜자들 이었습니다. 그들의 건강, 시간, 삶은 예수님을 경배하기 위해 바쳐졌고, 그들의 학문은 예수님을 연구하는 일에 쓰였고, 그들의 소유는 예수님을 경배하는 일에 사용되었습니다. 그들은 자신의 마음을 표현하기 위해 왕께 합당한 황금(왕권)을 준비했고 제사장으로 오신 주님을 위해 유향(신성)을 준비했고, 십자가의 제물로 희생당하실 주님의 장례를 위해 몰약(수난과 죽음)을 준비했습니다. 사람의 마음이 있는 곳에 재물이 있습니다. 주님 앞에 나아갈 때 빈손을 보이지 말아야 합니다.[19] 예배에는 제물이 있어야 합니다. 희생의 대가를 지급해야 합니다. 그들에게 있어서 메시야는 많은 시간을 드리고, 큰 재산, 생애와 정열, 많은 노력을 들일 가치가 있는 경배의 대상이었습니다. 그들은 예수님을 섬기고 예배하기 위해 왔습니다(마 2 : 2). 예배에는 정성과 희생, 준비가 있어야 합니다. 내 삶의 보화들은 쓰여져야 할 곳에 쓰일 때, 있어야 할 곳에 있을 때, 목적과 방향이 분명할 때 그 가치가 명확해지고 빛이 납니다.

예배자들이 만난 메시야는 굉장한 능력을 행하시는 슈퍼맨이 아닌 작은 어린아이이셨습니다. 그들의 기대가 어떠했는지는 알 수 없으나 그들은 아기 앞에 엎드려 최상, 최고의 예배를 드렸습니다. 정성으로 준비한 모든 것들을 아기 예수께 드렸습니다. 아직 어린아이라 해도 그분은 약속을 통해 오신 그들의 메시야요 왕이셨습니다. 큰 간증, 큰 경험은 우리를 자극합니다. 그러나 내 속에 역사하는 작은 것들은 간과되기 쉽습니다.

나의 경험 이전에 진리 때문에 결단할 수 있는 사람, 내게 느껴지는 굉장한 감격 때문만이 아닌 그분이기 때문에 아직 작게 보이고, 어린아이로 보인다 해도 왕으로 섬길 수 있는 사람이 진리의 사람입니다. 언제 어디에서 끝날지도 모르는 길을 온 생을 바쳐 가며 별을 따라 온 길이지만 메시야를 만나는 순간만큼은 내 기대를 내려놓아야 합니다. 내가 생각한 그 상황이 아니고, 그 감격이 아니어도 세미한 음성을 무시하지 않을 수 있는 겸손과 자기 성찰이 필요합니다. 아주 사소한 경험 앞에서도 내가 그분을 필요로 하는 사람임을 깨달으며, 하나님의 크심을 경외할 수 있어야 합니다. 그 어떤 경험 속에서도 그리스도의 주인 되심을 인정하며 경배하는 것이 우리가 마땅히 드릴 예배의 자세입니다.

예수님을 경배하기 위해 그들은 시간을 드렸습니다. 목숨을 건 위험을 감내했습니다. 별의 징조를 바라보며 예수님을 찾아왔고(민 24 : 17), 어린 예수님 앞에서 겸손하게 경배했습니다. 하나님은 피신하기 전에 왕으로 오신 주님을 알현할 수 있도록 그들을 인도하셨습니다. 언제나 주를 찾는 자들에게 하나님은 섬김의 기회를 열어 주십니다. 경배가 목적인 사람들의 인생은 하나님이 끝까지 책임지십니다. 헤롯의 사주를 받아도 정확히 갈 길로 가게 되어 있습니다. 내가 잘나서 유혹도 이기고 이단에도 안 넘어가는 것이 아니라 하나님이 지키시기 때문입니다. 세상이 달콤한 말로 우리를 유혹한다 하여도 하나님이 바른 길로 우리를 인도하십니다.[20]

적용질문

1. 나는 예수님의 오심을 맞았던 4부류의 사람들 중 대적자, 형식적인 종교인, 주의 오심을 전하고 찬양하는 목자들, 이방인 경배자들 중 어떤 부류에 속한 사람이라고 생각합니까?

2. 성경을 연구하고 율법을 잘 알았지만 생명력은 잃은 채 이론만 가지고 있던 종교 지도자들은 결국 예수 그리스도의 대적자가 되었습니다. 나도 그들처럼 이론만 가지고 형식적으로 신앙생활을 하는 사람은 아닙니까? 아니면 감성과 의지까지 전인격을 드림으로 철저하게 순종, 헌신하는 자리에까지 나아가는 사람입니까?

3. 천대받던 목자들은 왕의 오심을 듣고 찬양하였고, 동방박사들은 먼 길을 마다하지 않고 예물을 들고 예수님을 찾아가 경배를 드렸습니다. 나는 왕을 위해, 구속사를 위해 무엇을 드리며 헌신하고 있습니까?

2) 예수님께로 인도한 별들의 수고

Q 예수님 당시에 별은 하늘의 징조를 보이는 하나님의 도구로 쓰였습니다. 성경에서 왕의 오심을 위하여 쓰임받았던 별들은 누구입니까?

A 예수님 자신이 별이십니다.
하나님은 예수님께로 인도하기위해 별을 사용하셨습니다.
당신의 종들을 별로 사용하십니다.

예수님 자신이 별이십니다.
예수님은 야곱 지파에서 나온 한 별이십니다(민 24 : 17).
예수님은 어두운 밤을 밝히는 샛별이십니다(벧후 1 : 19).
예수님은 아침을 여는 광명한 새벽별이십니다(계 22 : 16).
예수님은 우리를 하나님께로 인도하며 경배와 찬양을 드리도록 이끌어 주시는 별이십니다. 우리 인생의 가야 할 목적과 방향을 일러 주는 소망의 별이십니다(마 2 : 9).

세상을 살면서 별을 보지 못할 때가 많이 있습니다. 동방박사들이 별에 관심하지 않고 자신들의 상식에 근거하여 이스라엘의 수도인 예루살렘에서 왕이 나시리라 생각하고 발걸음을 돌렸을 때 엄청난 실수를 하게 되었고 그로 인하여 수많은 베들레헴의 어린아이들이 죽임을 당하였습니다. 우리 마음이 다른 것을 향할 때 별은 빛을 잃고 우리의 관심 밖으로 밀려납니다. 박사들은 동방에서 보던 그 별을 다시 보았을 때 기뻐하고 기뻐했습니다(마 2 : 10). 우리의 진정한 기쁨과 행복은 그분에게 있습니다. 그분으로부터 관심이 떠났을 때, 그분을 잃어버렸을 때, 우리는 길을 잃고 많은 상실을 경험하게 되고 수많은 이웃들에게 손실과 사망을 경험하게 할 수도 있습니다(마 2 : 16–18).

하나님은 예수님을 경배하기를 원하는 자들이 그분을 만날 수 있도록 별을 사용하셨습니다.
별은 베들레헴 위에 떠 있었고, 주님을 찾으려 하는 많은 사람에게 주님을 예배하고 섬길 수 있도록 그분이 계신 위치를 알려 주었습니다. 동방박사들은 별을 보고 예수님을 찾아왔습니다(마 2 : 2, 9–10).

주님의 종들을 별로 사용하십니다.
주님의 오른손에 들려 쓰임받는 주의 사자들을 오른손의 일곱 별이라고 말씀하십니다.

[16] 그의 오른손에 일곱 별이 있고 그의 입에서 좌우에 날 선 검이 나오고 그 얼굴은 해가 힘있게 비치는 것 같더라 …… [20] 네가 본 것은 내 오른손의 일곱 별의 비밀과 또 일곱 금 촛대라 일곱

별은 일곱 교회의 사자요 일곱 촛대는 일곱 교회니라(계 1 : 16-20)
에베소 교회의 사자에게 편지하라 오른손에 있는 일곱 별을 붙잡고 일곱 금 촛대 사이를 거니시는 이가 이르시되(계 2 : 1)

주님은 지금도 사람을 통하여 주님의 일을 행하십니다. 주님의 몸인 교회를 별의 역할을 감당하는 종들을 통하여 두루 살피시고 세워 가십니다. 주의 일에 쓰임받는 주의 종들이 됩시다. 주의 종들을 도와 주님의 몸 된 교회를 섬기는 동역자들이 됩시다. '그의 별'(마 2 : 2)이 되어야 합니다. 우리에게 별이 되시는 예수님을 바라보고, 예수님의 별이 되어 주님이 계셔야 할 그 자리를 지켜야 합니다. 우리가 주님의 별로 살 때 그 수고에 대한 상급이 있습니다.

해의 영광이 다르고 달의 영광이 다르며 별의 영광도 다른데 별과 별의 영광이 다르도다(고전 15 : 41)

그러나 '그의 별'이 되어야지 우리 자신이 star(별)의 영광을 얻으려고 애를 쓰면 스타, 곧 '**스**스로 **타**락한 자'가 될 수 있습니다. 지금 내가 있어야 할 위치는 주님을 가장 잘 드러내고, 왕이신 주님을 만날 수 있도록 사람들을 인도하고, 왕이신 그리스도를 경배하도록 도와주는 자리여야 합니다. 세례 요한은 주님의 별의 역할을 잘 감당하여 우리에게 아름다운 모델이 되었습니다. 오늘날 스스로를 스타라고 주장하며 하나님께로 향한 뭇사람의 마음을 도둑질하는 종교 지도자들이 많이 있음을 볼 때 요한의 증언이야말로 참으로 소중한 고백이 아닐 수 없습니다.

요한이 드러내어 말하고 숨기지 아니하니 드러내어 하는 말이 나는 그리스도가 아니라 한대(요 1 : 20)
그는 흥하여야 하겠고 나는 쇠하여야 하리라 하니라(요 3 : 30)

그리스도를 대행하여 천국을 여는(마 16 : 19), 그리스도의 향기로(고후 2장), 그분의 편지로(고후 3장), 그리스도를 보배로 담고 사는 질그릇으로(고후 4장), 그리스도의 대사로(고후 5장) 살아가는 약속의 실현자들이 됩시다.

나는 무엇에 생을 걸고 있습니까?

내 삶의 목표는 무엇입니까?

나의 매일의 관심사는 무엇입니까?

내 삶의 우선순위는 어디에 있습니까?
내 삶의 모습을 통해 비추어 볼 때 나는 어떤 사람입니까?

적용질문

1. 나는 지금 누구의 별로 살아가고 있습니까? 혹은 당신이 믿고 따르는 별은 누구입니까?

2. 하나님 나라의 별(대행자)이 되기 위해 나는 어떤 준비를 하고 있습니까?

3. 구속사를 돕기 위해 어떤 역할을 감당하고 있습니까? 경제, 교육, 문화, 미디어, 정부, 종교, 가정사역, 전도, 양육, 성경공부와 같은 많은 사역 중 어떤 사역에 헌신하고 싶습니까?

하늘로부터 소리가 있어 말씀하시되

이는 내 사랑하는 아들이요

내 기뻐하는 자라 하시니라

제2강

왕의 대관식과 왕권 대결

마태복음 3-4장

2

왕의 대관식과 왕권 대결

3-4장

광야의 외치는 자의 소리가 되어 많은 사람들을 회개하게 하는 일이 요한의 사명이었듯이 하나님의 말씀으로 주의 길을 예비하는 일이 나의 사명이요, 목적입니다.[21] 성경의 이야기는 모두 나의 이야기입니다. 성경이 어려운 이유는 성경말씀을 나와 상관없는 남의 이야기로 읽기 때문입니다. 악인이 등장하면 그 악을 나의 악으로, 의인이 등장하면 예수 그리스도의 은혜로 의롭게 된 내 신분과 사명을 생각해야 합니다. 성경에 나타난 하나님의 구속사가 나의 역사가 되고 나의 삶이 되어야 합니다.[22]

1. 기도로 낳은 아들 세례 요한

세례 요한은 예수님의 길을 예비하러 온 선구자입니다. 세례 요한의 아버지 사가랴는 성소에서 제사의 직무를 수행하는 중에 요한의 출생과 이름까지 천사의 예고를 받았습니다. 엘리사벳이 나이 많도록 수태하지 못했으나(눅 1 : 7), 오랫동안 자녀를 달라고 간구함으로 그의 기도를 들으시고 하나님이 요한을 잉태하게 하셨습니다(눅 1 : 13).

13 천사가 그에게 이르되 사가랴여 무서워하지 말라 너의 간구함이 들린지라 네 아내 엘리사벳이 네게 아들을 낳아 주리니 그 이름을 요한이라 하라(눅 1 : 13)

1) 기도의 지원을 필요로 하는 구속사의 인물들

Q 사라, 마노아의 아내, 한나처럼 자녀를 낳지 못하는 절망은 한 여자로서 당하는 가장 큰 아픔이요, 한(恨)이라고 할 수 있습니다. 이렇게 상상할 수 없는 끔찍한 고난이 그리스도인들에게 일어나는 이유가 무엇이라고 생각합니까?

A 그리스도인에게 나타난 극심한 고난은 언제나 기도를 요청하는 하나님의 특별한 싸인이라고 볼 수 있습니다.

세 여인의 절박한 필요는 자녀를 얻는 것이었습니다.

하나님은 하나님의 백성들의 기도를 통하여 하나님의 뜻을 이룰 종들이 태어나게 하십니다. 기도하는 어머니, 기도의 지원을 받는 하나님의 사람들을 통하여 구속사는 진행됩니다. 기도의 뒷받침이 없으면 하나님의 경륜은 실현되지 않습니다. 출애굽 사건, 바벨론 포로된 상태로부터의 자유와 귀환, 새 언약 시대의 시작 등 역사의 큰 전환점마다 깊은 기도, 구속사를 움직이는 큰 기도들이 있었습니다. 기도는 하나님의 행하심의 통로입니다. 기도의 제물을 통하여 주의 나라가 임하고 기도의 향연이 올라갈 때마다 심판을 위한 천사들의 사역이 준비됩니다.

3 또 다른 천사가 와서 제단 곁에 서서 금향로를 가지고 많은 향을 받았으니 이는 모든 성도의 기도와 합하여 보좌 앞 금 제단에 드리고자 함이라 4 향연이 성도의 기도와 함께 천사의 손으로부터 하나님 앞으로 올라가는지라 5 천사가 향로를 가지고 제단의 불을 담아다가 땅에 쏟으

매 우레와 음성과 번개와 지진이 나더라 6 일곱 나팔을 가진 일곱 천사가 나팔 불기를 준비하더라(계 8 : 3-6)

무슨 일을 하든지 기도보다 앞서면 안 됩니다. 어떤 일을 계획하든지 먼저 기도로 나아가야 합니다. 기도 없이 하는 일들은 종들의 월권행위입니다.

세례 요한도 기도하는 부모님을 통하여 이 땅에 왔습니다.
오랜 기간 기도해도 응답을 받지 못하는 이유가 무엇입니까?
상황을 아시는 하나님께서 우리에게 오랜 기간 기도하도록 하신 이유가 무엇입니까?
한 맺힌 여인들의 눈물의 기도가 필요했던 이유는 무엇입니까?
구속사, 시대의 전환과 가슴 아린 어머니들의 기도는 어떤 상관관계가 있습니까?

적용질문

1. 구속사에 크게 쓰임받았던 인물들은 모두 불임으로 고통당하며 눈물로 기도했던 기도의 어머니들이 배후에 있었습니다. 20년간 기도하여 낳은 아들 야곱과 그의 어머니 리브가, 삼손과 그의 어머니, 사무엘과 그의 어머니 한나, 세례 요한과 그의 어머니 엘리사벳을 통해서 확인할 수 있듯이 구속사와 기도는 끊을 수 없는 관계를 맺고 있습니다. 구속사를 위한 나의 기도생활은 어떠합니까? 구속사를 위한 나의 배후기도는 어떠합니까?

2. 하나님보다, 기도보다 먼저 행동해서 실패를 경험한 적은 없습니까? 나누어 봅시다.

3. 나는 정해진 기도시간, 내 나름대로의 기도 원칙을 가지고 있습니까? 나누어 봅시다.

2) 구속사를 위해 오신 분들

Q 출생에 있어서 세례 요한과 예수님의 공통점과 차이점은 무엇입니까?(눅 1 : 13, 26-56)

A 공통점 : 두 분은 서로 친척 간이셨습니다(눅 1 : 36). 하나님의 특별하신 개입으로 아이를 갖게 되었고, 천사가 나타나 잉태를 알려 주었습니다(눅 1 : 13, 26-38). 그들의 어머니들은 석 달 동안 함께 있으면서 태 중의 아이의 탄생을 미리 알고 예언했습니다(눅

1 : 39－56).

차이점 : 세례 요한은 예수님보다 6개월 앞서 출생했습니다. 세례 요한은 왕을 위해 길을 닦기 위해 왔고, 예수님은 왕으로 오셨습니다. 세례 요한은 왕의 오심을 증거하기 위해 선지자로 왔고, 예수님은 구약의 많은 선지자들과 요한의 증언을 통해 메시야로 오셨습니다.

해산하는 수고를 통해, 기도의 산고를 치름으로 생명이 태어납니다.

우리에게도 천사의 예고가 필요하고, 현몽함이 필요하고, 성령의 감동이 필요합니다. 그것은 나의 인생이 구속사를 위한 부르심 안에 있기 때문입니다. 내가 구속사를 위한 사람이라면 누군가의 기도와 수고가 나의 세워짐의 배후에 있었습니다. 내가 구속사를 위해 어느 누군가를 일꾼으로 세우는 사람이라면 지금 나의 삶의 현장이 기도의 산실이 되어야 합니다.

적용질문

1. 내 안에 성령의 감동과 이끄심을 기대하며 기다리는 마음이 있습니까? 나는 그 성령님과 어떤 방법으로 교통합니까?

2. 내 안에 성령의 감동과 이끄심이 있습니까? 그 감동을 어떻게 확인하고 실천했는지 나누어 봅시다.

3. 나에게 해산하는 수고를 하기까지 품고 섬기는 영혼이 있습니까?

3) 요한의 광야생활

Q 요한에 대하여 성경은 어떤 사람이라고 표현하고 있습니까? 그는 예수님보다 6개월 먼저 사역을 시작하여 주로 어떤 일을 하였습니까?(마 3 : 1－12)

A 광야의 외치는 자의 소리, 주의 길을 예비하는 자(마 3 : 3)
회개시켜 삶에 합당한 열매를 맺도록 설교하고 세례 주는 일

요한은 유대 광야에서 살았고 거기서 은둔 생활을 했습니다(마 3 : 1, 4, 눅 1 : 80).

[1] 그때에 세례 요한이 이르러 유대 광야에서 전파하여 말하되 ……[4] 이 요한은 낙타털 옷을 입고 허리에 가죽 띠를 띠고 음식은 메뚜기와 석청이었더라(3 : 1–4)
아이가 자라며 심령이 강하여지며 이스라엘에게 나타나는 날까지 빈 들에 있으니라(눅 1 : 80)

그는 왕의 오심을 준비하는 자였습니다. 그는 낙타털 옷을 입고 허리에 가죽띠를 띠고 메뚜기와 석청을 먹고 살았습니다. 아무런 가공이나 꾸밈이 없는 옷을 입고, 맛이나 즐거움, 향락을 위함이 아닌 생존을 위한 최소의 음식으로 살았음을 의미합니다. 의식주가 아니라 오직 메시야를 기다리는 한마음으로 그분에게 집중하는 삶이었습니다.

이스라엘 백성에게 광야는 단순히 '과거에 살았던 곳'이나 '황량한 사막'의 개념이 아닙니다. 광야는 이스라엘 백성이 출애굽해서 가나안에 이르기까지 하나님의 품에 안겨 하나님의 사랑을 경험한 곳입니다. 하나님이 누구신지, 어떻게 자신들을 인도하시는지, 하나님을 만나며 경험하는 장소였으며, '그립도록 하나님을 추억할 수 있게 해 주는 장소'였습니다. 랍비들은 광야(미드바르)를 '하나님과 이스라엘이 신혼여행을 하던 장소'라고 말하기도 합니다. 하나님의 선지자는 하나님의 메시지를 전달하기 위해, 하나님을 만나는 장소인 광야에서 외칠 때에만 그 의미를 가질 수 있었습니다.[23] 요한은 세상의 즐거움이나 자신의 욕망에 취해 살지 않고 광야의 삶을 살며, 메시야를 위해 자신의 삶을 최소화시켰습니다. 우리에게 주신 기회와 축복은 언제나 그리스도를 위해 제한받고 헌납되어야 합니다. 금식도 필요하지만 때로는 생활의 편리함이나 문화적 혜택을 제한하는 문화 금식, 절식도 필요합니다(TV 시청, 오락, 잡기, 레저문화, 인터넷, 스마트 폰, SNS 문자 등의 제한). 다른 한편으로 생업인 배와 그물을 뒤로 하고, 자기를 부인하고 전적으로 그리스도를 따르는 제자도 있었습니다.

[3] 너는 그리스도 예수의 좋은 병사로 나와 함께 고난을 받으라 [4] 병사로 복무하는 자는 자기 생활에 얽매이는 자가 하나도 없나니 이는 병사로 모집한 자를 기쁘게 하려 함이라(딤후 2 : 3–4)

요한의 주된 사역은 왕이 오실 수 있도록 사람들의 마음을 회개시키고, 그분께로 돌이키는 일이었습니다.

그는 죄에 대한 회개와 임박한 심판을 선언했습니다(마 3 : 2, 7). 회개와 세례를 통하여 우리의 삶을 하나님 나라로 만드실 왕이신 주님이 행차하십니다. 왕의 길을 예비하는 자의 삶은 아름답습니다. 회개는 과거의 범죄로 인한 슬픔(고후 7 : 10), 하나님을 거역한 죄의 가증함에 대한 깊은 깨달음(시 51 : 4), 그리고 타락에서 거룩한 생활로 돌이키려는 굳은 의지를 동시에 포함합니다. 참으로 회개하는 자는 죄로 인해 크게 애통하는 마음에 빠집니다. 그것은 죄가 자신의 영혼을 해쳤기 때문이라기보다도 그것이 하나님을 거스르는 것이고 또 그분의 미워하시는 가증한 것임을 깨달았기 때문입니다(렘 44 : 4). 죄에 대한 철저한 회개를 통해서만 왕이 오시고, 천국은 도래합니다.[24)]

요한은 천국의 도래를 선포했습니다(마 3 : 2).

회개하라 천국이 가까이 왔느니라 하였으니

예수 그리스도를 증거하는 광야의 소리(사람을 주께로 이끌 수 있는 능력)로서 그는 예수님의 선구자로 엘리야의 심령과 능력을 갖추고 일했습니다(눅 1 : 17). 사람들의 마음속에 주의 오심의 대로를 마련하기 위해서는 어둠의 세력을 깨뜨릴 수 있는 힘과 능력이 필요합니다. 빛과 어두움은 서로 대치합니다. 빛 된 삶은 단순한 상태가 아니라 힘이요, 능력이요, 권세입니다.

기업을 얻기를 원한다면 자기를 내려놓고 절제하여야 합니다.

내가 문화 금식을 해야 할 항목들이 있는지, 혹은 나의 시간 운영 방법들에 대해 어떤 것들을 바꾸어야 할지 구체적으로 계획을 세워 봅시다. 내가 버리지 못한 것으로 인해 하나님의 나라의 유업을 받지 못할 수도 있음을 두려워합시다. 광야 훈련을 받았음에도 자신의 기준과 욕심이 충족되지 않는다고 원망, 불평, 대적했던 대부분의 광야 백성들은 약속의 땅을 기업으로 받지 못하고 광야에서 생을 마감했습니다. 스스로에게 물어 보십시다. "광야에서 나의 일생을 마치시렵니까?" 교회가, 목자가 해야 할 일 중 가장 중요한 일 가운데 하나가 그가 장자, 상속자(후사), 왕 같은 제사장으로 살아가도록 도와서 그 땅, 그 나라의 왕이 되게 하는 일입니다.

16 일어나 너의 발로 서라 내가 네게 나타난 것은 곧 네가 나를 본 일과 장차 내가 네게 나타날 일에 너로 종과 증인을 삼으려 함이니 17 이스라엘과 이방인들에게서 내가 너를 구원하여 그들에게 보내어 18 그 눈을 뜨게 하여 어둠에서 빛으로, 사탄의 권세에서 하나님께로 돌아오게 하고 죄 사함과 나를 믿어 거룩하게 된 무리 가운데서 기업을 얻게 하리라 하더이다(행 26 : 16-18)
이는 이방인들이 복음으로 말미암아 그리스도 예수 안에서 함께 상속자가 되고 함께 지체가 되고 함께 약속에 참여하는 자가 됨이라(엡 3 : 6)

적용질문

1. 광야는 나를 하나님께 집중하게 하고, 하나님을 인격적으로 경험할 수 있도록 배열한 곳입니다. 내게 하나님을 만나게 한 광야가 있었다면 나누어 봅시다.

2. 문화 매체인 미디어와 하나님의 말씀 중에 어느 것이 나의 인생에 더 많은 영향을 끼치고 있다고 생각하십니까?

3. 요한은 왕의 오심을 준비하는 자였습니다. 그 준비를 위해 자신의 삶을 최소화하고, 최대한 절제하였습니다. 내 삶에 예수님을 왕으로 모시기 위해 절제하고 있는 부분이 있습니까? 더욱 근신하고 제한해야 한다면 어떤 부분입니까?

2. 세례 받으시는 예수님

1) 제자가 되기 위하여 반드시 거쳐야 하는 자기 부인의 길

13 이때에 예수께서 갈릴리로부터 요단강에 이르러 요한에게 세례를 받으려 하시니 14 요한이 말
려 이르되 내가 당신에게서 세례를 받아야 할 터인데 당신이 내게로 오시나이까 15 예수께서 대
답하여 이르시되 이제 허락하라 우리가 이와 같이 하여 모든 의를 이루는 것이 합당하니라 하시
니 이에 요한이 허락하는지라 16 예수께서 세례를 받으시고 곧 물에서 올라오실 새 하늘이 열리
고 하나님의 성령이 비둘기같이 내려 자기 위에 임하심을 보시더니 17 하늘로부터 소리가 있어
말씀하시되 이는 내 사랑하는 아들이요 내 기뻐하는 자라 하시니라(마 3 : 13–17)
19 그러므로 너희는 가서 모든 민족을 제자로 삼아 아버지와 아들과 성령의 이름으로 세례를 베
풀고 20 내가 너희에게 분부한 모든 것을 가르쳐 지키게 하라 볼지어다 내가 세상 끝날까지 너
희와 항상 함께 있으리라 하시니라(마 28 : 19–20)

Q 우리가 구속사를 위한 제자의 길을 걷기 위해서는 반드시 세례를 받아야 합니다. 그 이유는 무엇입니까?(마 3 : 13–17, 28 : 19–20)

A 자기 부인의 길을 걸어야 하기 때문입니다. 철저하게 자기를 부인하고 하나님의 말씀 앞에 종으로서 순종해야 하기 때문에, 세례의식을 통하여 성삼위 하나님과 언약관계를 맺어야 합니다.

세례는 제자의 길에 필수요소입니다.

예수께서도 요한에게 세례를 받으시기 위해 갈릴리에서 요단강으로 내려오셨습니다(마 3 : 13). 예수님은 죄가 없으시지만, 죄인의 대속을 위하여 죄인의 모양을 취하시고, 죄인같이 되셨고 죄인을 대신하여 제물이 되셨습니다. 율법 아래 오셨고, 율법 아래 사셨고, 율법대로 죽으셨습니다. 우리의 제한된 육신의 문제를 해결하기 위해서 그렇게 하셨습니다.

3 율법이 육신으로 말미암아 연약하여 할 수 없는 그것을 하나님은 하시나니 곧 죄로 말미암아 자기 아들을 죄 있는 육신의 모양으로 보내어 육신에 죄를 정하사 4 육신을 따르지 않고 그 영을 따라 행하는 우리에게 율법의 요구가 이루어지게 하려 하심이니라(롬 8 : 3–4)

하나님은 예수님의 세례 받으심을 기뻐하셨습니다(마 3 : 16–17). 공생애의 사역을 시작하면서 예수님은 이 세상과의 관계와 질서 속에 들어오셨습니다. "영적 질서에 순종합니다." 하는 말은 자기를 버리는 것이며 십자가를 지는 일입니다. 죄가 없음에도 죄인의 입장이 되는 것, 온 인류의 죄를 대신 고백하는 것입니다. 내가 순종해야 할 관계와 질서는 누구입니까? 하나님의 허락하신 질서에 순종할 수 있습니까?[25)]

하나님은 우리가 세례 받기를 원하십니다.

자기 길을 버리고 진리의 길, 하나님의 길, 그의 온전하신 뜻을 따르겠다고 결단하는 것을 하나님은 기뻐하십니다. 세례 요한의 시대에는 이방인이 개종하여 유대인으로 입교하려는 자에게 세례 또는 물 뿌림 의식이 하나의 관습처럼 행해졌습니다. 세례는 이방신을 숭배하던 과오를 모두 떨쳐 버리고 새 믿음을 받아들임으로써 순결하게 되었음을 상징하는 엄숙한 의식입니다. 세례 요한의 세례는 이러한 고대 의식에 새 의미를 부여하여 재적용시킨 것으로써 불순한 악의 제거, 즉 삶과 마음의 정화를 상징하기 위한 엄숙한 의식이었습니다.[26)]

세례는 죄에 대한 고백과 씻음, 그리고 그리스도와의 연합이라는 상징적인 의미를 부가한 것입니다. 이에 대해 요세푸스는 세례 요한이 "세례가 하나님께 합당한 것이 되기 위한 필수적인 예비로서 의로운 행위, 곧 죄의 고백을 요구했다."고 합니다. 요한이 백성들에게 회개하고 세례 받게 함으로써 메시야의 오심을 준비하라고 한 것은 적어도 공개적으로 죄와 인연을 끊으라는 말입니다.[27)] 요한에게 찾아온 많은 사람이 행한 것은 정결 예식이었습니다. 그러나 오늘날 기독교의 세례는 하나님 앞에서의 궁극적인 정결 개념입니다.

물은 예수 그리스도께서 부활하심으로 말미암아 이제 너희를 구원하는 표니 곧 세례라 이는 육체의 더러운 것을 제하여 버림이 아니요 하나님을 향한 선한 양심의 간구니라(벧전 3 : 21)

그러므로 이 예식은 광범위하게는 '속죄'와 관련한 의미를 가지고 있습니다. 죄 있는 사람이 하나님 앞에 다시 설 수 있도록 하는 의미가 있기 때문입니다. 특별히 히브리인들에게 정결 예식이란 관습이나, 문화적 행동으로가 아니라 하나님 앞에 자신의 부정과 더러움을 제거하는 종교의식입니다. 세례 요한의 "죄를 자복하고 정결례를 받으라"는 선포는 실제적인 죄의 고백을 넘어선 정결하지 못한 모든 부정한 것, 하나님 앞에 설 수 없도록 하는 것으로부터 돌아서서 자신을 정결한 상태로 만들어 하나님의 나라를 대비하라는 의미입니다.[28]

너희는 이 모든 일로 스스로 더럽히지 말라……(레 18 : 24a)

적용질문

1. 세례 받으셨습니까? 오늘의 나의 삶은 자기를 주장하는 삶입니까? 아니면 자기를 부인하고 자기 십자가를 지는 삶입니까?

2. 예수님은 죄가 없으신 하나님의 아들이심에도 불구하고 사람인 세례 요한에게 세례를 받으시고 사람들의 질서 안으로 들어오셨습니다. 이처럼 내 기준을 내려놓고 영적 질서 안으로 들어가야 할 조직은 무엇이며, 복종해야 할 영적 리더는 누구입니까? 질서 안으로 들어가기 어렵다면 그 이유는 무엇입니까?

3. 우리는 세례를 통해 예수 그리스도와 연합합니다. 주님과 연합하는 삶이 어떤 삶인지 설명해 보십시오.

2) 복음전파와 세례는 병행되어야 합니다.

15 또 이르시되 너희는 온 천하에 다니며 만민에게 복음을 전파하라 16 믿고 세례를 받는 사람은 구원을 얻을 것이요 믿지 않는 사람은 정죄를 받으리라(막 16 : 15–16)
37 그들이 이 말을 듣고 마음에 찔려 베드로와 다른 사도들에게 물어 이르되 형제들아 우리가 어찌할꼬 하거늘 38 베드로가 이르되 너희가 회개하여 각각 예수 그리스도의 이름으로 세례를 받고 죄 사함을 받으라 그리하면 성령의 선물을 받으리니(행 2 : 37–38)

Q 초대교회 때는 구원을 위하여 믿음과 세례를 병행시켰습니다(막 16 : 15－16, 행 2 : 37－38). 그러나 오늘날의 교회는 믿고 구원 얻은 이후에 세례를 받게 합니다. 어느 것이 더 합당하다고 생각합니까?

A 믿음으로 구원을 얻고, 세례를 통하여 자기 부인을 하는 것은 신앙의 올바른 성장과정입니다. 같이 받건, 따로 시간차를 두고 받건 결국 같은 신앙의 과정 안에 있습니다.

구원은 믿음으로 얻습니다. 그러나 성장은 세례를 통해서 이루어집니다.

예수 그리스도의 피의 공로를 힘입어 우리는 구원을 얻습니다(출 12장, 유월절 단계). 그러나 신앙의 성장이란 세례와 광야의 단계를 거쳐야 비로소 자리매김을 하게 됩니다(출 13－18장 세례와 광야 단계). 자기를 부인하고 내가 아닌 그리스도를 사는 것이 그리스도인의 올바른 삶이기 때문입니다.

오늘날 현대 그리스도인들에게 있어서 가장 취약한 부분이 있다면 구원은 경험했으나 구원 이후에 성장(성화의 과정)하는 과정을 위한 훈련이 너무나 부실하다는 사실입니다. 자기를 내려놓고 그리스도로 사는 성령 안에서의 연합이 부족합니다. 결국 신앙의 성장이란 내가 죽고 그리스도로 사는 것입니다. 나는 갈수록 부인되고, 주님은 갈수록 내 속에서 왕으로서 주권을 행사하시고, 나의 섬김과 봉사를 통하여 영광과 예배를 받으시게 됩니다. 성전으로, 제사장으로, 제물로 우리를 부르신 하나님의 부르심에는 후회가 없습니다.

하나님의 은사와 부르심에는 후회하심이 없느니라(롬 11 : 29)

어떤 경우에도 우리를 향한 하나님의 인도하심과 훈련은 멈추지 않습니다. 우리의 광야가 빨리 끝나지 않고 가나안 정복의 완성된 삶이 빨리 오지 않는 이유는 우리의 예배, 우리의 구별됨을 더욱 성숙시키기 위함입니다. 그렇기 때문에 우리는 지속적으로 경건에 이르는 훈련을 멈추어서는 안 됩니다.

5 하나님의 말씀과 기도로 거룩하여짐이라 6 네가 이것으로 형제를 깨우치면 그리스도 예수의 좋은 일꾼이 되어 믿음의 말씀과 네가 따르는 좋은 교훈으로 양육을 받으리라 7 망령되고 허탄한 신화를 버리고 경건에 이르도록 네 자신을 연단하라 8 육체의 연단은 약간의 유익이 있으나 경건은 범사에 유익하니 금생과 내생에 약속이 있느니라(딤전 4 : 5－8)

적용질문

1. 구원받은 이후에 내게 나타난 변화와 성장은 무엇입니까?

2. 세례 받은 이후의 변화와 성장은 안으로는 자기부인, 밖으로는 복음전파와 영향력이라고 말할 수 있습니다. 얼마나 성장했는지 간증해 보십시오.

3. 삶의 성숙과 변화를 위해 나는 지금 어떤 훈련을 받고 있습니까?

3) 회개와 세례와 성령의 기름 부음은 성숙의 단계들입니다.

Q 구원의 역사 안에 회개와 세례와 기름 부음이 어떻게 연결되어 있습니까?(요일 5 : 4-8)

A 피와 물과 성령, 이 셋의 증언이 우리가 세상을 이기는 믿음을 가졌다는 증거입니다.

4 무릇 하나님께로부터 난 자마다 세상을 이기느니라 세상을 이기는 승리는 이것이니 우리의
믿음이니라 5 예수께서 하나님의 아들이심을 믿는 자가 아니면 세상을 이기는 자가 누구냐 6 이
는 물과 피로 임하신 이시니 곧 예수 그리스도시라 물로만 아니요 물과 피로 임하셨고 증언하
는 이는 성령이시니 성령은 진리니라 7 증언하는 이가 셋이니 8 성령과 물과 피라 또한 이 셋은
합하여 하나이니라

피로써 구원을 얻고, 물(세례)로 자기를 부인합니다. 성령을 덧입어서 내가 아닌 그리스도가 사는, 나의 인생이 아닌 우리 주님의 구속사의 사역을 대행하는 삶을 살게 됩니다.

출애굽기의 구조를 보면

① 피의 구원–유월절(출 12장)

② 세례로 자기를 부인함–세 가지 결단과 홍해를 건넘(출 13–14장)

- 세 가지 결단

·으뜸을 드릴 것(성부 하나님)

·누룩을 제거하고, 무교병이신 그리스도를 양식으로 취할 것(성자 예수님)

·구름기둥, 불기둥을 따를 것(성령 하나님)

● 세례-홍해를 건넘(출 14장, 고전 10 : 1-2)

③ 광야 훈련을 통하여 성삼위 하나님과의 세례 언약을 지킴(출 15-18장)

④ 성령의 도우심으로 말씀, 예배 훈련을 위한 성막 건축(출 19-40장)

⑤ 제사장으로서의 삶-출애굽기(성막 예배) 그 이후

성막의 구조도 동일합니다.
세상을 이기는 믿음을 가진 자는 피와 물과 성령의 증거를 가지고 있습니다(요일 5 : 1-8).

① 피의 구원-번제단

② 세례(물)-물두멍

③ 성령-성소와 지성소의 전 과정들은 성령의 인도하에 있습니다.

적용질문

1. 우리는 피의 죄사함과 구원, 세례로 자기 부인, 성령의 인도하심을 따르는 삶을 살게 되고 점점 성숙해 갑니다(피와 물과 성령). 내가 변화받았다고 간증할 수 있는 영역은 무엇인지, 어떤 성령님의 인도하심이 있었는지 나누어 봅시다.

2. 매일의 삶 속에서 성령님의 인도하심을 구하고 있습니까? 아니면 내 멋대로, 내 생각대로 행동합니까?

3. 출애굽 시대의 성막은 뜰, 성소, 지성소로 구분할 수 있습니다. 이 과정들은 모두 영적 성장 단계와 우리의 누림을 상징합니다. 나는 어떤 수준의 그리스도를 누리고 있습니까? 요즈음의 나의 고민과 기도는 무엇입니까?(예 : 물두멍-자기부인의 문제, 떡상-말씀 공급에 대한 갈증)

3. 왕권의 대결(마 4장)

예수님이 받으시는 시험은 '성령에게 이끌리어' 가신, 하나님이 허락하신 시험입니다. 시련이 없을 때는 윤리와 교양도 있고, 인심도 후해지지만, 병이 오고, 경제적으로 힘들고, 비빌 언덕조차 없는 환경에서는 윤리나 교양이 무력해 집니다. 내 힘으로 할 수 있는 것이 아무것도 없는 곳, 피를 철철 흘리며 아파할 수밖에 없는 환경이 바로 예수님이 가신 광야입니다. 우리는 배신의 광야, 질병의 광야, 가난의 광야를 지날 때 그곳이 성령님께 이끌려 온 광야이기에 거기서 하나님의 뜻을 물을 수 있어야 합니다.[29)]

1) 예수님이 받으신 세 가지 시험

Q 3가지 사탄의 시험과 예수님의 응대의 내용을 정리해 보십시오(마 4 : 1－10).

A 시험 1. "네가 만일 하나님의 아들이어든 명하여 이 돌들로 떡덩이가 되게 하라"(마 4 : 3)

응대 1. 예수께서 대답하여 이르시되 "기록되었으되 사람이 떡으로만 살 것이 아니요 하나님의 입으로부터 나오는 모든 말씀으로 살 것이라 하였느니라"(마 4 : 4)

시험 2. "네가 만일 하나님의 아들이어든 뛰어내리라 기록되었으되 그가 너를 위하여 그의 사자들을 명하시리니 그들이 손으로 너를 받들어 발이 돌에 부딪치지 않게 하리로다"(마 4 : 6)

응대 2. 예수께서 이르시되 "또 기록되었으되 주 너의 하나님을 시험하지 말라 하였느니라" 하시니(마 4 : 7)

시험 3. "만일 내게 엎드려 경배하면 이 모든 것을 네게 주리라"(마 4 : 9)

응대 3. 이에 예수께서 말씀하시되 "사탄아 물러가라 기록되었으되 주 너의 하나님께 경배하고 다만 그를 섬기라" 하였느니라(마 4 : 10)

세 가지 시험에 대한 이해

① 첫 번째 시험

경제, 물질, 육신의 질서를 따라 살도록 시험함(육신의 욕망을 따라 살 것이냐, 영의 질서를 따라 살 것이냐의 결단－롬 8장 참고)

"40일 동안 금식하였으니 당신의 육신적인 배고픔을 위해 성령의 능력을 사용하여 돌을 빵으로 만들어 먹으십시오. 그건 육체를 가진 자로서 지극히 당연한 권리를 행사하는 일입니다."

4 육신을 따르지 않고 그 영을 따라 행하는 우리에게 율법의 요구가 이루어지게 하려 하심이니
라 5 육신을 따르는 자는 육신의 일을, 영을 따르는 자는 영의 일을 생각하나니 6 육신의 생각은
사망이요 영의 생각은 생명과 평안이니라 7 육신의 생각은 하나님과 원수가 되나니 이는 하나님
의 법에 굴복하지 아니할 뿐 아니라 할 수도 없음이라 8 육신에 있는 자들은 하나님을 기쁘시게
할 수 없느니라 9 만일 너희 속에 하나님의 영이 거하시면 너희가 육신에 있지 아니하고 영에 있

나니 누구든지 그리스도의 영이 없으면 그리스도의 사람이 아니라(롬 8 : 4-9)

사탄은 육신의 필요, 욕망에 호소하고 있습니다. 굶주림, 배고픔을 느끼는 것은 육신의 본능이지 죄가 아닙니다. 그러나 본능, 육신의 갈증, 욕망이 우리를 지배하고, 우리가 그 요구들을 컨트롤하지 못하면 심각한 손실을 경험하게 됩니다. 신앙과 은사들, 영적 능력들이 육신의 욕망이나 필요를 위해서 사용되면 우리는 쉽게 사탄에게 노출되고 결국 시험에 빠지게 됩니다. 기복 신앙의 위험성이 여기에 있습니다.

5 마음이 부패하여지고 진리를 잃어버려 경건을 이익의 방도로 생각하는 자들의 다툼이 일어나느니라 6 그러나 자족하는 마음이 있으면 경건은 큰 이익이 되느니라(딤전 6 : 5-6)

경제, 물질, 육신의 필요에 대한 시험에 우리 주님은 어떻게 응대하셨습니까? "사람이 육신의 필요로만 사는 게 아니다. 육신의 생명을 위한 떡도 중요하지만 하나님의 공급하시는 모든 말씀에 마음을 두고 살아야 한다."고 응대하셨습니다.

경제는 인생의 중요한 가치라고 말할 수 있습니다. 그러나 나는 신앙을 경제보다 더 우선하는, 더 소중한 가치라고 말할 수 있습니까? 정당하지 않은 방법으로라도 돈을 모으려 하는 것이 세상의 질서입니다. 이것을 거절할 마음이 있습니까? 거절할 수 있는 힘이 있습니까? "떡으로 행복해지지 않는다. 오직 하나님의 진리, 말씀만이 나의 가치요, 행복이요, 즐거움이다." 라고 말할 수 있습니까?

② 두 번째 시험

문화, 여론, 곧 세상의 요구와 흐름을 따라 사는 법과 하나님을 따라 사는 법의 갈등(세상, 자아, 율법의 길을 따를 것이냐, 옛 사람, 옛 질서를 버리고 하나님을 따를 것이냐의 결단-롬 7장 참고)

"초월적인 기사나 능력을 행하면 사람들이 당신을 바로 인정할 것입니다. 시대의 흐름, 사람들의 여론과 요구를 위해 당신의 능력을 한번 보여 주십시오. 그리하면 많은 사람이 당신을 추종하게 될 것이고, 당신은 세상의 메시야로서 바로 인정을 받아 뭇사람의 존경을 받을 것입니다."

문화적인 시험은 세상이나 시대의 흐름, 여론, 인기, 타인의 이목에 끌려가게 만드는 것으로, 하나님이 나의 인생의 주인이 되어 그 주권에 순종하는 삶과 전적으로 다릅니다. 문화는 시대의 흐름임과 동시에 뭇사람들의 갈망, 관심사입니다. 세상은 슈퍼맨을 요구합니다. 초월적 존재가 나타나기를 갈망하고 있습니다. 새 시대 운동이나 명상법, 정신세계를 연구하는 사람들은 사람이 신(神)이 될 수 있다고 말합니다. "네 자신이 신이다."라고 강조합니다. 사탄은 에덴동산에서부터 "너는 하나님이 될 수 있다."는 말로 아담과 하와를 유혹했습니다. 사람은 스스로 신적 존재가 되고 싶어 하는 갈망이 있습니다. 율법은 이러한 인간의 욕구에 편승하여 하나님을 의존하지 않고 자신의 의로운 행위로 의에 도달하려고 애를 쓰게 합니다. 맛사에서 이스라엘은 목마름으로 고통을 받아 불평하였습니다(신 6 : 16). 이스라엘은 이적을 곧바로 경험하지 않았기 때문에 하나님께 절망했지만, 신앙이란 이적이 일어나지 않는 곳에서도 하나님을 믿는 것입니다.[30] 세상의 흐름을 거절하고 오직 하나님만 경배할 마음이 있으십니까? 나는 모든 나의 주권, 권리를 내려놓고 오직 하나님의 종으로 살 준비가 되어 있습니까? 나의 마음을 지배하는 것은 세상입니까, 하나님입니까? 나는 문화와 시대의 흐름, 여론과 뭇사람의 시선과 인기에 편승하지 않고 내 인생의 주인 되신 하나님이 부르신 그 부름을 향하여 나의 생을 헌신할 마음이 있습니까?

③ 세 번째 시험

누구를 경배(추종)하며 살 것이냐?(죄를 버리고 의를 선택하며, 마귀를 거절하고 하나님을 따르려는 결단—롬 6장 참고)

"한 번만 내게 경배하면 천하만국의 모든 영광을 보장해 줄 수 있습니다."

예수님은 오직 하나님의 원하시는 뜻을 이루기만 소원하셨습니다. 지름길을 취하거나 사탄과 타협하지 않으시고 하나님의 목적을 이루기 위해 세상적인 방법을 사용하려 하지 않으셨습니다. 그분은 오직 한 주인만, 하늘에 계신 아버지만을 경외하며 섬기셨습니다. 아담과 하와는 하나님의 말씀을 제쳐 두고 사탄의 말을 따랐지만, 마지막 아담으로 오신 우리 예수님은 하나님과 그 말씀의 유일한 권위만 인정하셨습니다. 중요한 것은 사탄을 대항하는 일에 있어서 예수께서는 신적인 권능에 의지하지 않으시고 모든 믿는 사람들에게 유용될 수 있는 기록된 하나님의 말씀에 의지하셨다는 점입니다.[31] 모든 삶의 영역, 삶의 매 순간 나의 선택은 하나님을 경배하는 것을 선택하고 있습니까? 하나님의 마음에 합한 온전한 경배로 그분 앞에 나아갑니까? 마음을 다하고 뜻을 다하고 목숨을 다하여 예배하며, 하나님을 섬기고 있습니까?

실패한 아담과 승리한 그리스도의 모습의 비교

아담은 아름다운 동산에서 시험을 받았고, 예수님은 외로운 광야에서 시험을 받으셨습니다. 아담은 에덴동산에서 최상의 조건에 있을 때 시험을 받았고, 우리 주님은 40일 동안 금식하신 이후 최악의 상태에서 시험을 받았습니다. 아담은 옛 창조의 왕이었으며(창 1 : 26), 그리스도는 새로운(새 언약 시대의) 창조의 왕이십니다(고후 5 : 17). 아담은 범죄함으로 통치권을 상실하였으나, 그리스도는 순종함으로 아담이 잃어버린 인간의 통치권들을 되찾아 오셨습니다(롬 5 : 12–21). 아담은 패배했고 인류에게 죄와 사망을 가져왔지만, 우리 주님은 승리하셨고 믿는 모든 자에게 생명과 승리, 왕권을 되돌려 주셨습니다. 때문에 우리는 아담족으로 끝나지 않고 구원받은 이후 그리스도와 연합하여(엡 2 : 5–6) 새로운 피조물로 살아가게 됩니다(고후 5 : 17).

적용질문

1. 사탄은 우리를 육신의 정욕, 안목의 정욕, 이생의 자랑, 이 3가지 영역으로 공격합니다. 나는 주로 어느 영역으로 공격을 받습니까? 나의 연약한 부분으로 공격을 당할 때 어떻게 극복하고 승리했는지 나누어 봅시다.

2. 내가 의지하고 기대하는, 나의 공급원은 무엇입니까? 무엇이 나를 행복하게 합니까? 무엇을 기다리며 삽니까? 정말 하나님이 나의 공급자라고 믿고 그렇게 살고 있습니까? 내가 의지하고 있는 다른 것이 있다면 무엇입니까?

3. 아담은 아름답고 안전한 공간에서 시험받고 실패했으나, 예수님은 거친 광야에서 시험받으시고 승리하셨습니다. 삶의 승리가 부와 안락함에 있지 않고 말씀의 능력에 있다는 것을 인정하십니까?

2) 세례와 왕권에 대한 정리

Q 사탄은 왜 세 가지로 예수님을 시험했습니까?(창 1 : 26–28, 3 : 6, 엡 2 : 1–3, 고후 13 : 13)

A 인간은 성삼위 하나님의 합작품입니다. 사람 안에는 성부, 성자, 성령적 요소가 다 합성되어 있습니다. 때문에 사탄은 세 방면으로 인간을 공격합니다.

26 하나님이 이르시되 우리의 형상을 따라 우리의 모양대로 우리가 사람을 만들고 그들로 바다의
물고기와 하늘의 새와 가축과 온 땅과 땅에 기는 모든 것을 다스리게 하자 하시고 27 하나님이 자
기 형상 곧 하나님의 형상대로 사람을 창조하시되 남자와 여자를 창조하시고 28 하나님이 그들
에게 복을 주시며 하나님이 그들에게 이르시되 생육하고 번성하여 땅에 충만하라, 땅을 정복하
라, 바다의 물고기와 하늘의 새와 땅에 움직이는 모든 생물을 다스리라 하시니라(창 1 : 26-28)

여자가 그 나무를 본즉 먹음직도 하고 보암직도 하고 지혜롭게 할 만큼 탐스럽기도 한 나무인지라 여자가 그 열매를 따먹고 자기와 함께 있는 남편에게도 주매 그도 먹은지라(창 3 : 6)

1 그는 허물과 죄로 죽었던 너희를 살리셨도다 2 그때에 너희는 그 가운데서 행하여 이 세상 풍조
를 따르고 공중의 권세 잡은 자를 따랐으니 곧 지금 불순종의 아들들 가운데서 역사하는 영이라
3 전에는 우리도 다 그 가운데서 우리 육체의 욕심을 따라 지내며 육체와 마음의 원하는 것을 하
여 다른 이들과 같이 본질상 진노의 자녀이었더니(엡 2 : 1-3)

주 예수 그리스도의 은혜와 하나님의 사랑과 성령의 교통하심이 너희 무리와 함께 있을지어다(고후 13 : 13)

아담이 경험했고 또 예수께서 경험했던 세 가지 시험은 모든 인류가 경험하는 공통된 시험이요, 또 하나님의 사역을 감당하기 위해 일꾼으로 출발하는 모든 영적 지도자들이 반드시 통과하여 승리를 경험해야 할 영적 싸움입니다. 이 세 시험은 옛날 이스라엘이 출애굽하여 광야에서 당한 시험의 원형격이 되는 시험입니다. 예수님은 지금 옛날 하나님께서 자기 아들이라 불렀던 이스라엘(출 4 : 22-23)의 역사를 몸으로 친히 경험하고 있습니다. 그러나 이스라엘이 하나님에 대한 신앙을 잃어버렸던 것과는 달리 하나님의 아들 예수님은 완전히 하나님의 말씀에 순종하였습니다. 이 완전한 순종을 통하여 참 이스라엘이 되어 우리의 죄를 속량하셨습니다.[32] 시험을 이기는 가장 좋은 방법은 성경 말씀에 의지하는 것입니다. 우리 주님도 오직 말씀으로 승리하셨습니다. 마찬가지로 하나님의 말씀, 곧 성령의 검을 사용하는 자는 영원히 이길 것입니다(엡 6 : 17).[33] 문제가 올 때 말씀에서 해답을 찾으십시오. 그래도 계속 힘들면 시험이 지나갈 때까지 계속 기도하십시오. 성령의 검이 움직이기 시작합니다.

구원의 투구와 성령의 검 곧 하나님의 말씀을 가지라(엡 6 : 17)

사람은 성삼위 하나님의 공급을 받고 살도록 창조되었습니다.

① "우리의 형상을 따라, 우리의 모양대로, 우리가 사람을 만들고……" 사탄의 공격이 세 방면으로 오는 이유가 여기 있습니다. 하나님을 대적하다가 쫓겨난 사탄은 하나님의 창조의

걸작품인 사람을 공격합니다.

② 사람은 예수를 믿고 구원받은 이후에 내 길이 아닌 하나님의 길, 영생의 길을 걷겠다고 성삼위 하나님의 이름으로 세례를 받습니다. 성삼위 하나님의 질서와 권위에 복종하겠다는 의미입니다.

③ 목사님이 예배 때마다 성삼위 하나님의 이름으로 축도를 하는 이유는 우리가 늘 이 세 위격, 곧 예수 그리스도의 은혜와 하나님 아버지의 사랑과 성령님의 교통이 필요하기 때문입니다. 나의 목자의 축도를 통하여 우리는 매일 하나님께 더욱 가까이 가며 하나님과 연합하게 됩니다.

세례와 왕권, 제사장권 훈련의 정리

구분 창조의 특징: 형상, 통치권	축도 고후 13 : 13	세례 벧전 3 : 20 −21	구원받은 자의 결단 출 13장	나실인의 서원 민 6장	마귀의 시험 창 3 : 6	마귀의 시험 요일 2 : 16	마귀의 시험 약 3 : 15	마귀의 시험 엡 2 : 1−3	마귀의 시험 마 4장
성부	사랑	약 4 : 4 요일 2 : 15	첫 것을 구별하여 드리라	삭도를 금함− 주권을 하나님께 드림	보암직	안목의 정욕	세상적	이 세상 풍속을 좇고	뛰어 내리라
성자	은혜	요일 3 : 8 행 10 : 38	무교절을 지키라	사체를 멀리함− 죄의 결실인 사망을 멀리함	지혜롭게 할 만큼 탐스러움	이생의 자랑	마귀적	공중권세 잡은 자를 따름	마귀에게 경배하라
성령	교통	갈 5 : 16 −21 롬 8 : 3−9	구름기둥과 불기둥의 인도를 받으라	금주− 육체의 소욕대로 살지 아니함	먹음직	육신의 정욕	정욕적	육체와 마음이 원하는 대로 행함	돌이 떡이 되게 하라

적용질문

1. 우리는 예수 그리스도의 은혜와 하나님의 사랑과 성령님의 교통으로 공급받고 살아갑니다. 이 세 가지가 조화를 이루는 상태를 영적으로 건강한 상태라고 말할 수 있습니다. 지금 내게 가장 절실한 공급의 영역은 무엇입니까?

2. 성부, 성자, 성령의 이름으로 세례를 받는 것은, 곧 홍해를 건너는 것과 같습니다(출 13-14장). 이때 하나님은 3가지 삶의 원칙(으뜸을 드려라, 무교병을 먹으라, 불기둥과 구름기둥을 따르라)을 주셨습니다. 나는 무엇을 결단하였습니까? 그리고 그 결단을 지금까지 어떻게 실천해 오고 있습니까?

3. 십자가의 은혜가 공급되는 체험, 상처가 치유되고 아버지의 사랑이 친밀감으로 느껴지며, 성령님의 인도와 교감을 느낄 때 우리는 성장합니다. 이러한 매일의 공급이 있습니까? 이러한 교통이 나의 힘이요, 능력이라고 말할 수 있습니까?

3) 시작된 왕의 사역(마 4 : 12-25)

Q 예수님의 공생애 사역의 첫 번째 메시지가 무엇입니까?(마 4 : 17)

A "회개하라. 천국이 가까이 왔느니라."

이때부터 예수께서 비로소 전파하여 이르시되 회개하라 천국이 가까이 왔느니라 하시더라(마 4 : 17)

예수님의 구속사를 위한 공생애는 빛을 선포하심으로 시작되었습니다. 복음은 우리에게 먼저 빛을 줍니다. 어두움 가운데 행하던 자들이 빛이신 그리스도에게로 나아와 빛 가운데 거하는 삶을 살게 됩니다.

12 예수께서 요한이 잡혔음을 들으시고 갈릴리로 물러가셨다가 13 나사렛을 떠나 스불론과 납달
리 지경 해변에 있는 가버나움에 가서 사시니 14 이는 선지자 이사야를 통하여 하신 말씀을 이
루려 하심이라 일렀으되 15 스불론 땅과 납달리 땅과 요단 강 저편 해변 길과 이방의 갈릴리여 16

흑암에 앉은 백성이 큰 빛을 보았고 사망의 땅과 그늘에 앉은 자들에게 빛이 비치었도다 하였느니라(마 4 : 12-16)
예수께서 또 말씀하여 이르시되 나는 세상의 빛이니 나를 따르는 자는 어둠에 다니지 아니하고 생명의 빛을 얻으리라(요 8 : 12)
나는 빛으로 세상에 왔나니 무릇 나를 믿는 자로 어둠에 거하지 않게 하려 함이로라(요 12 : 46)

하나님 나라가 도래하는 순서

① 회개

죄 문제가 해결되어야 잃어버린 행복, 하나님의 형상이 회복됩니다. 회개란 구체적으로 하나님께로 돌이킴을 의미합니다. 일차적으로 우리의 죄는 도덕적, 윤리적인 문제보다도 하나님을 떠났음을 이야기합니다(어린 자녀의 가출의 예). 회개가 무엇입니까? 회개와 후회가 어떻게 다르다고 생각합니까? 후회는 과거를 돌아보며 자신의 잘못 살아온 삶을 통탄하는 것이고, 회개는 미래를 향하여 새로운 주인에게 헌신하겠다는 결단입니다.

12 여호와의 말씀에 너희는 이제라도 금식하고 울며 애통하고 마음을 다하여 내게로 돌아오라 하셨나니 13 너희는 옷을 찢지 말고 마음을 찢고 너희 하나님 여호와께로 돌아올지어다……(욜 2 : 12-13a)

회개의 정확한 표현은 '돌아섬'입니다.[34] 구약성경은 '회개/참회'를 뜻하는 명사로 된 전문 용어가 없습니다. 다만 '방향을 바꾸다', '되돌아가다'라는 의미를 가진 동사(슈브)가 이러한 개념을 대신하고 있습니다. 이 동사는 '~로부터 돌아오다(turn back from)'와 '~로 돌아가다(turn to)'는 의미를 갖고 있습니다. '떠남'의 대상은 주로 '악한 행실', '지금까지의 행실', '악', '악한 행동', '폭력', '우상', '가증한 것', '죄' 등으로 언급됩니다. '향함'의 대상은 명시적으로, 때로는 암시적으로 여호와 하나님으로 표현됩니다. 또한 향함의 대상으로 토라가 한 번 언급되기도 합니다(느 9 : 29). '떠남'과 '향함'을 하나로 묶어서 표현하면 회개란 한마디로 '악을 멀리하고 하나님께로 향하는 것'으로 정의할 수 있습니다. 여기에는 이미 생활 방식을 바꾸고 생활 전체를 새로운 쪽으로 돌린다는 회개나 회심의 본질이 표명되어 있습니다.[35] 내가 청산해야 할 지금까지의 행실은 어떤 것이 있습니까? 나의 언행 가운데 하나님께서 가증히 여기시는 부분이 있는지 돌아봅시다. 나의 삶의 어떤 부분을 하나님께로 돌이켜야 합니까? 내가 버려야 할 옛 질서, 옛 사람의 모습에는 어떤 것이 있습니까?

② 하나님 나라의 도래

하나님께로 돌이키면 바로 은혜가 쏟아집니다. 하나님의 풍성하신 은혜는 우리를 하나님의 통치 안에 거하여 천국의 삶을 살게 합니다. 고대 히브리인들에게 하나님의 나라란 원천적으로 하나님이 거하시는 곳, 하늘이라 생각하였습니다. 그래서 여호와의 왕국이라는 '말쿠트 아도나이'를 쓰지 않고 '말쿠트 샤마임', 즉 '여호와가 거하시는 하늘'이라고 표현하였습니다. 그러므로 여호와의 나라는 여호와 하나님이 거하시는 나라이며 이는 특별한 장소나 공간이 아니라 하나님의 통치가 인정되는 곳이기에 하나님의 거룩한 백성들이 있는 이스라엘이 들어가는 나라에 한정되는 개념입니다. 그러나 세례 요한과 예수님은 하나님 나라의 구성원을 이스라엘 백성에서 하나님의 형상을 가진 모든 사람으로 확장시키고, 모세의 토라법에서 확장되어 예수를 믿는 믿음으로 모인 공동체를 '하나님 나라'라고 표현하셨습니다. 특히 예수님은 세상과 반대되는 개념으로 '하나님 나라'를 사용하시기도 하셨습니다.[36]

③ 제자의 삶

하나님 나라, 하나님의 통치를 경험한 사람의 특징은 그들도 하나님 나라를 세워 가는 동역자로 나선다는 사실입니다. 사랑하고 존경하면 그를 섬기고 싶고, 흉내라도 내고 싶고, 자연스럽게 따르게 됩니다. 결국 이 긴 광야의 훈련 여정은 나를 그 나라의 상속자로, 왕으로, 제사장으로 세워 갈 것입니다. 나는 주님의 제자로서 그분의 스피릿, 그분의 사상, 비전을 나의 것으로 붙잡고 그분의 뒤를 따라야 합니다. 예수님은 환경이 아니라 사람에게 관심이 있으셨고, 사람을 목적으로 두셨습니다. 어떤 사람은 사람을 얻기 위해 환경을 사용하고, 어떤 사람은 환경을 얻기 위해 사람을 사용합니다. 환경이 목적이 되고 사람이 수단이 되면 잠시 성공은 가능하나 결국에는 몰락하고 맙니다. 예수님은 사람이 목적이셨습니다. 사람을 목적으로 삼으면 환경은 문제가 되지 않습니다. 내 주변에 있는 사람에 대해 얼마나 관심이 있는지 돌아보십시오. 세상 문화가 싫고 자신이 없어서가 아니라 오직 영혼 구원에 대한 열망으로 헌신하고 있습니까?[37]

제자 훈련의 세 가지 방법(마 4 : 23-25)

① 가르치셨다 : 제자 훈련

② 복음을 선포하셨다 : 전도

③ 백성 중에 모든 병과 모든 약한 것을 고치셨다 : 치유

우리도 예수님의 이 모델을 따라서 삼중 사역을 할 수 있는 제자들로 성장하고, 또 다른 제자들을 양육시켜야 합니다.

적용질문

1. 회개하면 하나님 나라가 열립니다. 주께로 방향을 돌이킨 후 내게 나타난 하나님 나라, 천국의 삶은 어떤 것이 있습니까?

2. 나도 전도할 때 예수님처럼 '회개하고 돌이키면 하나님 나라가 임한다'고 선포할 수 있습니까? 죽은 다음에 가는 천국만이 아닌 살아서, 지금, 여기에서 경험하는 하나님 나라를 나는 어떻게 설명할 수 있습니까?

3. 주님의 뒤를 따르는 제자라고 말할 수 있습니까? 제자는 어떤 사람이라고 생각합니까? 자신의 제자의 삶을 말해 보십시오.

산상수훈의 개요 (5-7장)

하나님 나라를 사는 그리스도인의 삶의 원칙

모세의 십계명

가나안 땅에 들어갈 하나님의 백성으로서의 합당한 삶의 자세.

하나님과의 관계, 이웃과의 관계, 자기 자신과의 관계들을 어떻게 관리하면서 살 것인지를 구체적으로 알려 줍니다.

예수님의 산상수훈

새 왕국인 하나님 나라를 사는 그리스도인의 삶의 원칙.

하나님의 자녀로 어떻게 하나님 나라를 살 것인지를 가르쳐 주십니다. 새 언약 시대의 새 질서이며 새 왕국의 삶의 원칙입니다. 새 언약 시대에는 우리가 다 왕으로, 제사장으로, 산 제물로 부름을 받았습니다. 새 시대에는 우리가 다 그리스도의 대행자로 살면서 그 나라와 그 의를 위하여 살아야 합니다. 이러한 왕들, 제사장들, 산 제물로 부름받은 새 언약의 일꾼들의 삶의 원칙이 바로 산상수훈입니다.

그러나 너희는 택하신 족속이요 왕 같은 제사장들이요 거룩한 나라요 그의 소유가 된 백성이니 이는 너희를 어두운 데서 불러내어 그의 기이한 빛에 들어가게 하신 이의 아름다운 덕을 선포하게 하려 하심이라(벧전 2 : 9)

1 그러므로 형제들아 내가 하나님의 모든 자비하심으로 너희를 권하노니 너희 몸을 하나님이 기뻐
하시는 거룩한 산 제물로 드리라 이는 너희가 드릴 영적 예배니라 2 너희는 이 세대를 본받지 말고
오직 마음을 새롭게 함으로 변화를 받아 하나님의 선하시고 기뻐하시고 온전하신 뜻이 무엇인지
분별하도록 하라(롬 12 : 1-2)

6 그가 또한 우리를 새 언약의 일꾼 되기에 만족하게 하셨으니 율법 조문으로 하지 아니하고 오직
영으로 함이니 율법 조문은 죽이는 것이요 영은 살리는 것이니라 7 돌에 써서 새긴 죽게 하는 율법
조문의 직분도 영광이 있어 이스라엘 자손들은 모세의 얼굴의 없어질 영광 때문에도 그 얼굴을 주
목하지 못하였거든 8 하물며 영의 직분은 더욱 영광이 있지 아니하겠느냐 9 정죄의 직분도 영광이
있은즉 의의 직분은 영광이 더욱 넘치리라(고후 3 : 6-9)

1. 복음과 산상수훈

하나님은 예수 그리스도를 영접하는 자들에게 하나님의 자녀가 되는 권세를 주셨습니다. 유업을 이어받을 상속자로, 왕국을 책임지는 왕으로 우리를 부르시고, 이 땅에 살면서 왕국의 질서를 따라 살 것을 말씀하십니다.

복음이란 예수 그리스도의 생명이 우리들의 마음에 심어져 우리가 하나님의 형상으로 변화되고, 그 씨가 성장하여 생육하고 번성하여 충만하게 뻗어 나감으로 사방에 선한 영향력을 끼쳐 세상을 하나님의 나라로 변화시켜 나가는 상속자, 왕 됨의 과정 전체를 말합니다. 예수 그리스도가 내 속에 생명으로, 삶으로 역사하기 시작하면 하나님 나라는 시작됩니다. 이 생명은 반드시 영향을 줍니다. 성장하여 주변을 변화시키고 결국 하나님의 통치를 실현하게 됩니다.

예수의 약속이 선포되고 성취되는 곳에서 그의 부름을 따르는 사람들은 새로워지며 또한 구원을 얻습니다. 예수님의 말씀 안에는 이미 미래의 하나님의 왕국이 인간 위에 임해 있기 때문입니다.[38)]

산상수훈은 새롭게 거듭난 하나님의 자녀들의 삶의 기준, 원리입니다. 우리 내면에 주신 거룩함과 나라의 회복을 위해 주신 통치권을 가지고 우리는 아버지의 대행자가 되어 우리의 열매, 영향력을 통하여 이 땅을 다시 하나님이 왕으로 섬김을 받으시는 하나님 나라로 회복시켜 나가야 합니다.

2. 산상수훈 정리

마태복음 5장 – 천국 시민으로서의 자격론 : 원리편

·나는 팔복을 누리고 삽니까?(1 – 12절)

·나는 소금, 빛의 역할을 감당하고 있습니까?(13 – 16절)

·살인, 간음, 이혼, 맹세, 복수, 사랑에 대한 나의 생각은 어떠합니까?(17 – 48절)

마태복음 6장 – 천국 시민으로서의 생활론 : 실천편

·구제 생활(1 – 4절)

·기도 생활(5 – 15절)

·금식 생활(16–18절)
·물질 생활(19–34절)

마태복음 7장–천국 시민으로서의 경계론 : 검증편
·타인과의 관계에서의 경계–비판하지 말라(1–5절).
·자신에 대한 경계–진리를 지키라, 기도에 힘쓰라, 받고 싶은 만큼 먼저 주라, 좁은 문으로 들어가라(6–14절).
·교회에 대한 경계–거짓 선지자를 삼가라(15–23절).
·산상수훈의 결론–말씀 위에 집을 짓는 자(하나님의 원칙으로 사는 자)와 모래 위에 집을 짓는 자(자신의 생각, 경험에 근거하여 사는 자)(24–29절)

예수께서 걸어가신 길이 바로 다름 아닌 의의 길이었습니다. 예수께서 세례를 받으신 것도 모든 의를 이루시기 위함이었으며 가르치고 요구하신 것은 사람에게 보이기 위해 행하는 의가 아니라, 하나님의 아들로서 행하신 하나님의 의이며 하나님의 나라와 함께 그를 따르는 제자들에게 요구되는 하나님의 의입니다.[39)]

시편 1, 2편에서는 복 있는 사람을 의인이라는 말로 묘사하는데 그는 세상적인 길과 태도와 충고, 곧 사탄의 길과 태도와 충고를 거부하며 대항하여 맞서는 자입니다. 의인의 복된 삶을 누리기 위해서는 사탄적인 기준과 관점을 따르게 만드는 세상의 이끎에 대항하여 서는 것을 배워야 합니다.[40)]

3. 새 나라의 건설자들(Kingdom Builders)의 삶의 원칙

9 그들이 새 노래를 불러 이르되 두루마리를 가지시고 그 인봉을 떼기에 합당하시도다 일찍이
죽임을 당하사 각 족속과 방언과 백성과 나라 가운데에서 사람들을 피로 사서 하나님께 드리시
고 10 그들로 우리 하나님 앞에서 나라와 제사장들을 삼으셨으니 그들이 땅에서 왕 노릇 하리로
다 하더라(계 5 : 9–10)

아담 이후로 이 땅은 빼앗긴 땅이 되어 버렸습니다. 하나님은 예수님을 보내셔서 이 땅을 구속할 계획을 가지셨습니다. 하나님은 아담의 후손들이 첫 아담의 배신의 길을 거절하고, 마지막 아담이신 예수 안에서 구속사의 사역에 동참하길 기대하셨습니다. 예수의 피로 구원

받은 자들이 왕이 되고, 제사장이 되어 그 나라를 되찾고, 땅에서 하나님의 통치를 실현하길 원하십니다.

[7] 오직 강하고 극히 담대하여 나의 종 모세가 네게 명령한 그 율법을 다 지켜 행하고 우로나 좌로나 치우치지 말라 그리하면 어디로 가든지 형통하리니 [8] 이 율법책을 네 입에서 떠나지 말게 하며 주야로 그것을 묵상하여 그 안에 기록된 대로 다 지켜 행하라 그리하면 네 길이 평탄하게 될 것이며 네가 형통하리라(수 1 : 7–8)

그 원칙, 그 길 대로만 가면 가나안이 열리고, 하나님 나라가 열립니다. 하나님이 약속으로 주신 그 땅, 그 영역을 정복하고 다스릴 수 있습니다. 주님은 나의 삶을 책임져 주시며 그 나라를 세우는 일에 동역자가 되어 주길 원하십니다.

볼지어다 내가 문 밖에 서서 두드리노니 누구든지 내 음성을 듣고 문을 열면 내가 그에게로 들어가 그와 더불어 먹고 그는 나와 더불어 먹으리라(계 3 : 20)

산상수훈의 삶의 요구는 매우 높고 고상합니다. 그러나 나라의 상속자들, 나라를 책임지는 왕들, 그 백성들을 예수의 피로 속량해야 하는 제사장들에게는 마땅히 요구될 수 있는 차원 높은 책임이요, 의무의 수준입니다.

"심령이 가난한 자는 복이 있나니……"

새 나라의 일꾼이 세속적이고, 유물론적인 가치관으로 살아간다면 그는 하나님 나라의 건설자라고 말할 수 없습니다. 그는 가난한 심령을 가져야 합니다. 하나님을 목말라하고, 예수님을 배고파해야 합니다. 돈으로, 명예로, 세상으로 배가 부르다면 그는 천국을 소유한 자라고 말할 수 없습니다.

"애통하는 자는 복이 있나니……"

그는 세상을 흠모해서도 안 되고, 그릇되게 가고 있는 세상을 정죄하거나 외면해서도 안 됩니다. 이 땅의 주인이신 아버지의 마음으로 불쌍히 여기며 중보할 수 있어야 합니다.

"온유한 자는 복이 있나니……"

부모는 자식의 성장을 기다리고, 그의 반항과 약함이라도 가슴으로 품습니다. 아비의 마음, 목자의 마음, 제사장의 마음은 온유한 마음입니다.

"의에 주리고 목마른 자는 복이 있나니……"

말씀을 사모하고, 생명의 떡이시며, 마르지 않는 샘이 되시는 예수 그리스도로부터 공급받는 일을 행복과 즐거움으로 아는 이가 새 나라의 주인들입니다.

새 왕국은 원칙과 기준이 다릅니다.
통치의 법이 다릅니다.
살아가는 삶의 질서가 다릅니다.
행복의 요인이 다릅니다.
기대와 갈망, 꿈이 다릅니다.

결국 때가 차면 이 세상 나라가 우리 주와 그리스도의 나라로 바뀔 것입니다.
우리는 그 나라를, 그 통치를 지금, 여기에서부터 살아가야 합니다.

일곱째 천사가 나팔을 불매 하늘에 큰 음성들이 나서 이르되 세상 나라가 우리 주와 그의 그리스도의 나라가 되어 그가 세세토록 왕 노릇 하시리로다 하니(계 11 : 15)

심령이 가난한 자는 복이 있나니

천국이 그들의 것임이요

제3강

새로운 왕국의 통치 질서(1)

마태복음 5장

3

새로운 왕국의 통치 질서(1)

5장

심령이 가난한 자는 복이 있나니 천국이 그들의 것임이요(5 : 3)

애통하는 자는 복이 있나니 그들이 위로를 받을 것임이요(5 : 4)

온유한 자는 복이 있나니 그들이 땅을 기업으로 받을 것임이요(5 : 5)

의에 주리고 목마른 자는 복이 있나니 그들이 배부를 것임이요(5 : 6)

긍휼히 여기는 자는 복이 있나니 그들이 긍휼히 여김을 받을 것임이요(5 : 7)

마음이 청결한 자는 복이 있나니 그들이 하나님을 볼 것임이요(5 : 8)

화평하게 하는 자는 복이 있나니 그들이 하나님의 아들이라 일컬음을 받을 것임이요(5 : 9)

의를 위하여 박해를 받은 자는 복이 있나니 천국이 그들의 것임이라(5 : 10)

1. 하나님 나라를 사는 자들의 진정한 복(마 5 : 1－12)

1) 심령이 가난한 자 : 주님을 배고파함－천국을 소유하게 됨

심령이 가난한 자는 복이 있나니 천국이 그들의 것임이요(마 5 : 3)

Q 심령이 가난하다는 말의 의미를 쉽게 풀이해 보십시오.

A 세상의 것들에 대하여 만족하지 못하고 늘 주님을 배고파하는 마음입니다.

내 영혼이 깨어 있기 때문입니다. 내 영혼은 빵이나 명예나 욕망의 충족으로 만족할 수 없습니다. 오직 그리스도를 사모하고 목말라합니다. 주님을 배고파하는 자에게 천국이 주어진다고 약속하십니다.

나는 세상의 인정, 타인의 평가에 목이 마릅니까? 주님의 칭찬에 목이 마릅니까?
나는 안전, 돈, 성공에 배고파합니까? 말씀, 기도, 주님 자신에 대해 배고파합니까?
나는 매일 무엇을 기다리며 삽니까? 나는 무엇을 행복이라고 생각합니까?
나는 매일 천국의 삶을 살아가고 있습니까?

늘 심령에 주님을 배고파하고 이 땅에서 하늘의 복을 누리며 살았던 천국의 사람들

- 사무엘 : 공직자로서의 깨끗한 물질 생활, 정치 생활(삼상 12 : 1－5)
- 다윗 : 환란 날에 하나님만 의지함(시 40 : 17)
- 히스기야 : 위기의 때에 면벽하여 오직 하나님의 도움만을 호소함(사 38 : 1－8)
- 시므온과 안나 : 경건하고 의로우며 메시야의 오심만을 대망한 삶(눅 2 : 25－38)
- 바울 : 세상 부귀영화를 분토처럼 버리고 복음에 헌신함(빌 3 : 1－16)
- 세리 : 진실하고 겸허한 마음으로 자신의 허물과 죄악을 자복함(눅 18 : 13－14)

적용질문

1. 나의 매일의 목마름, 나의 날마다의 배고픔은 무엇입니까? 요즈음 무엇이 나를 행복하게 합니까?

2. 지난날 심령의 목마름이, 배고픔이 내게 천국의 삶을 가져다 준 간증이 있습니까?

3. 나도 다윗의 고백처럼 돈보다도 말씀을 더 사모하며, 송이꿀보다도 말씀을 더 맛있게 먹는 다고 고백할 수 있습니까?(시 19 : 10)

금 곧 많은 순금보다 더 사모할 것이며 꿀과 송이꿀보다 더 달도다(시 19 : 10)

2) 애통하는 자 – 죄, 세상에 대한 마음 : 주님의 위로가 있음

애통하는 자는 복이 있나니 그들이 위로를 받을 것임이요(마 5 : 4)

Q 내 안에 세상을 보고, 사람들을 볼 때 애통하는 마음이 있습니까? 나는 무엇에 대해 애통해 합니까?

A 세상의 사람들은 세속의 명예와 부요함을 부러워하고 갈망합니다. 그러나 천국의 사람들은 세상을 불쌍히 여기며 자신의 죄 된 내면의 상태나 죄를 짓고 사는 세상 사람들을 보고 슬퍼합니다. 하나님은 이러한 사람들의 마음속에 영적인 공급과 풍요를 주시고 그들을 위로하십니다.

심령의 가난함과 애통함은 같이 움직입니다. 심령이 가난해야 세상의 죄악됨, 어리석음, 무상함을 애통해 합니다. 내가 영적인 공급을 구하는 자이고, 내가 어쩔 수 없는 죄인이라는 사실을 깨달아야 애통이 나옵니다. "오호라 나는 곤고한 사람이로다 이 사망의 몸에서 누가 나를 건져내랴"(롬 7 : 24) 하는 사도 바울의 고백이야말로 진정한 그리스도인의 탄식입니다. 내 발목을 잡고 있는 힘들고 답답한 환경이, 원수가 아니라 내 안에 있는 욕심과 교만이 하나님의 위로를 거절하는 것임을 깨달아야 합니다.[41]

죄에 대해 애통하며 자복했던 사람들

- 다윗 : 자신의 죄를 철저하게 회개하며 애통함(시 6 : 1–10)
- 예레미야 : 민족의 죄를 위해 애통해하며 기도함(렘 9 : 1–6)
- 느헤미야 : 민족의 부흥을 위해 눈물로 기도함(느 1 : 4)
- 다니엘 : 백성들과 정치 고관들과 재판관들과 조상들의 죄를 회개함(단 9 : 1–19)
- 막달라 마리아 : 과거의 죄들을 뉘우치며 회개함, 주님으로부터 인정을 받고 위로를 받음(눅 7 : 36–50)

적용질문

1. 요즈음 나의 기도 생활 중 세상에 대해, 교회에 대해, 나라와 지도자들을 위해 애통해 하며 기도하는 제목은 무엇입니까?

2. 내 안에 애통해 하는 악한 것, 죄악된 것, 나태한 것, 하나님의 싫어하시는 것은 없습니까?

3. 세상의 풍조는 날로 악해져 갑니다. 나는 세상을 따라가며 즐기는 편입니까, 애통해 하며 세상을 위해서 안타까워하며 기도하는 사람입니까?

3) 온유한 자 – 사람의 허물을 수용하는 마음의 자세 : 땅을 기업으로 얻는다.

온유한 자는 복이 있나니 그들이 땅을 기업으로 받을 것임이요(마 5 : 5)

Q 진정한 온유가 무엇이라고 생각하십니까?

A 온유라는 말은 '길들여졌다'는 의미가 있습니다. 시련과 고통의 광야를 거치며 하나님께 길들여진 사람은 하나님의 마음으로 사람들을 용납할 수 있습니다. 자신의 연약함과 죄를 하나님 앞에 고백하고 인정하는 사람은 타인의 허물이나 연약함을 이해하고 기다릴 수 있습니다.

온유한 사람에게는 남이 나에게 악한 일을 행할 때에라도 보복하지 않고 그를 위해 기도할 수 있는 마음이 있습니다. 이런 사람들이 땅을 기업으로 얻습니다. 사람을 기다리며 품을 줄 아는 사람은 사람의 마음을 얻고 사람을 얻으며, 이 땅에서도 위로와 보상이 있습니다. 우리가 온유하기 가장 어려운 대상이 바로 가정, 내 식구들, 가장 가까운 서로 믿는 사람들의 공동체입니다. 나를 가장 잘 아는 사람들 사이에서 온유하기가 가장 어렵습니다.[42]

진정한 온유는 타고난 성품이 아닙니다. 광야로, 십자가로 다루심을 받은 성품입니다. 어떤 사람은 좋은 관계를 유지하기 위해서 무조건 져주기도 하는 경우가 있는데 이는 온유가 아니라 연약함입니다. 진짜 온유는 진리를 붙드는 것이고, 진리를 붙들기 위해 순교까지도 하는 강함입니다. 온유한 사람은 외유내강(外柔內剛)의 사람입니다. 겉으로 드러나는 태도가 아무리 부드러워도 십자가를 경험하지 않은 온유는 가짜입니다. 모든 것을 알고 계셨지만 죄 없으신 예수께서 능력이 있음에도 순종함으로 십자가를 지신 것처럼, 능력이 있지만 사용하지 않는 것이 바로 십자가에서 처리된 온유였습니다. 내 안에 십자가의 온유가 있습니까?[43)]

십자가의 온유로 살아간 사람들

- 이삭 : 악한 자들을 대항하지 않고 양보함(창 26 : 12–33)
- 요셉 : 형님들의 허물을 용서함(창 45 : 5)
- 모세 : 미리암과 아론의 비방, 백성의 대적과 원망을 너그럽게 기다림(민 12 : 3)
- 다니엘 : 대적들의 음모를 알고도 그들을 대항하거나 비난하지 않음(단 6 : 10)

이들은 모두 땅에서 잘되고 많은 사람의 마음을 얻음으로 존귀한 자가 되어 많은 영향력을 끼치고 살았습니다.

적용질문

1. 광야 훈련을 받으면서 다듬어지고, 누그러진 성품이 있다면 나누어 봅시다.
2. 하나님은 주로 나의 어느 부분을 다루십니까, 더욱 다루심을 받아야 할 나의 내면은 무엇입니까?
3. 지나온 삶 속에서 나를 힘들게 한 사람인데 품고 기다리며 섬겼던 사람이 있습니까?

4) 의에 주리고 목마른 자–하나님의 통치를 목말라함 : 영적 풍요를 얻음

의에 주리고 목마른 자는 복이 있나니 그들이 배부를 것임이요(마 5 : 6)

Q 영적 풍요를 얻기 위해서는 의에 주리고 목마름이 있어야 합니다. 그렇다면 의에 목마른 사람이 영적 풍요를 얻는 이유가 무엇이라고 생각합니까?

A 세상 사람들은 돈이나 명예나 권력에 목말라합니다. 그러나 복음을 가진 사람이 배고파하고 목말라하는 것은 세속의 가치가 아니라 의 때문입니다. 의는 하나님의 통치 기준이요, 영생을 가진 사람이 살아가야 할 삶의 방편이며, 이 땅에 찾아오신 예수 그리스도이십니다.

세상에 목말라하면 세상을 얻을 것이지만 의에 목말라하면 의이신 그리스도를 보상으로 얻게 되고 영적 부요함을 얻으므로 배가 부릅니다.

의에 주리고 목말라한 사람들

- 욥 : 자식들이 범죄하지 않고 의롭게 살게 하려고 그들을 성결로 가르쳤으며 생일이면 그들의 정결함을 위하여 번제를 드림으로 의롭게 살기를 기대함(욥 1 : 1–5)
- 고라의 의로운 자손 : 살아 계신 하나님을 찾기 위해 목말라하며 갈급해 함으로 눈물이 주야로 그의 음식이 되었다고 고백함(시 42 : 1–11)
- 다니엘과 세 친구 : 뜻을 정하여 왕의 음식과 그가 마시는 포도주로 자기를 더럽히지 아니하리라 결심함(단 1 : 8)
- 바울 : 그 안에 해결되지 않는 율법적인 의의 문제를 해결하기 위해 몸부림치다 믿음으로 얻는 의를 소유함으로 평안을 얻음(롬 6–8장)

적용질문

1. 나는 잘 사는 게 목적입니까, 바르게 사는 게 목적입니까?

2. 의를 목말라 하십니까? 자신의 소원이 하나님의 다스리심, 하나님 나라라고 말할 수 있습니까?

3. 바르게 사는 삶을 배고파하고, 목말라했다가 하나님으로부터 응답을 경험한 사례가 있습니까?

5) 긍휼히 여기는 자–타인의 불행을 아파하는 마음 : 신적 긍휼

긍휼히 여기는 자는 복이 있나니 그들이 긍휼히 여김을 받을 것임이요(마 5 : 7)

Q 내 마음의 긍휼은 단순한 동정은 아닙니까? 예수께서 말씀하시는 긍휼은 어떤 마음입니까?

A 타인의 아픔이나 불행을 마음 아파하고 회복시켜 주려고 애쓰는 마음입니다. 히브리 단어에서 긍휼이라는 '라함'은 '레헴'으로 어머니의 자궁을 의미합니다. 곧, 아기를 뱃속에 잉태한 어머니가 자신의 태아에게 느끼는 감정을 일반적으로 긍휼이라고 표현합니다. 사람을 향한 하나님의 긍휼은 엄마가 뱃속의 태아에게 느끼는 애틋하면서도 각별한 사랑입니다.[44]

내가 긍휼을 심으면 하나님으로부터 긍휼함을 얻게 됩니다. 주님은 불쌍한 사람들, 소외당한 사람들, 주님의 도움이 필요한 사람들을 빈손으로 돌려보내지 않으시고 그들을 긍휼히 여기셔서 그들의 필요를 채워 주셨습니다. 심령이 가난하고, 애통해하며, 사죄의 위로를 받고, 온유함으로 의로워진 사람은 사람을 바라보는 눈이 달라집니다. 긍휼히 여기는 마음을 갖게 되므로 불행 당한 사람들을 돕고 세워 주고 위로하게 됩니다.

다른 사람을 긍휼히 여기는 마음이란 용서라는 단어와 겸하여 이해됩니다. 그 용서는 엄마가 자식의 잘못에 대하여 근본적으로 용서의 마음을 갖고 있는 것과 같은 개념이므로 긍휼에 근거한 용서의 숫자는 수치적으로 무의미합니다. 형제에 대한 긍휼에 근거한 용서의 이유는 하나님께서 나를 그렇게 용서하셨기 때문이며, 용서에 대한 무한대의 횟수와 범위의 이유도 하나님께서 그렇게 나를 용서하셨기 때문입니다.[45]

예수께서 이르시되 네게 이르노니 일곱 번뿐 아니라 일곱 번을 일흔 번까지라도 할지니라(마 18 : 22)

적용질문

1. 용서할 수 없는 사람이 있습니까? 그 이유가 무엇입니까?

2. 나는 어떤 부분에서 하나님의 긍휼함을 입은 자입니까? 이 은혜를 통해 사람에 대한 나의 관점이 어떻게 바뀌었습니까?

3. 교통, 교제의 대상과 긍휼의 대상은 다릅니다. 내게 차별화된 이 두 종류의 사람이 있습니까? 간증해 보십시오.

6) 마음이 청결한 자–죄를 씻고 하나님만을 그리워함 : 하나님을 보게 됩니다.

마음이 청결한 자는 복이 있나니 그들이 하나님을 볼 것임이요(마 5 : 8)

Q 죄의 무서움에 대해 실감하고 있습니까? 내 마음이 청결해야 하는 이유가 무엇입니까?

A 죄는 하나님과 우리 사이를 멀어지게 합니다. 죄를 씻고 마음이 깨끗해지면 가려졌던 세계가 보이게 되고, 막혔던 하나님과의 관계도 열리게 되어 하나님과 교통할 수 있게 됩니다. 영적인 세계가 이해되고, 보입니다.

청결한 마음은 물질을 탐하지 않는 깨끗한 마음입니다(왕하 5 : 16).
청결한 마음은 이성을 탐하지 않는 정결한 마음입니다(창 39 : 7–10).
청결한 마음은 명예를 탐하지 않는 겸허한 마음입니다(빌 3 : 1–12).
청결한 마음은 주님만 높이는 일편단심의 마음입니다(빌 1 : 15–21).

적용질문

1. 청결한 마음은 하나님의 주권을 인정하고 있는 그대로 보는 단순한 마음입니다. 하나님이 나에게 허락해 주신 현재의 환경, 사람들을 그대로 인정하고 수용하는 마음이 있습니까? 아니면 불편하고 원망스럽습니까?

2. 우리는 하나님께서 허락하신 환경과 사람을 있는 그대로 보지 않고 내 기준과 원하는 바에 따라 판단하고 해석하는 교만을 범합니다. 이러한 인지 왜곡, 인지 오류를 바꿀 수 있습니까?

3. 마음이 청결한 자는 하나님을 볼 것이라 하였습니다. 하나님이 보입니까? 세상이 보입니까? "보시기에 좋았더라" 말씀하신 하나님의 세계를 설명해 보십시오(혼돈, 공허, 흑암의 세계라 해도 하나님의 임재가 있으면 보시기에 좋은 세상이 됩니다. 창 1장 강해 참조).

7) 화평하게 함–사람과의 관계를 회복시켜 줌(피스 메이커) : 하나님의 아들이 됨

화평하게 하는 자는 복이 있나니 그들이 하나님의 아들이라 일컬음을 받을 것임이요(마 5 : 9)

Q 하나님의 아들 예수 그리스도가 이 땅에 오신 목적을 화평의 관점에서 설명하여 보십시오.

A 예수님은 우리의 관계를 회복시키기 위해 이 땅에 오셨습니다. 하나님과 사람을, 사람과 사람의 관계를, 하나님과 사람과 만물의 관계를 회복시키기 위함입니다. 우리가 복음의 사람이라면 마땅히 모든 관계를 화평하게 하고 회복하는 일에 쓰임받아야 합니다. 그때에 우리는 하나님의 아들이라 칭함을 받을 수 있습니다.

성경의 피스 메이커

- 요나단 : 사울 왕과 다윗을 화목하게 하려고 애씀(삼상 20 : 30–42)
- 나단 : 하나님과 범죄 한 다윗을 화목케 하기 위한 목숨 건 간언(삼하 12 : 7–15)
- 요나 : 심판하시는 하나님과 심판당할 도성 니느웨의 화평을 위해 수고함(욘 3 : 1–10)
- 바울 : 빌레몬과 도망친 종 오네시모를 화평하게 하려고 애씀(몬 1 : 8–22)

적용질문

1. 나는 모임에서 문제를 자꾸 들춰내고 지적하는 트러블 메이커(Trouble–maker) 역할을 합니까? 사람들을 세워 주고 격려하며 공동체를 세워 나가는 피스 메이커(Peace–maker) 역할을 합니까? 내 안에 평화가 없으면 남의 허물을 그냥 보고 넘기지를 못합니다. 사람과 공동체를 세우기 위해 내게 가장 필요한 것은 무엇입니까?

2. 개성과 살아온 환경이 다른 사람끼리 만나서 화목하게 지내는 일이 그리 쉽지 않습니다. 힘든 관계였지만 잘 섬김으로 좋아졌던 관계나 공동체가 있었다면 나누어 봅시다.

3. 화평하게 하는 자가 하나님의 아들이라고 일컬어집니다. 지금 화평을 위해 애쓰는 관계가 있습니까? 어떤 어려움들을 극복하며, 희생하며 섬기고 있습니까?

8) 의를 위하여 박해를 받은 자－하나님 나라 건설을 위해 헌신, 희생함 : 천국을 소유함.

10 의를 위하여 박해를 받은 자는 복이 있나니 천국이 그들의 것임이라 11 나로 말미암아 너희를
욕하고 박해하고 거짓으로 너희를 거슬러 모든 악한 말을 할 때에는 너희에게 복이 있나니 12 기
뻐하고 즐거워하라 하늘에서 너희의 상이 큼이라 너희 전에 있던 선지자들도 이같이 박해하였
느니라(마 5 : 10－12)

Q 의를 위하여 박해받는 사람들이 천국을 소유할 수 있는 까닭이 무엇입니까?

A 의를 위하여 박해를 받는다는 말은 하나님의 나라, 통치를 위해 자신을 헌신하는 것을 말합니다. 우리는 복음과 운명을 같이해야 합니다.

하나님은 온전히 의로우신 분입니다. 하나님의 백성은 하나님을 닮아 의로워야 하며 적극적으로 의로움을 드러내야 합니다. 그러므로 의인의 삶이란 악인에게 찾아가서 그들도 의인의 자리에 들 수 있도록 만들어 가는 사람들입니다. 이러한 이유로 의인은 불가피하게 박해와 고난을 당하게 됩니다. 의인으로서 자신들의 사역을 포기하지 않고 지속적으로 하나님의 성품과 하나님 나라의 모습을 드러내려고 견지하는 사람들에게 하나님께서 함께하실 것이며 이러한 의미에서 그는 하나님의 나라를 이미 살아가고 있다고 말할 수 있습니다. "의(하나님 나라)를 위하여 핍박을 받는 자는 여호와께서 함께하실 것입니다. 그래서 천국이 그들의 것입니다."[46] 구약시대에 수많은 선지자가 핍박을 받았습니다(마 23 : 35). 뿐만 아니라 신약시대에도 12사도가 의이신 그리스도를 전하다 여러 모양으로 끔찍한 핍박을 받았습니다(행 5 : 18). 교회시대에 수많은 주의 종들과 성도들이 주님 이름으로 핍박을 받았습니다(마 24 : 9).

주의 재림이 임박한 종말의 시대를 사는 우리에게도 핍박이 있을 것을 주님은 예언하셨습니다. 비장한 각오로 마음을 준비하여 다가오는 환난과 핍박을 성령의 권능으로 물리치고 승리의 개선가를 부르도록 준비하고 훈련합시다.

적용질문

1. 하나님 나라를 세워 가기 위해 삶의 현장(집, 회사, 셀, 공동체 등)에서 짊어지고 있는 십자가가 있습니까?

2. 믿음으로 인해 심한 박해가 있을 때 마음에 갈등하거나 믿음을 포기하고 싶은 마음을 가진 적은 없었습니까? 이런 일들을 어떻게 이기고 승리하셨습니까?

3. 의롭게 살려고 애쓰다가, 혹은 의를 세우기 위해 애쓰다가 손해 본 경험, 어려움을 겪은 경험이 있습니까?

2. 하나님 나라 백성의 사회적 영향력(마 5 : 13-16)

하나님 나라 백성의 행복관을 선포하신 주님은 계속하여 천국 백성의 사회적 사명을 말씀하십니다. 우리를 세상의 소금이라, 빛이라 말씀하십니다. 팔복의 삶을 사는 사람, '심령이 가난하고, 애통하고, 온유하고, 의에 주리고, 긍휼히 여기고, 마음이 청결하고, 화평하게 하고, 의를 위해 박해를 받는 자'인 천국 시민의 사회적 역할은 '소금과 빛'입니다.[47]

1) 소금은 깨끗합니다.

너희는 세상의 소금이니 소금이 만일 그 맛을 잃으면 무엇으로 짜게 하리요 후에는 아무 쓸데없어 다만 밖에 버려져 사람에게 밟힐 뿐이니라(마 5 : 13)

Q 소금의 가장 중요한 역할이 무엇입니까?

A 소금의 특징은 희생 없이는 맛을 내지 못한다는 사실입니다. 빨리 녹는 소금, 잘게 부수어져 가는 소금일수록 값이 더 나갑니다(소금기둥이 된 롯의 처).

소금은 결백하여 자체 속에 더러움이 없습니다. 소금은 그 맛이 변하지 않으며 방부제로 사용되어 썩는 것을 방지합니다. 소금은 해독제로도 사용하며 조미료의 역할을 합니다. 음식에서 좋은 맛을 내게 할 뿐 아니라 생명 유지에 없어서는 안 될 중요한 정결제로 쓰입니다.

그러나 소금이 제대로 쓰임을 받으려면 누구하고든 섞이고 어울릴 수 있는 편한 존재가 되어야 합니다. 공주 소금, 왕비 소금, 귀족 소금은 쓸모가 없습니다. 어느 곳에서 어떤 일을 하든지 나를 드러내지 않는 자기희생을 할 수 있어야 진정한 의미의 소금이라 할 수 있습니다.[48]

주님이 우리를 소금이라 하셨습니다. 소금처럼 말없이, 이름 없이 녹아져 맛을 내고 부패를 방지하는 역할을 감당해야 합니다. 나의 위치가 어떠하든지, 나의 명예욕과 권력, 경제력 등을 모두 내려놓고 하나님의 나라를 위해 희생할 준비가 되셨습니까? 내가 속한 공동체가 하나님의 나라를 이루지 못하는 이유가 무엇이라고 생각하십니까?

적용질문

1. 소금은 방부제와 해독제로 사용되는 소중한 광물질 식재료입니다. 나는 하나님이 주신 공동체(가정, 직장, 학교, 교회 등)에서 소금의 역할을 감당하기 위해 잘 희생하고 녹아들고 있습니까? 요즘 섬김 때문에 고민하는 문제가 있다면 나누어 봅시다.

2. 롯의 처는 뒤돌아보지 말라는 하나님의 명령을 어김으로 인해 소금기둥이 되고 말았습니다. 소금은 녹지 않으면 쓸모가 없습니다. 소금기둥의 의미는 모양만, 무늬만 소금이라는 뜻입니다. 나는 내 주변과 사람들 속에서 소금 기둥으로 머물지는 않습니까? 그들을 섬기고, 돕기 위해 어떤 희생과 노력을 하고 있습니까?

3. 소금은 자신을 녹이는 희생으로 맛을 내고 생명력을 공급합니다. 요즘 신자들이 남을 희생시켜 자신을 유익하게 하는 일들이 많이 드러나 비난을 받고 있습니다. 나는 내 자신을 희생함으로 다른 사람의 생명을 살리는 자라고 말할 수 있습니까?

2) 빛은 어둠을 쫓아냅니다.

15 사람이 등불을 켜서 말 아래에 두지 아니하고 등경 위에 두나니 이러므로 집 안 모든 사람에
게 비치느니라 16 이같이 너희 빛이 사람 앞에 비치게 하여 그들로 너희 착한 행실을 보고 하늘
에 계신 너희 아버지께 영광을 돌리게 하라(마 5 : 15–16)

Q 하나님의 은혜가 드러나려면 나의 죄인 됨과 연약함이 드러나게 됩니다. 이것이 빛의 역할입니다. 나는 이 빛 가운데 나아갈 준비가 되어 있습니까? 또 이 빛을 받아 세상의 빛으로 살아갈 준비가 되어 있습니까?

A 하나님의 빛 가운데 숨기지 못하는 것, 숨기고 싶어도 숨길 수 없는 것은 내 영광이 아니라 나의 죄와 부족함입니다.

나는 선한 것이 없다는 것을 인정하고 자존적인 교만에서 벗어나 치유되고 회복되어 하나님의 은혜를 숨기지 못하고 드러내야 빛이 될 수 있습니다. 나의 어두움을 깨고 빛을 드러냄으로 다른 사람의 어두움에 빛을 비출 수 있습니다.[49]

소금은 주가 되는 대상을 변화시키는 객체로서의 역할을 담당하는 소극적 접근을 하지만 빛은 어둠을 찾아가 적극적으로 빛을 비춤으로 어둠을 쫓아냅니다. 빛이 비취면 어둠은 사라집니다. 빛이 있는 곳에 밝음이 있고 회복이 있고 생명의 약동이 있습니다. 빛은 뜨거운 열을 발생시켜 병균을 죽이고 치료하는 역할을 합니다. 빛은 식물을 자라게 하고 결실을 맺게 합니다. 빛의 근원이신 그리스도를 공급받아 우리도 빛 된 삶을 살아야 합니다.

적용질문

1. 빛이신 그리스도가 나를 공급하고, 비춰 주실 때 비로소 우리는 채워지고 성장합니다. 더 많은 빛, 더 풍성한 그리스도를 공급받기 위하여 내가 시도하고 있는 일은 무엇입니까?

2. 나의 삶은 진정 빛 된 삶입니까? 드러내고 싶지 않은 어두움의 일들을 어떻게 빛 된 삶으로 바꿀 수 있겠습니까?

3. 빛은 적극적으로 어둠을 몰아내며 생명을 살리는 힘을 가지고 있습니다. 나의 영향력으로 살아난 생명이 있다면 간증해 봅시다.

3. 새로운 삶의 원칙들(마 5 : 17－48)

1) 율법의 완성자(마 5 : 17－20)

17 내가 율법이나 선지자를 폐하러 온 줄로 생각하지 말라 폐하러 온 것이 아니요 완전하게 하려

함이라 [18] 진실로 너희에게 이르노니 천지가 없어지기 전에는 율법의 일점일획도 결코 없어지지
아니하고 다 이루리라 [19] 그러므로 누구든지 이 계명 중의 지극히 작은 것 하나라도 버리고 또 그
같이 사람을 가르치는 자는 천국에서 지극히 작다 일컬음을 받을 것이요 누구든지 이를 행하며
가르치는 자는 천국에서 크다 일컬음을 받으리라 [20] 내가 너희에게 이르노니 너희 의가 서기관
과 바리새인보다 더 낫지 못하면 결코 천국에 들어가지 못하리라

Q 왜 예수 그리스도께서 율법의 완성자이십니까?

A 새 언약은 하나님의 의도가 거절된 것이 아니라, 하나님의 옛 언약 안에서 이루지 못했던, 우리가 자기 힘으로 해결하지 못했던 문제를 예수 안에서 믿음으로, 성령으로 해결하는 것입니다. 내가 아닌 그리스도로, 나는 죽고 내 안에 그리스도가 사심으로 율법은 완성됩니다.

주님은 율법을 완성하러 오셨습니다. 토라는 늘 새로운 해석을 필요로 했고 새로운 해석이 등장할 때마다 랍비들은 이전의 해석을 무너뜨리는 것으로 생각했습니다. 그러나 예수님은 기존 랍비들의 해석을 따르는 것이 아니라 원래 하나님 나라가 가지고 있는 말씀 그 자체의 의미를 드러내셨습니다. 예수께서 행하시는 토라와 선지서에 대한 해석은 원래 말하고자 했던 하나님 나라의 정신에 관한 내용입니다.[50] 랍비들은 예수님의 해석이 자신들의 전통과 다르다고 배척하였습니다.

적용질문

1. 율법의 요구를 완성하기 위해 예수 그리스도가 오셨습니다. 나는 믿음으로 예수님의 말씀을 따르려고 애를 씁니까? 내 스스로의 힘으로 율법을 지키려고 애를 씁니까?

2. 자기계발 서적이나 유명인의 명연설 등, 시대의 기준을 삶의 모델로 따르는 일도 필요합니다. 그러나 나는 하나님의 말씀을 내 삶의 기준으로 삼고자 배우고 따르고 있다고 말할 수 있습니까?

3. 예수님은 자신들은 지키지 않으면서 남을 가르치려 하고, 남의 약점을 쉽게 정죄하는 바리새인을 책망하셨습니다. 나의 배움은 무엇을 위함입니까? 혹 지적 욕구의 충족이나, 남을 가르치기 위하여 배우고 훈련하고 있지는 않습니까? 말씀을 배우는 일이 내게 어떤 유익을 주고 있습니까?

2) 예수님의 가르침

살인에 대한 교훈(마 5 : 21 – 26)

21 옛 사람에게 말한 바 살인하지 말라 누구든지 살인하면 심판을 받게 되리라 하였다는 것을 너
희가 들었으나 22 나는 너희에게 이르노니 형제에게 노하는 자마다 심판을 받게 되고 형제를 대
하여 라가라 하는 자는 공회에 잡혀가게 되고 미련한 놈이라 하는 자는 지옥 불에 들어가게 되
리라 23 그러므로 예물을 제단에 드리려다가 거기서 네 형제에게 원망들을 만한 일이 있는 것이
생각나거든 24 예물을 제단 앞에 두고 먼저 가서 형제와 화목하고 그 후에 와서 예물을 드리라
25 너를 고발하는 자와 함께 길에 있을 때에 급히 사화하라 그 고발하는 자가 너를 재판관에게
내어 주고 재판관이 옥리에게 내어 주어 옥에 가둘까 염려하라 26 진실로 네게 이르노니 네가 한
푼이라도 남김이 없이 다 갚기 전에는 결코 거기서 나오지 못하리라

Q 어떤 죄가 살인입니까?

A 남을 미워하는 마음이 살인의 출발입니다.

구약은 만약 어려움을 당했다면 "이는 이로, 눈은 눈으로 갚으라"는 동해보복(同害報復)형의 법을 말합니다. 구약에서는 나타난 결과를 중요시하지만, 신약은 동기를 중요시합니다. 남을 괴롭히고 해치는 것은 마음으로부터 출발한다는 것입니다. 미워하는 마음, 남을 싫어하는 마음, 원수 갚고자 하는 마음들 속에 그리스도가 들어오시고, 그분이 왕으로 좌정하시면 미움이 사랑으로 변하고 증오하는 마음이 긍휼히 여기는 마음으로 바뀝니다. 하나님이 원하시는 것은 내 마음에 미워하는 마음을 거절하고 예수의 마음을 닮으라는 말씀입니다.

간음에 대한 교훈(마 5 : 27 – 32)

27 또 간음하지 말라 하였다는 것을 너희가 들었으나 28 나는 너희에게 이르노니 음욕을 품고 여
자를 보는 자마다 마음에 이미 간음하였느니라 29 만일 네 오른 눈이 너로 실족하게 하거든 빼
어 내버리라 네 백체 중 하나가 없어지고 온 몸이 지옥에 던져지지 않는 것이 유익하며 30 또
한 만일 네 오른손이 너로 실족하게 하거든 찍어 내버리라 네 백체 중 하나가 없어지고 온 몸
이 지옥에 던져지지 않는 것이 유익하니라 31 또 일렀으되 누구든지 아내를 버리려거든 이혼 증
서를 줄 것이라 하였으나 32 나는 너희에게 이르노니 누구든지 음행한 이유 없이 아내를 버리
면 이는 그로 간음하게 함이요 또 누구든지 버림받은 여자에게 장가드는 자도 간음함이니라

Q 간음에 대한 교훈을 읽으면서 가장 먼저 정비해야 할 곳이 어디입니까?

A 음행은 행동이 먼저가 아닌 마음이 먼저입니다. 마음을 지켜야 몸과 삶을 지킬 수 있습니다. 음란한 마음을 품지 말고, 음탕한 생각을 마음에 두기를 부끄러워해야 합니다.

간음이란 우리 안에 음란한 마음을 갖는 것입니다. 우리 안에 더러운 생각을 정당화하고 그것을 붙잡고 사는 마음이 간음입니다. 우리가 어떤 일을 행하게 될 때에는 반드시 행하기 전에 마음이 있고 그것이 잉태되고, 열매를 맺게 되어 구체화된 것이 행위로 나타납니다. 행동은 마음의 발전이고 결과입니다. 눈이 마음을 지배합니다. 눈이 가면 마음이 가고, 마음이 가면 행동이 갑니다. 그러므로 눈을 뽑고, 손을 찍는 결단이 필요합니다.

맹세에 대한 교훈(마 5 : 33-37)

33 또 옛 사람에게 말한 바 헛맹세를 하지 말고 네 맹세한 것을 주께 지키라 하였다는 것을 너희
가 들었으나 34 나는 너희에게 이르노니 도무지 맹세하지 말지니 하늘로도 하지 말라 이는 하나
님의 보좌임이요 35 땅으로도 하지 말라 이는 하나님의 발등상임이요 예루살렘으로도 하지 말라
이는 큰 임금의 성임이요 36 네 머리로도 하지 말라 이는 네가 한 터럭도 희고 검게 할 수 없음이
라 37 오직 너희 말은 옳다 옳다, 아니라 아니라 하라 이에서 지나는 것은 악으로부터 나느니라

Q 사람은 언제 맹세하게 됩니까?

A 일반적으로 맹세는 사람이 극도의 흥분 상태이거나 질투를 하거나 신체적으로 약한 상태에서 사람이 할 수 없는 어떤 일을 놓고 하나님의 이름으로, 하나님을 증인으로 세우면서 하게 됩니다. 때문에 결과적으로 자신이 말을 해놓고도 이룰 수 없는 상황이 종종 발생합니다.[51)]

이것은 장담하지 말라는 말씀입니다. 자신감이 넘치면 장담을 하게 됩니다. 장담하다 보면 실수하게 됩니다. 신앙인은 큰소리쳐서는 안 됩니다. 큰소리치지 말고, 맹세하지 말고 있는 상황을 고백만 하라는 말씀입니다. 우리는 하나님을 신앙하며 사는 사람이고, 약속을 선포하며 사는 사람이지, 내 마음의 생각과 호언장담으로 사는 사람이 아닙니다. 삶의 모든 상황, 모든 일에 하나님을 신앙하는 마음으로 살고 있습니까? 좋은 일에도 나쁜 일에도 매사에 조심하며 입술의 문을 지키고 있습니까? 넘치는 자신감에 교만하여, 또는 나를 변론하기 위해 말로 실수한 적이 없는지 돌아봅시다.

원수 사랑에 대한 교훈(마 5 : 38–48)

38 또 눈은 눈으로, 이는 이로 갚으라 하였다는 것을 너희가 들었으나 39 나는 너희에게 이르노
니 악한 자를 대적하지 말라 누구든지 네 오른편 뺨을 치거든 왼편도 돌려 대며 40 또 너를 고발
하여 속옷을 가지고자 하는 자에게 겉옷까지도 가지게 하며 41 또 누구든지 너로 억지로 오 리
를 가게 하거든 그 사람과 십 리를 동행하고 42 네게 구하는 자에게 주며 네게 꾸고자 하는 자
에게 거절하지 말라 43 또 네 이웃을 사랑하고 네 원수를 미워하라 하였다는 것을 너희가 들었
으나 44 나는 너희에게 이르노니 너희 원수를 사랑하며 너희를 박해하는 자를 위하여 기도하라
45 이같이 한즉 하늘에 계신 너희 아버지의 아들이 되리니 이는 하나님이 그 해를 악인과 선인
에게 비추시며 비를 의로운 자와 불의한 자에게 내려 주심이라 46 너희가 너희를 사랑하는 자를
사랑하면 무슨 상이 있으리요 세리도 이같이 아니하느냐 47 또 너희가 너희 형제에게만 문안하
면 남보다 더하는 것이 무엇이냐 이방인들도 이같이 아니하느냐 48 그러므로 하늘에 계신 너희
아버지의 온전하심과 같이 너희도 온전하라

Q 예수께서는 원수에 대해 사랑하라고 말씀하십니다. 우리가 원수까지도 사랑할 수 있는 능력이 어디에서 옵니까?

A 그리스도의 마음을 품으므로, 나는 죽고 그리스도가 내 안에 사심으로 하나님을 닮아 온전해질 수 있습니다.

일반적으로는 원수에게 복수하는 것이 당연하다고 생각하고 원수를 용서하라는 것까지는 이해할 수 있습니다. 그러나 성경은 용서 차원이 아니라 사랑하는 것을 넘어 원수를 위하여 기도하라고 합니다.

목숨까지도 주시는 것이 그리스도의 마음입니다. 예수께서는 이러한 교훈을 통해 본문 마지막 절에 "그러므로 하늘에 계신 너희 아버지의 온전하심과 같이 너희도 온전하라"라고 말씀하시며 하나님을 닮을 것을 명령하고 계십니다. 지금 내가 사랑하고 기도해야 할 원수처럼 여겨지는 사람은 누구입니까?

적용질문

1. 옛 법과 새 법, 옛 삶의 방식과 새롭게 배운 삶의 방식 중 어떤 삶이 요즈음의 나를 끌고 가고 있습니까?

2. 새 언약의 특징은 마음의 변화입니다. 주님을 만나고, 광야의 훈련을 거치면서 말씀을 배워 오는 중 나의 가치관과 생각에 변화가 있다면 어떤 것이 있습니까?

3. 마음은 생각과 감정으로 나눌 수 있습니다. 어느 부분이 통제하기가 어렵습니까? 왜 그 영역이 통제하기 어렵습니까? 어떻게 관리하고 성장해야 할지 계획을 세우고 나누어 봅시다.

그런즉 너희는 먼저

그의 나라와 그의 의를 구하라

제4강

새로운 왕국의 통치 질서(2)

마태복음 6－7장

4

새로운 왕국의 통치 질서(2)

6-7장

자기의 의가 아니라 '그분의 의, 그분의 나라, 그분의 통치를 구하는 삶', 이것이 복음 안에 들어온 새 언약 백성의 삶입니다. 참된 예배, 참된 신앙은 하나님 앞에서 살고, 하나님을 찾고, 하나님을 목말라하는 일입니다. 내 삶의 동기는 사람이거나, 사람들의 인정이 아니라 하나님이어야 합니다. 매일 그분을 목말라하고 배고파하는 삶이 천국 시민의 매일의 양식입니다.

1 사람에게 보이려고 그들 앞에서 너희 의를 행하지 않도록 주의하라 그리하지 아니하면 하늘에
계신 너희 아버지께 상을 받지 못하느니라 …… 33 그런즉 너희는 먼저 그의 나라와 그의 의를 구
하라 그리하면 이 모든 것을 너희에게 더하시리라(마 6 : 1, 33)

1. 하나님 나라를 사는 자의 생활 지침(마 6장)

1) 구제에 대한 가르침(마 6 : 2-4)

2 그러므로 구제할 때에 외식하는 자가 사람에게서 영광을 받으려고 회당과 거리에서 하는 것 같
이 너희 앞에 나팔을 불지 말라 진실로 너희에게 이르노니 그들은 자기 상을 이미 받았느니라 3 너
는 구제할 때에 오른손이 하는 것을 왼손이 모르게 하여 4 네 구제함을 은밀하게 하라 은밀한 중
에 보시는 너의 아버지께서 갚으시리라

제4강

Q 구제의 출발과 동기는 어디에 있습니까?

A 구제의 출발과 동기는 내가 아닙니다. 사람 앞에 인정받고 영광받기 위해서가 아니라 은밀한 중에 보시는 아버지 앞에서 구제하라고 말씀하십니다.

사람에게 나를 자랑하고 드러내기 위해서가 아니라, 하나님의 주시는 말씀을 순종하기 위해, 이 땅에 나타나야 할 하나님의 나라를 이루기 위해 애정 어린 마음을 가지고 사람들을 대해야 합니다. 주님을 대행하는 자로서 도움이 필요한 사람에게 주님의 손과 발이 되어 그들을 섬기는 이것이 구제의 정신입니다.

적용질문

1. 혹 정기적으로 구제하거나, 기부하는 자선 단체가 있습니까? 혹은 지속적으로 물질로 섬기는 개인이 있습니까? 나의 구제관을 나누어 보십시오.

2. 혹 내게 사람 앞에 보이기 위하여나 혹은 사람에게 인정을 받고 싶어서 행했던 위선이나, 외식의 행위는 없었습니까? 자신의 선행을 인정받고자 나의 의를 내세웠던 적은 없습니까?

3. 아래의 말씀을 주신 하나님의 의도가 무엇이라고 생각합니까? 혹 나의 삶에 이런 배려와 섬김이 있습니까?

[9] 너희가 너희의 땅에서 곡식을 거둘 때에 너는 밭모퉁이까지 다 거두지 말고 네 떨어진 이삭도
줍지 말며 [10] 네 포도원의 열매를 다 따지 말며 네 포도원에 떨어진 열매도 줍지 말고 가난한 사
람과 거류민을 위하여 버려두라 나는 너희의 하나님 여호와이니라(레 19 : 9-10)

2) 주님의 기도에 대한 가르침(마 6 : 5-15)

Q 예수께서 가르쳐 주신 기도는 우리에게 주신 기도의 모델입니다. 어떤 순서로 기도해야 하며, 무엇을 위해 기도해야 합니까?

A 하나님의 필요, 갈망, 하나님 나라의 실현을 위해서 먼저 기도합니다. 그리고 나의 필요를 위해서 기도한 후 아버지의 영광을 위해서 마감하는 기도를 드립니다.

주기도문 이해

- '하늘에 계신'
  우리 마음의 향방, 믿음의 기대와 바램, 기도는 하늘 아버지를 향한, 하늘 아버지께 드리는 마음의 갈망이어야 합니다.

- '우리 아버지여'-기도의 대상과의 관계성 : '아버지'(친밀감)

- '이름이 거룩히 여김을 받으시오며'-그분을 향한 존경심, 예배, 경배의 마음
  하나님의 이름은 본래 거룩합니다. 그러므로 예배자의 입장에서 하나님의 이름이나 하나님 자신이 합당한 높임을 받게 되기를 바라는 소망을 마땅히 표현해야 합니다.[52)]

- '나라가 임하시오며'-하나님의 갈망인 하나님 나라의 도래를 소원함

- '뜻이 하늘에서 이루어진 것같이 땅에서도 이루어지이다.'
  하나님의 통치의 실현을 소망하며 먼저는 내가 천국의 삶을 사는 것이 필요하고, 나를 통해 하나님 나라가 이 땅에 세워지고 완성되기를 기대하고 결단합니다. 예수님의 삶은 하나님의 뜻을 이루는 삶이었으며 예수님의 제자들도 성령의 힘을 입어 예수님의 희생적인 삶에 동참함으로 하나님의 뜻을 실현하는데 함께할 수 있도록 해달라는 기도입니다.[53)]

- '오늘 우리에게 일용할 양식을 주시옵고'
  나의 육신적 필요, 매일의 양식을 위해 기도합니다.

- '우리가 우리에게 죄지은 자를 사하여 준 것같이'–나의 영적 생활
  하나님 나라의 실현자, 하나님의 대행자로서의 위치에서 받은 바 은혜, 사죄의 은총을 그대로 베풀어야 합니다.

- '우리 죄를 사하여 주시옵고'
  우리의 죄를 위한 심판을 주님이 이미 받으셨기에 결코 정죄함이 없는 주님의 사랑(롬 8 : 1)을 근거로 용서를 구합니다.

- '우리를 시험에 들게 하지 마시옵고'
  사탄으로부터의 보호, 사탄의 유혹은 모든 그리스도인의 정체성을 위협하는 것이기 때문에 기도할 때마다 유혹을 물리칠 수 있게 도와 달라고 기도해야 합니다. 유혹은 영적인 세력으로부터 오는 것이기 때문에 인간적인 힘으로는 이길 수 없습니다. 성경은 마귀가 우는 사자처럼 삼키려고 달려들 것이지만 믿음에 굳게 서서 근심하고 깨어 영적으로 마귀를 대적하라고 명하고 있습니다.[54]

근신하라 깨어라 너희 대적 마귀가 우는 사자같이 두루 다니며 삼킬 자를 찾나니(벧전 5 : 8) 모든 기도와 간구를 하되 항상 성령 안에서 기도하고 이를 위하여 깨어 구하기를 항상 힘쓰며 여러 성도를 위하여 구하라(엡 6 : 18)

- '다만 악에서 구하시옵소서'–이 악한 세상에서 넘어지지 않도록 은총을 구함
  사탄은 할 수 있는 한 우리를 대적하고 패배시키려 합니다. 그러나 혼자 힘으로는 사탄을 이길 수 없습니다. 우리는 하나님의 보호에 대한 필요성을 날마다 깨달아야 합니다.[55]

- '나라와 권세와 영광이 아버지께 영원히 있사옵나이다. 아멘.'
  이 세상의 모든 소유, 모든 권세, 모든 영광은 원래 아버지의 것입니다. 마귀가 가로채고, 내가 도둑질했던 영광, 존귀함이 원래대로 아버지께 돌아가기를 기도하며 합당한 찬양, 예배, 영광을 올려 드립니다.

하나님의 나라는 인간이 만들어 낼 수 있는 것이 아니라 순전히 하나님의 선물로서 임합니다. 그러므로 인간은 하나님의 나라가 임하게 해 달라고 간구할 수밖에 없는 존재입니다.[56] 기도는 하나님께 드리는 나의 갈망이며 마음의 표현입니다. 사람에게 잘 보이기 위해 드리는 종교적 행위이거나, 자신이 기도하는 사람이라는 것을 과시하기 위한 위선적 행동이 아닙니다.

적용질문

1. 주님이 가르쳐 주신 기도의 내용 중 무엇을 위해 가장 먼저 구해야 합니까?(참조 마 6 : 33)

2. 규칙적인 기도생활을 합니까? 아니면 시간, 장소, 상황에 따라 필요할 때만 기도를 드립니까? 나의 기도생활에 대하여 나누어 봅시다.

3. 지속적인 기도생활을 방해하는 가장 큰 장애요소는 무엇입니까? 기도생활을 통하여 얻은 유익은 무엇이 있습니까? 나누어 봅시다.

3) 금식에 대한 가르침(마 6 : 16－18)

16 금식할 때에 너희는 외식하는 자들과 같이 슬픈 기색을 보이지 말라 그들은 금식하는 것을 사
람에게 보이려고 얼굴을 흉하게 하느니라 내가 진실로 너희에게 이르노니 그들은 자기 상을 이
미 받았느니라 17 너는 금식할 때에 머리에 기름을 바르고 얼굴을 씻으라 18 이는 금식하는 자로
사람에게 보이지 않고 오직 은밀한 중에 계신 네 아버지께 보이게 하려 함이라 은밀한 중에 보
시는 네 아버지께서 갚으시리라

Q 금식의 목적은 무엇이어야 합니까?

A 금식의 근본 동기나 목적 자체가 사람에게 보이기 위함이 아닌 하나님 앞에 서기 위함입니다. 하나님 앞에서 구제하고, 하나님 앞에서 기도하고, 하나님 앞에서 금식하라는 말씀입니다.

사람의 눈을 의식하면 외식주의에 빠지게 됩니다. 칼빈은 그의 책상 앞에 'CORAM DEO'(하나님 앞에서)라는 라틴어 문구를 써 놓고 살았다고 합니다. 철저한 하나님 중심 사상을 가지고 살아야 합니다.

적용질문

1. 탐욕, 무절제, 야망, 집착, 세속화 등의 잘못된 마음에 끌려가지 않고 경건한 삶, 하나님께 집중하기 위하여 절제하며 기도하는 시간을 금식이라 할 수 있습니다. 유대인들은 매주 정기적으로 금식을 했습니다. 연중 정기적으로 드리는 금식기도가 있습니까? 주로 나는 어떤 때 금식기도를 합니까?

2. 금식기도에 대한 경험이 있습니까? 기간, 문제, 응답을 나누어 봅시다.

3. 최근의 금식기도의 흐름은 문화 금식 혹은 미디어 금식까지도 포함하고 있습니다. 혹시 시도해 본 적이 있습니까? 행하고 난 이후의 평가는 어떠했습니까?

제4강

4) 재물에 대한 가르침(마 6 : 19－34)

[31] 그러므로 염려하여 이르기를 무엇을 먹을까 무엇을 마실까 무엇을 입을까 하지 말라 [32] 이는
다 이방인들이 구하는 것이라 너희 하늘 아버지께서 이 모든 것이 너희에게 있어야 할 줄을 아
시느니라 [33] 그런즉 너희는 먼저 그의 나라와 그의 의를 구하라 그리하면 이 모든 것을 너희에게
더하시리라(마 6 : 31－33)

Q 재화의 문제는 일반적으로 사람들이 세상을 살아가면서 가장 먼저 찾고 갈급해 하는 가치입니다. 그러나 성경은 의식주를 위한 돈보다도 더 우선적으로 구하고 추구해야 할 가치가 있다고 말씀합니다. 무엇입니까?(마 6 : 31－33)

A 그의 나라와 그의 의를 먼저 구하는 것입니다. 그리하면 의식주의 필요도 채워 주시겠다고 약속하십니다.

"무엇을 먹을까 무엇을 마실까 염려하지 말라 너희 하늘 아버지께서 너희보다 더 잘 아신다. 너희는 먼저 그의 나라와 그의 의를 구하라.", "더욱 하나님을 신뢰할 수 있도록 너희의 믿음을 위해 기도하라. 네 염려가 세상의 문제들에 있지 않고 하나님과의 관계와 하나님 나라를 위해 어떻게 살 것인가에 있음을 알라."라고 주님은 말씀하십니다. 내가 구하고, 찾으면 하나님은 주십니다. 나는 두드리고 하나님은 여십니다. 물질은 자칫 잘못하면 사람을 노예화합니

다. 하나님이 사람에게 물질을 주신 이유는 물질을 사용하고 관리하기 위해서 입니다. 사람은 하나님의 영광을 위해 창조된 존재입니다. 이는 사람에게 주신 건강, 사람의 시간, 사람의 물질, 사람의 모든 복은 다 하나님의 영광을 위해서 쓰여야 함을 의미합니다.

아버지와의 관계는 이 땅에서 가장 친근하고 믿음직한 관계입니다. 하늘에 계신 아버지가 돌보아 주시므로 물질에 대한 집착을 버리고 청빈한 순종의 삶으로 나아가야 합니다. 예수님의 제자들은 어떠한 환경에서도 하나님을 창조주로 믿고 그분의 구원을 날마다 체험하며 살아야 합니다.[57] 물질과 하나님을 두 주인으로 섬길 수 없습니다. 이 모든 행위의 동기와 목적이 하나님이신가를 깊이 생각해 봅시다.

적용질문

1. 나에게 주신 물질이 하나님이 맡기신 청지기적인 것임을 인정하십니까? 나는 주님께 기도하고, 묻고 돈을 사용합니까?

2. 우리 삶에서 먼저 그의 나라와 그의 의를 구하기 위해서는 지금 나의 물질적 형편이 어떠하든 이미 하나님의 공급하심이 충분하다는 고백이 필요합니다. 지금 나의 물질적 삶의 형편은 어떠합니까? 하나님의 공급이 충분하다고 만족하십니까? 늘 결핍을 느끼며 불만족하십니까?

3. 그리스도인, 교회의 위치는 만물 위라고 말씀합니다(엡 1 : 22). 그러나 오늘날의 시대는 물질, 세상, 만물이 자꾸 교회와 사람 위에 올라가 주인 노릇을 합니다. 나는 물질을 섬기는 사람입니까, 물질을 관리하며 사용하는 사람입니까?

2. 천국 시민의 경계론(마 7장)

천국은 마음에서 출발하여 그리스도의 몸인 교회로, 더 나아가 하나님의 통치의 실현인 하나님 나라로 발전합니다. 타인과의 관계, 자신에 대한 경계, 교회에 대한 경계를 통하여 결국 우리는 하나님 나라를 이루기를 갈망합니다. 주님께서도 우리에게 생명으로 가기 위해 결단해야 할 것을 요구하십니다. 좁은 문, 좁은 길을 선택함으로 생명을 취하는 지혜로운 사람이 되어야 합니다. 진리의 원칙, 하나님의 말씀만이 우리를 반석 위에 건축을 하는, 지혜로운 사람으로 만듭니다. 하나님의 원칙으로 살 때 우리는 이 땅에서 하나님의 나라를 살며, 건설할 수 있습니다.

1) 타인과의 관계에서의 경계 – 남을 비판하지 말라(마 7 : 1–5)

1 비판을 받지 아니하려거든 비판하지 말라 2 너희가 비판하는 그 비판으로 너희가 비판을 받을
것이요 너희가 헤아리는 그 헤아림으로 너희가 헤아림을 받을 것이니라 3 어찌하여 형제의 눈 속
에 있는 티는 보고 네 눈 속에 있는 들보는 깨닫지 못하느냐 4 보라 네 눈 속에 들보가 있는데 어
찌하여 형제에게 말하기를 나로 네 눈 속에 있는 티를 빼게 하라 하겠느냐 5 외식하는 자여 먼저
네 눈 속에서 들보를 빼어라 그 후에야 밝히 보고 형제의 눈 속에서 티를 빼리라

Q 예수께서 자신에 대한 바른 성찰과 상대방에 대한 너그러움 없이 무분별하게 타인을 비판하는 것을 경계하신 이유가 무엇입니까?

A 우리는 다른 사람을 비판할 자격이 없습니다. 모두가 다 죄인이기 때문입니다.

비판을 뿌리면 반드시 비판으로 거둡니다. 우리는 모두 허물이 있는 자이기에 남을 비판하고 정죄하기 전에 자신의 문제를 먼저 보아야 합니다. 그렇다고 타인의 잘못에 무관심하라는 이야기는 아닙니다. 타인의 문제점을 객관적인 입장에서 분별하는 일과 그것을 정죄하고 심판하여 다른 사람에게 비난하고 폭로하는 정죄의 말들로 전하는 것은 전혀 다릅니다. 상처가 있고 진리의 바른 척도가 세워지기 전에는 우리의 분별마저도 왜곡될 가능성이 많이 있기에 정말 조심해야 합니다. 분별은 나의 내면의 문제이고 비판하고 정죄하는 일은 다른 사람과 공모하여 한 사람을 죽이는 일이며 더 나아가 하나님의 심판의 영역을 침범하는 월권행위가 될 수 있습니다. 하나님의 말씀 앞에 나를 세우고 있습니까?

적용질문

1. 나는 타인의 작은 장점이라도 적극적으로 칭찬하며 격려하려고 애쓰는 사람입니까? 경청, 공감, 지지, 격려를 잘하는 편이라고 생각하십니까?

2. 타인의 실수, 약점, 무례함, 무분별함을 보았을 때 나의 마음, 생각, 언어는 어떻게 응답합니까?

3. 리더의 허물을 보았을 때 나는 어떻게 반응합니까? 드림팀을 만들어 그의 허물을 덮고 교회를 세워나갈 마음의 준비가 되어 있습니까? 리더의 허물을 덮었거나 또는 덮지 못했던 경험이 있다면 나누어 봅시다.

2) 자신에 대한 경계(마 7 : 6–14)

Q 이 타락한 세상에서 자신을 지킬 수 있는 방법들을 어떻게 소개하고 있습니까?

A 진리의 수호자가 되십시오(마 7 : 6).
늘 기도에 힘써야 합니다(마 7 : 7–11).
늘 섬기는 삶을 살아야 합니다(마 7 : 12).
좁은 문으로 들어가기를 힘쓰십시오(마 7 : 13–14).

거룩한 것을 개에게 주지 말라(마 7 : 6) : 진리의 수호자가 되라

거룩한 것을 개에게 주지 말며 너희 진주를 돼지 앞에 던지지 말라 그들이 그것을 발로 밟고 돌이켜 너희를 찢어 상하게 할까 염려하라

거룩하신 하나님의 사랑과 예수 그리스도의 구속과 성령님의 기름 부으심, 보화처럼 귀한 말씀의 교훈들을 가볍게 여기며 소홀히 하는 사람들이 있습니다. 세속화의 물결이 교회 안으로 들어오고 가증한 것이 거룩한 곳을 지배하는 시대가 되어 버렸습니다. 우리는 하나님의 말씀과 교훈을 잘 지켜 거룩한 진리의 보수자가 되어야 합니다. 성도들은 '거룩함'에 대한 개념을 갖고 있어야 합니다. 즉, 무엇이 하나님께 대한 범죄이고 무엇이 범죄가 아닌지 분별할 수 있어야 합니다. 하나님께 영광이 되는 것과 그렇지 않은 것을 구분하는 법을 알아야 합니다.[58)]

기도에 힘쓰라(마 7 : 7–11) : 하나님 앞에서의 마음의 자세

7 구하라 그리하면 너희에게 주실 것이요 찾으라 그리하면 찾아낼 것이요 문을 두드리라 그리하
면 너희에게 열릴 것이니 8 구하는 이마다 받을 것이요 찾는 이는 찾아낼 것이요 두드리는 이에
게는 열릴 것이니라 9 너희 중에 누가 아들이 떡을 달라 하는데 돌을 주며 10 생선을 달라 하는데
뱀을 줄 사람이 있겠느냐 11 너희가 악한 자라도 좋은 것으로 자식에게 줄 줄 알거든 하물며 하
늘에 계신 너희 아버지께서 구하는 자에게 좋은 것으로 주시지 않겠느냐

구하라(아이테오)–요구하다.
찾으라(제테오)–애써 발견하다.

두드리라(크루오)–노크하다, 두드리다.

본문은 점점 더 적극적으로 하나님께로 다가가는 자세를 보여 줍니다. 기도하면 응답하시겠다는 말씀이 기도에 대한 하나님의 약속입니다. 기도한 문제에 대해서는 당연하게 응답받을 것을 기대해야 합니다. 구했어도 응답이 없을 때는 찾아나서야 합니다. 찾아도 얻지 못했을 때는 찾아가서 아버지의 집 문이라도 두드리며 왜 주신다고 약속하고서는 안 주십니까?하는 적극적인 마음으로 기도의 응답을 갈망하라는 말씀입니다. 조금 기도하다 응답이 없다고 실망하거나 포기하는 자세가 아닌 구하고 찾고 두드리는 마음으로 늘 주님 앞에 나아가 뵙고 응답받고 교통해야 한다는 말씀입니다.

황금률(마 7 : 12) : 받고 싶은 만큼 먼저 주라

그러므로 무엇이든지 남에게 대접을 받고자 하는 대로 너희도 남을 대접하라 이것이 율법이요 선지자니라

마태복음 7장 12절 말씀은 너무나 중요한 말씀이기에 황금률(Golden Rule)이라고 말합니다. "자기보다 하나님을 먼저 기쁘시게 하라, 자신의 필요보다도 먼저 타인의 필요를 살피라, 이것이 구약의 모든 가르침의 결론이다." 이런 교훈입니다. 육신의 필요는 물질로 섬기고(요일 3 : 17), 정신적 필요는 지식으로, 사랑으로 섬기고(잠 3 : 11–35), 영적인 필요는 복음을, 하나님을 주어야 합니다(행 16 : 31, 딤후 3 : 14–17). 하나님 나라의 통치 원리는 심고 거둠의 원리입니다. 무엇을 심든지, 그대로 거두게 됩니다.

좁은 문으로 들어가라(마 7 : 13–14)

13 좁은 문으로 들어가라 멸망으로 인도하는 문은 크고 그 길이 넓어 그리로 들어가는 자가 많고
14 생명으로 인도하는 문은 좁고 길이 협착하여 찾는 자가 적음이라

우리가 처음 시작할 때는 모두 은혜로 출발합니다. 하지만 복음이 우리 안에 들어와서 성숙하게 되면 이제는 내가 하나님을 섬기고 배려하는 응답을 드려야 합니다. 생명의 길, 성숙의 길은 가는 사람이 적고 길도 험하고 협착하여 찾는 이도 적습니다. 그러나 그 얻어지는 결과는 영원한 상급과 기업임을 알아야 합니다.

좁은 문을 선택한 사람들

- 아브라함 : 갈대아 우르, 하란 땅을 떠나 갈 바를 모르는 나그넷길 선택(창 12 : 1-3)
- 모세 : 애굽 궁궐의 영광을 버리고 동족을 위해 고난받는 길 선택(히 11 : 23-29)
- 에스더 : 민족을 위한 일사 각오 순교의 정신으로 나라를 건짐(에 4 : 15-17)
- 바울 : 세상 영광 버리고 복음 위해 고난을 자초함(빌 3 : 7-11)

넓은 문을 선택한 사람들

- 롯 : 죄악 많은 소돔 성을 선택하여 패가망신 당함(창 13-19장)
- 10명의 정탐꾼 : 부정적인 자신들의 생각을 선택, 백성을 선동하다 자신도 망하고 온 동족들을 망하게 하는 악의 뿌리가 됨(민 13-14장)
- 고라와 250명의 족장 : 분수를 모르고 하나님의 세우신 지도자를 대적하다 3중 심판을 받음(민 16장)
- 데마 : 세상을 사랑하다 배신과 타락의 길로 감(딤후 4 : 10)

신앙생활 안에도 멸망으로 가는 넓은 길이 있습니다. 쉽게 살고 감정대로 살다가 나도 망하고 남도 망하게 하는 저주의 길을 걷지 않도록 주의하십시다.

적용질문

1. '심은 대로 거둔다'는 원리에 근거하여 대접받고 싶은 마음이 있다면 내가 먼저 섬기라는 말씀을 황금률이라고 합니다(마 7 : 12). 요즈음 하나님의 다스리심을 의식하고 의도적으로 진리를, 하나님의 뜻을 심고 뿌리는 일, 사역이 있습니까?

2. 나의 삶에서 좁은 문과 넓은 문이란 무엇입니까? 좁은 문으로 들어가려고 애쓰는 일은 무엇입니까?

3. 좁은 문은 자기를 부인하고 내려놓을 때 들어갈 수 있습니다. 최근의 나의 내면에서 자기주장을 함으로 고통스러웠던, 혹은 손실을 입었던 부분은 없습니까? 있었다면 나누어 봅시다.

3) 교회를 위한 경계(마 7 : 15-23)

Q 가짜와 진짜, 거짓 선지자와 참 종을 어떻게 분별할 수 있다고 말씀합니까?

A 그들의 열매로 그들을 알 수 있다고 했습니다. 그들의 말이나 사역만으로가 아닌 말씀대로 행하는지, 우리 주님의 주권을 인정하고 순종하는지를 보아야 합니다.

거짓 선지자를 삼가라(마 7 : 15-20).

15 거짓 선지자들을 삼가라 양의 옷을 입고 너희에게 나아오나 속에는 노략질하는 이리라 16 그들
의 열매로 그들을 알지니 가시나무에서 포도를, 또는 엉겅퀴에서 무화과를 따겠느냐 17 이와 같
이 좋은 나무마다 아름다운 열매를 맺고 못된 나무가 나쁜 열매를 맺나니 18 좋은 나무가 나쁜 열
매를 맺을 수 없고 못된 나무가 아름다운 열매를 맺을 수 없느니라 19 아름다운 열매를 맺지 아니
하는 나무마다 찍혀 불에 던져지느니라 20 이러므로 그들의 열매로 그들을 알리라

나타나는 열매들로 그 나무의 진위를 분별할 수 있습니다.

- 살리는 일을 하는 사람인지, 말이나 행위로 죽이는 일을 일삼는 사람인지를 잘 살펴야 합니다(요 6 : 63).
- 거짓 선지자는 자기중심으로 가르치고 생활합니다(겔 34 : 1-16).
- 이론만 내세우고 자신은 행하지 않습니다(마 23 : 1-7).
- 성경 말씀을 한 방향으로만 보면서 치우쳐 억지 해석을 합니다(벧후 3 : 16).
- 주장하는 교훈이 말씀에 합당한가를 잘 분별해야 합니다(갈 1 : 9).

양의 모습을 한 거짓 선지자는 섬기고 살리는 사역은 관심이 없고 이용하고 죽이며 망하게 하는 사역을 합니다. 이들의 사역의 결과로 상처받고 무너진 영혼들이 많습니다.

주님이 심판하시는 원칙(마 7 : 21-23)

21 나더러 주여 주여 하는 자마다 다 천국에 들어갈 것이 아니요 다만 하늘에 계신 내 아버지의
뜻대로 행하는 자라야 들어가리라 22 그날에 많은 사람이 나더러 이르되 주여 주여 우리가 주의
이름으로 선지자 노릇하며 주의 이름으로 귀신을 쫓아내며 주의 이름으로 많은 권능을 행하지

아니하였나이까 하리니 23 그때에 내가 그들에게 밝히 말하되 내가 너희를 도무지 알지 못하니 불법을 행하는 자들아 내게서 떠나가라 하리라

하나님 나라는 하나님이 주인이신 나라입니다. 마음에서부터 생각, 언어, 행위, 모든 일의 동기가 주님의 지시, 주님의 뜻으로 출발해야 합니다. 주님께 주권을 드리지 않고 인간적인 종교적 야망과 탐욕으로도 선행은 얼마든지 가능하기 때문입니다. 형식적이고 위선적인 종교 행위를 하나님께서는 가증하게 여기시며 싫어하십니다(사 1 : 11-16).[59] 나의 삶을 끌어가는 힘은 말씀입니까, 여론입니까, 나의 감정의 호불호입니까?

적용질문

1. 주님께서는 열매로 그 사람을 알 수 있다고 하셨습니다. 나는 어떤 열매를 맺고 살아갑니까? 맺었던 열매 가운데 가장 자랑스럽고 가치 있다고 생각되는 삶의 열매, 사역의 열매는 무엇입니까?

2. 주의 이름으로 권능을 행한다 하여도 주의 뜻을 따르지 않은 자들을 '불법을 행한 자'라고 하셨습니다. 나는 늘 주의 음성에 귀를 기울이고 삽니까? 혹시 나의 삶에 '불법'은 없습니까?

3. 모든 씨는 마음에서 출발하여 감정, 생각, 행동, 습관, 인격으로 발전합니다. 가장 최근에 느꼈던 부정적인 감정이 무엇입니까? 그것을 구속사적으로 해결한 경험을 나누어 봅시다.

3. 산상수훈의 결론-말씀 위에 집을 짓는 자 : 하나님의 원칙으로 사는 자(마 7 : 24-29)

Q 든든한 반석 위에 세운 인생의 집은 어떤 집이라고 말씀합니까?

A 예수를 하나님의 아들, 그리스도라고 믿는 신앙고백 위에 세워진 집입니다(마 16 : 16-18).
지극히 거룩한 믿음의 터 위에 세워진 집입니다(유 1 : 20).
말씀이 나의 삶의 철학, 원칙, 스피릿인 삶의 모습입니다(마 7 : 24).

주님의 말씀이 아닌 자신의 야망이나 종교적인 열심으로 행한 일들은 반드시 시험의 때에 넘어집니다. 하나님 앞에서 드리는 예배 생활에 나는 얼마의 정성과 최선을 드리고 있습니까? 나의 인생의 건축이 반석 위에 짓는 지혜로운 건축임을 말로 증명해 보십시오.

적용질문

1. 자신의 경험의 터 위에 집을 짓는 자, 세상의 흐름을 따라 인생을 살아가는 자들이 많습니다. 나는 모든 인생의 기초가 말씀, 하나님의 법이어야 한다는 사실을 인정합니까? 나의 인생의 튼실한 터를 건축하기 위하여 나는 얼마나 많은 시간, 건강, 물질을 말씀 공부와 훈련에 투자하고 있습니까? 자신의 훈련과 성숙을 나누어 봅시다.

2. 말씀은 원리요, 생각입니다. 실천하지 않으면 의미가 없습니다. 말씀을 공부할 때 깨달은 내용, 성령께서 기도 중에 주시는 감동, 환경을 통해서 깨닫게 하시는 내용 등, 하나님의 뜻이 전달되어 올 때 나는 어떤 방식으로 응답하고 순종합니까?

3. 최근에 말씀공부를 통해 변화된 나의 생각, 가치관이 있다면 나누어 봅시다.

그 사람들이 놀랍게 여겨 이르되

이이가 어떠한 사람이기에

바람과 바다도 순종하는가 하더라

제5강

왕이 그 권세를 드러내심

마태복음 8-10장

5

왕이 그 권세를 드러내심

8-10장

왕은 이 땅에 새 왕국을 세우기 위하여 왕의 혈통으로 오셨습니다(마 1장-2장).

왕의 길을 예비하는 사자의 영접을 받습니다(마 3장).

아담 이후로 이 세상 임금 노릇을 하면서 왕권을 잡고 있던 사탄과 일전을 하여 기록된 하나님의 말씀으로 승리하십니다(마 4장).

새 나라를 위한 새 질서, 새 헌법을 말씀하십니다(마 5장-7장).

왕으로서의 권세와 능력을 만천하에 시위하십니다(마 8장-9장).

왕국을 계승할 후계자들을 뽑아 제자로 훈련시키십니다(마 10장).

1. 예수님의 사역 속에 나타난 왕의 권세(마 8-9장)

예수님은 앞서 말씀을 통해 메시야이심이 증거되셨는데, 이제는 이적을 통해 행함의 메시야로 나타납니다. 예수 그리스도는 자신을 믿고 따라가는 공동체에게 믿음과 행함이 일치할 것을 요구하며 배운 말씀대로 지킬 것을 요구하십니다.[60]

1) 백성의 육신적 필요를 채우심(마 8 : 1-17)

Q 예수께서 백성들의 육신적 필요를 채우신 사건에는 어떤 것들이 있습니까?(마 8 : 1-17) 이러한 표적들은 하나님의 어떤 약속에 근거하여 나타나고 있습니까?

A 나병 환자, 백부장의 하인 중풍병자, 베드로 장모의 열병을 고쳐 주셨습니다. 예수님은 이사야 53장 4절의 "우리 연약한 것을 친히 담당하시고 병을 짊어지셨다." 함을 이루셨습니다.

병 고침을 주시는 왕의 긍휼

나병은 하나님과 사람에게 버림받은 저주의 질병이었습니다. 주님은 나병 환자 본인의 요청을 따라 "깨끗함을 받으라" 말씀하시고 영육을 깨끗하게 하여 주셨습니다. 가버나움의 백부장은 하인의 질병을 자신의 질병처럼 긍휼히 여겼으며, 주께서 내 집에 오심을 감당하지 못하겠다는 겸손을 표현함으로 주님께 칭찬을 받습니다. 이는 상전의 믿음을 통하여 그곳에 오지 않은 하인까지도 고쳐 주신 경우입니다. 베드로의 장모의 경우는 이웃이나, 당사자가 아닌 예수님 자신의 긍휼로 고쳐 주신 사례입니다.

병 고침을 가져온 믿음의 사례들

① 나병 환자, 혈루증 환자, 두 맹인의 치유-환자 자신의 믿음
② 백부장 종의 치유-상전의 믿음
③ 중풍병자의 치유-4명의 친구 믿음
④ 야이로의 딸의 치유-아버지의 믿음
⑤ 귀신들려 벙어리 된 자의 치유-주변 사람들의 믿음
⑥ 귀신들린 자의 치유-본인의 믿음과는 관계없는 주님의 긍휼
⑦ 베드로 장모의 치유-주님께서 직접

예수님이 자신을 구원하실 수 있다는 사실을 믿고 주님 앞에 나오는 자세가 중요합니다. 자기에게는 아무런 권리가 없으며 모든 것이 주님의 주권적인 뜻에 달려 있음을 깨닫고 주님의 도우심을 요청해야 합니다.[61] 구원은 믿음과 더불어 주어지며, 믿지 않는 자는 어떠한 선행이 있다 하더라도 구원함을 받지 못합니다. 그러나 믿음은 구원을 베푸는 능력이 아니라 구원함을 받는 도구입니다. 예수님의 이적은 죽은 자를 살릴 뿐만 아니라 절망을 희망으로 바꾸었습니다. 하나님은 생명의 근원으로서 모든 생명은 하나님으로부터 온 것이며 하나님 없이는 생명이 존재할 수 없습니다.[62]

적용질문

1. 나는 예수님을 주와 그리스도로 고백합니까?(행 2 : 36) 나는 모든 문제가 발생할 때마다 온전히 하나님을 의지하고 주께서 이 사건의 주관자이심을 믿고 신뢰합니까? 영적인 문제만이 아닌 육신적인 필요를 느낄 때에도 주님을 나의 공급자로 인정하고 엎드려 기도합니까?

2. 하나님은 40년 동안 광야에서 이스라엘의 의식주의 문제를 전적으로 책임져 주셨습니다. 나의 지난 삶을 되돌아볼 때 경제적 위기를 만났을 때도 그런 신뢰가 있었습니까? 경험이 있다면 나누어 봅시다.

3. 나는 왕으로서, 제사장으로서 가정과 이웃을 살리고 먹이는 일을 당연한 사명으로 생각합니까? 지금 섬기는 일 중 가장 보람 있게 생각되는 일은 무엇입니까?

2) 제자도의 결단을 요구하심(마 8 : 18-22)

18 예수께서 무리가 자기를 에워싸는 것을 보시고 건너편으로 가기를 명하시니라 19 한 서기관이
나아와 예수께 아뢰되 선생님이여 어디로 가시든지 저는 따르리이다 20 예수께서 이르시되 여우
도 굴이 있고 공중의 새도 거처가 있으되 인자는 머리 둘 곳이 없다 하시더라 21 제자 중에 또 한
사람이 이르되 주여 내가 먼저 가서 내 아버지를 장사하게 허락하옵소서 22 예수께서 이르시되
죽은 자들이 그들의 죽은 자들을 장사하게 하고 너는 나를 따르라 하시니라

Q 제자가 되겠다고 자원하는 한 서기관에게는 "여우도 굴이 있고 공중의 새도 거처가 있으되 인자는 머리 둘 곳이 없다"고 말씀하셨고, "내가 먼저 가서 내 아버지를 장사하게 허락하옵소서"라고 요청하는 제자에게는 "죽은 자들이 그들의 죽은 자들을 장사하게 하고 너는 나를 따르라"고 말씀하신 이유가 무엇이라고 생각하십니까?

A 주님의 뒤를 따르면 무언가 안락한 삶과 보상이 있을 것을 기대하는 마음에 대하여 제자의 삶이란 그런 기대를 가질 수 없는 곤궁한 삶이요, 힘든 훈련이라는 사실을 말씀하셨습니다.
부친의 장사를 먼저 지내고 제자로 헌신하겠다는 제자에게는 땅 위의 어떤 일도 그리스도를 따르는 것보다 중요한 일이 없음을 강조하셨습니다. 제자가 되는 일을 뒤로 미루기 위하여 핑계 거리를 찾는 제자에게 죽음의 일보다 생명의 일이 더 먼저임을 생각하고 우선순위를 정하라고 엄중하게 말씀하신 내용입니다.

제자 됨의 단계

1단계 – 좇는 단계(마 8 : 10, 19–20)
아콜루데오(ακολουθεο) – 따르다, 동의하다, 동반하다 : 단순한 추종함의 의미

2단계 – 배우는 단계(마 10 : 1)
마데태스(μαθητηες) – 배우는 자, 생도, 제자 : 자신들의 마음을 어느 것에 집중하여 쏟는 자들을 가리킴. 훈련의 시작

28수고하고 무거운 짐 진 자들아 다 내게로 오라 내가 너희를 쉬게 하리라 29나는 마음이 온유하
고 겸손하니 나의 멍에를 메고 내게 배우라 그리하면 너희 마음이 쉼을 얻으리니 30이는 내 멍에
는 쉽고 내 짐은 가벼움이라 하시니라(마 11 : 28–30)

3단계 – 가르치는 단계(마 28 : 19)
마데튜오(μαθητευω) – 제자가 되다, 제자로 만들다 : 재생산의 단계
창세기의 족장 4세대(아브라함, 이삭, 야곱, 요셉)
성언운반일념(聖言運般一念)을 이루기 위한 복음 4세대

또 네가 많은 증인 앞에서 내게 들은 바를 충성된 사람들에게 부탁하라 그들이 또 다른 사람들을 가르칠 수 있으리라(딤후 2 : 2)

신앙은 이 세상의 명예와 부를 약속하지 않습니다. 신앙은 주님을 따르는 자들에게 무덤 저 편에 있는 최고의 상급을 바라볼 것을 요구합니다. 우리는 신앙 그 자체를 위하여 모든 것을 희생해야 하며 가난하거나 고통을 당할 때도 주님을 사랑하며 복음의 평강과 성결을 위하여 세상의 모든 유혹을 기꺼이 버려야 합니다. 하나님께서 명하실 때 따라가며 안전이나 안일을 생각하며 주저하면 안 됩니다. 다른 사람들이 어떻게 생각하고, 평가하는가는 중요하지 않습니다. 기도 가운데 하나님의 뜻을 확신한 후 조롱과 멸시에도 불구하고 그것을 이루어 나가야 합니다.[63]

적용질문

1. 나의 삶은 주께 헌신되어 있습니까? 내 삶을 하나님께 온전히 드리기로 결단한 계기는 무엇이었습니까? 스스로 하나님에 대한 나의 헌신도를 평가한다면 몇 점이나 줄 수 있겠습니까?

2. 나는 제자됨의 단계에서 어디에 있다고 생각하십니까?(좇는 단계, 배우는 단계, 가르치는 단계) 그리고 구속사가 계속 흘러가도록 재생산을 위한 기도를 드리고 있습니까?(재생산－내가 섬겼던 사람이 다시 다른 사람을 양육하는 상황을 말합니다. 나의 사역을 '생산'이라고 한다면, 나를 통한 또 다른 누군가의 사역을 '재생산'이라고 표현합니다.)

3. 지금 구속사와 하나님 나라를 세워가기 위해 내가 기도하며 가장 집중하는 영역은 무엇입니까?(말씀 사역, 기도 사역, 치유 사역, 가족 구원, 일대일 양육, 전도, 훈련 등)

3) 자연(마 8 : 23－27)과 영적 세계(마 8 : 28－34)를 통치하심

Q 메시야는 자연과 영적 세계까지도 다스리시는 분이심을 무엇으로 알 수 있습니까?

A 바람과 바다를 잔잔하게 하심(마 8 : 23－27), 가다라 지방의 귀신들린 두 사람을 고치심(마 8 : 28－34), 중풍병자를 고치시며 죄를 용서하심(마 9 : 1－8)

자연을 다스리심(마 8 : 23－27)

23 배에 오르시매 제자들이 따랐더니 24 바다에 큰 놀이 일어나 배가 물결에 덮이게 되었으되 예
수께서는 주무시는지라 25 그 제자들이 나아와 깨우며 이르되 주여 구원하소서 우리가 죽겠나이
다 26 예수께서 이르시되 어찌하여 무서워하느냐 믿음이 작은 자들아 하시고 곧 일어나사 바람
과 바다를 꾸짖으시니 아주 잔잔하게 되거늘 27 그 사람들이 놀랍게 여겨 이르되 이이가 어떠한
사람이기에 바람과 바다도 순종하는가 하더라

바람과 바다를 순종하게 하신 이 기적은 예수님이 모든 자연을 통제하는 능력을 가지신 신적 존재, 곧 하나님의 아들이심을 증거하고 있습니다. 예수님은 온 우주, 자연계의 왕이십니다.

영적 세계를 통치하심(마 8 : 28－34)

28 또 예수께서 건너편 가다라 지방에 가시매 귀신 들린 자 둘이 무덤 사이에서 나와 예수를 만나
니 그들은 몹시 사나워 아무도 그 길로 지나갈 수 없을 지경이더라 29 이에 그들이 소리 질러 이
르되 하나님의 아들이여 우리가 당신과 무슨 상관이 있나이까 때가 이르기 전에 우리를 괴롭게
하려고 여기 오셨나이까 하더니 30 마침 멀리서 많은 돼지 떼가 먹고 있는지라 31 귀신들이 예수
께 간구하여 이르되 만일 우리를 쫓아내시려면 돼지 떼에 들여보내 주소서 하니 32 그들에게 가
라 하시니 귀신들이 나와서 돼지에게로 들어가는지라 온 떼가 비탈로 내리달아 바다에 들어가
서 물에서 몰사하거늘 33 치던 자들이 달아나 시내에 들어가 이 모든 일과 귀신 들린 자의 일을
고하니 34 온 시내가 예수를 만나려고 나가서 보고 그 지방에서 떠나시기를 간구하더라

예수님은 가다라 지방에 군대 귀신이 들려서 그 상황이 너무도 비참하게 된 두 사람에게 가셔서 귀신을 쫓아 주시고 자유인으로 회복시켜 주셨습니다. 이 사건을 통하여 우리 주님은 영적 세계의 왕이시오, 통치자이심을 증명해 주십니다. 귀신도 예수님을 알아보는데, 정작 하나님의 형상으로 만들어진 사람은 예수님을 알아보지 못합니다. 귀신은 "때가 이르기 전에 왜 나를 괴롭히러 오셨느냐?"며 예수님의 구속의 때를 알고 있습니다.[64] 내 안에 내 고집과 아집으로 그냥 나를 혼자 두라고 외치는 외침은 없습니까? 내 주변에 나를 괴롭히지 말라며 복음을 거부하는 사람은 없습니까?

죄를 사하시고, 죄인들의 친구가 되시며, 잔치를 위해 오심(마 9 : 1－8)

1 예수께서 배에 오르사 건너가 본 동네에 이르시니 2 침상에 누운 중풍병자를 사람들이 데리고
오거늘 예수께서 그들의 믿음을 보시고 중풍병자에게 이르시되 작은 자야 안심하라 네 죄사함
을 받았느니라 3 어떤 서기관들이 속으로 이르되 이 사람이 신성을 모독하도다 4 예수께서 그 생
각을 아시고 이르시되 너희가 어찌하여 마음에 악한 생각을 하느냐 5 네 죄 사함을 받았느니라
하는 말과 일어나 걸어가라 하는 말 중에 어느 것이 쉽겠느냐 6 그러나 인자가 세상에서 죄를 사
하는 권능이 있는 줄을 너희로 알게 하려 하노라 하시고 중풍병자에게 말씀하시되 일어나 네 침
상을 가지고 집으로 가라 하시니 7 그가 일어나 집으로 돌아가거늘 8 무리가 보고 두려워하며 이
런 권능을 사람에게 주신 하나님께 영광을 돌리니라

중풍병을 고치는 기적을 통해서 자신에게 죄를 사하는 권세가 있음을 보여 주셨습니다. 예수님은 우리의 구원을 위한 속죄 제물이실 뿐만 아니라, 제사장이시며, 사죄를 선포하시는 구원자이심을 보여 주셨습니다. 예수님은 육신의 병보다 영혼의 병을 먼저 보셨으므로 영혼의 병을 먼저 치유하셨습니다. 예수님의 제자가 되기 위한 중요한 덕목은 예수님의 메시야 되심과 그분에게만 우리 인생의 주권이 있음을 인정하고 신뢰하고 순종하며 따르는 자세입니다. 우리 주님은 육신의 세계, 자연계, 영적인 세계에서도, 또 인간 내면의 죄성과 그 죄로 인한 심판에서도 우리를 자유하게 하시고 통치하시는 주인이심을 인정하는 신앙이 필요합니다.

그런즉 이스라엘 온 집은 확실히 알지니 너희가 십자가에 못 박은 이 예수를 하나님이 주와 그리스도가 되게 하셨느니라 하니라(행 2 : 36)

30 너희가 나무에 달아 죽인 예수를 우리 조상의 하나님이 살리시고 31 이스라엘에게 회개함과 죄
사함을 주시려고 그를 오른손으로 높이사 임금과 구주로 삼으셨느니라(행 5 : 30－31)

적용질문

1. 예수님은 이 땅을 통치하기 위해 새 왕으로 오셨습니다. 우리 주님의 통치 영역은 전 우주적이며, 전인격적입니다. 나는 주님을 만왕의 왕, 만주의 주로 고백하고 종으로서의 합당한 순종을 드리고 있습니까?

2. 나의 어느 영역을 주님이 도와주시기를 기도하고 있습니까? 하나님을 통해 나의 내면이나 육체적인 질병 또는 관계가 치유되고 회복된 경험이 있습니까?

3. 내 삶이 철저히 하나님의 다스리심 아래에 있음을 인정하십니까? 그 믿음에 합당한 경배와 찬양, 예배, 헌신을 드리고 있습니까?

2. 왕의 사자들의 훈련 1(마 10장)

1) 열두 제자 선택, 훈련, 파송(마 9 : 35-10 : 15)

35 예수께서 모든 도시와 마을에 두루 다니사 그들의 회당에서 가르치시며 천국 복음을 전파하
시며 모든 병과 모든 약한 것을 고치시니라 36 무리를 보시고 불쌍히 여기시니 이는 그들이 목
자 없는 양과 같이 고생하며 기진함이라 37 이에 제자들에게 이르시되 추수할 것은 많되 일꾼이
적으니 38 그러므로 추수하는 주인에게 청하여 추수할 일꾼들을 보내 주소서 하라 하시니라 1
예수께서 그의 열두 제자를 부르사 더러운 귀신을 쫓아내며 모든 병과 모든 약한 것을 고치는
권능을 주시니라 2 열두 사도의 이름은 이러하니 베드로라 하는 시몬을 비롯하여 그의 형제 안
드레와 세베대의 아들 야고보와 그의 형제 요한, 3 빌립과 바돌로매, 도마와 세리 마태, 알패오
의 아들 야고보와 다대오, 4 가나나인 시몬 및 가룟 유다 곧 예수를 판 자라(마 9 : 35-10 : 4)

Q 예수께서 '추수할 일꾼들을 보내 주소서' 기도하라고 말씀하신 이유가 무엇이겠습니까?(마 9 : 35)

A 제자, 곧 왕국을 책임질 왕의 대행자를 세우는 일을 위해 기도하라는 말씀입니다. 우리 주님이 죄인들을 위하여 자신의 몸을 버리신 것처럼 신앙인에게 있어서 가장 중요한 덕목은 헌신입니다.

바리새인들은 백성들을 희생시켜 가면서 그들 자신의 이익과 이권만을 구하였습니다. 그러나 예수님을 따르는 자들은 하나님의 나라를 위하여 그 백성들을 구원하는 데 힘을 썼습니다. 추수할 곡식은 많지만 언제나 추수할 일꾼이 부족합니다(마 9 : 37-38). 주님은 하나님께 일꾼을 보내달라고 기도하라(마 9 : 38)고 당부하십니다. 추수는 하나님의 주관 아래 있고 아무나 추수에 참여할 수 없으며 오직 주님이 불러 보내신 자들만이 참여할 수 있습니다.[65]

주님께서 주신 권세로 주님의 일, 곧 천국을 전파하며 병든 자를 고치고, 귀신을 쫓아내는 일을 아무런 보상이나 대가를 바라지 않으면서 계속할 수 있어야 합니다. 인간이 살아가는데 가장 필수적인 요소인 먹을 것과 머무를 곳조차 염려하지 않으면서 하나님을 전적으로 믿고 의지하며 주님을 따라갈 수 있는가 스스로에게 물어 보십시오.[66]

'제자도'로의 헌신

[26] 이에 모세가 진 문에 서서 이르되 누구든지 여호와의 편에 있는 자는 내게로 나아오라 하매 레
위 자손이 다 모여 그에게로 가는지라 [27] 모세가 그들에게 이르되 이스라엘의 하나님 여호와께
서 이렇게 말씀하시기를 너희는 각각 허리에 칼을 차고 진 이 문에서 저 문까지 왕래하며 각 사
람이 그 형제를, 각 사람이 자기의 친구를, 각 사람이 자기의 이웃을 죽이라 하셨느니라 [28] 레위
자손이 모세의 말대로 행하매 이날에 백성 중에 삼천 명 가량이 죽임을 당하니라 [29] 모세가 이르
되 각 사람이 자기의 아들과 자기의 형제를 쳤으니 오늘 여호와께 헌신하게 되었느니라 그가 오
늘 너희에게 복을 내리시리라(출 32 : 26-29)
[27] 이에 베드로가 대답하여 이르되 보소서 우리가 모든 것을 버리고 주를 따랐사온대 그런즉 우
리가 무엇을 얻으리이까 [28] 예수께서 이르시되 내가 진실로 너희에게 이르노니 세상이 새롭게
되어 인자가 자기 영광의 보좌에 앉을 때에 나를 따르는 너희도 열두 보좌에 앉아 이스라엘 열
두 지파를 심판하리라 [29] 또 내 이름을 위하여 집이나 형제나 자매나 부모나 자식이나 전토를 버
린 자마다 여러 배를 받고 또 영생을 상속하리라(마 19 : 27-29)

헌신함으로 자신의 죄 값으로 받은 저주에서 풀려나 제사장 지파로 쓰임받았던 자들이 레위 지파입니다. 타락한 시대에 하나님이 가장 기뻐하시는 일은 우리가 주님을 위하여 제자로 헌신하는 일입니다. 우리의 지난 죄악과 심판, 운명을 바꾸는 전환이 될 것입니다.

그리스도의 삼중직(마 9 : 35)

예수께서 모든 도시와 마을에 두루 다니사 그들의 회당에서 가르치시며 천국 복음을 전파하시며 모든 병과 모든 약한 것을 고치시니라

예수님의 제자훈련 중 세 가지 수업은 가르침(Teaching), 전파(Preaching), 치유(Healing)입니다. 우리 주님이 이 땅에 오셔서 하나님 나라 건설을 위하여 하셨던 사역이고, 왕의 대행자들인 우리가 해야 할 일입니다. 주님의 3대 사역 중 가르침, 복음 전파, 치유 사역 중 나는 어떤 훈련을 받고 있습니까?

복음 전파의 최우선 순위(마 10 : 5-6)

[5] 예수께서 이 열둘을 내보내시며 명하여 이르시되 이방인의 길로도 가지 말고 사마리아인의 고
을에도 들어가지 말고 [6] 오히려 이스라엘 집의 잃어버린 양에게로 가라

이방인이나 사마리아인이 아니라 이스라엘의 잃어버린 양, 즉 동족에게 가라고 하셨습니다. 복음 전파의 최우선 순위는 가까운 사람, 곧 가족입니다. 이러한 관점에서 볼 때 예수님의 복음전파는 전략적이고 효율적이었습니다. 인생에서 복음전파의 사명을 감당하고자 한다면 합당한 진로와 배우자를 선택하는 일이 매우 중요합니다. 나의 복음전파 전략을 분석하여 보십시오. 가능하다면 현재 전도 대상자에 대한 전략을 SWOT 분석을 활용하여 보십시오.

SWOT 분석[SWOT analysis]

SWOT 분석이란 기업이나 나의 가정, 사역 현장의 환경 등을 분석하여 강점(strength)과 약점(weakness), 기회(opportunity)와 위협(threat) 요인을 규정하고 이를 토대로 성장, 발전 전략을 수립하는 기법입니다.

적용질문

1. 나의 신앙생활은 복 받고, 천당에 가기 위한 것입니까? 아니면 하나님 나라를 세우기 위한 제자로서 훈련 중심의 신앙생활입니까?

2. 예수님은 이 땅에서 가르치고, 전파하고, 고치시는 삼중직의 사역을 감당하셨습니다. 나는 이 삼중직의 역할들을 조화롭게 잘 감당할 수 있습니까? 부족하여 더 준비해야 할 영역은 무엇입니까?

3. 지금 기도하고 있는 전도 대상자 VIP는 누구입니까? 또 지금 양육하고 있는 일대일 양에 대하여 소개해 보십시오.

2) 우리가 전해야 할 복음의 내용－ 하나님 나라(마 10 : 7, 막 1 : 14－15, 눅 9 : 1－2, 10 : 9)

가면서 전파하여 말하되 천국이 가까이 왔다 하고(마 10 : 7)
14 요한이 잡힌 후 예수께서 갈릴리에 오셔서 하나님의 복음을 전파하여 15 이르시되 때가 찼고
하나님의 나라가 가까이 왔으니 회개하고 복음을 믿으라 하시더라(막 1 : 14－15)
1 예수께서 열두 제자를 불러 모으사 모든 귀신을 제어하며 병을 고치는 능력과 권위를 주시고
2 하나님의 나라를 전파하며 앓는 자를 고치게 하려고 내보내시며(눅 9 : 1－2)
거기 있는 병자들을 고치고 또 말하기를 하나님의 나라가 너희에게 가까이 왔다 하라(눅 10 : 9)

Q 제자들에게 전파하라고 위임하셨던 복음의 내용이 무엇입니까?

A '하나님 나라(천국)'입니다.

'천국이 가까이 왔다 하고'(마 4 : 17, 막 6 : 12)-하나님 나라의 복음을 전파해야 합니다. 하나님의 통치를 받아들여 죽음 이후만이 아니라 현재, 여기에서 내 삶 속에 천국을 사는 매일의 누림이 있어야 합니다. 예수께서 부활하신 후 40일 동안 승천하지 않으시고 이 땅에 머무르셨던 이유도 하나님 나라 교육 때문이었습니다.

그가 고난받으신 후에 또한 그들에게 확실한 많은 증거로 친히 살아 계심을 나타내사 사십 일 동안 그들에게 보이시며 하나님 나라의 일을 말씀하시니라(행 1 : 3)

'하나님 나라의 일'은 예수 그리스도의 생애와 직접적인 연관을 맺고 있습니다. 따라서 예수께서는 부활 후 40일 동안 제자들에게 당신의 공생애 동안 일어났던 사건들의 의미를 설명해 주셨으리라 짐작됩니다(눅 24 : 45-47). 한편 '하나님 나라'(헤 바실레이아 투 데우)는 예수께서 가르치신 중심 주제일 뿐 아니라 신구약 성경의 주제이기도 합니다.

신구약에 나타난 하나님 나라

① 하나님 나라는 구약의 선지자들을 통하여 예언되었습니다(사 9 : 1-7, 11 : 6-8, 29 : 17-24, 35 : 5-10, 단 2 : 44 등).

② 하나님 나라는 예수께서 오심으로 이미 시작되었습니다(마 12 : 28, 눅 17 : 20-21 등). 그러나 하나님 나라는 아직 절정에 이르지 아니하였습니다.

③ 하나님 나라는 예수님의 재림 때에 절정에 이르러 완성을 보게 될 것입니다(마 25 : 34, 요 18 : 36).

④ 하나님 나라는 하나님이 왕으로 다스리시는 나라입니다(시 103 : 19). 하나님 나라에서 '나라'는 영역(realm)을 가리키기도 하나, 일차적으로는 통치, 주권, 왕권과 관련된 말입니다. 그러므로 하나님이 왕으로서 주권을 행하시는 나라가 하나님 나라입니다.[67]

이사야 35장 5~10절의 실현을 지금, 여기에서 경험하고 누리는 것이 하나님 나라의 복음, 희년의 복음입니다.

5 그때에 맹인의 눈이 밝을 것이며 못 듣는 사람의 귀가 열릴 것이며 6 그때에 저는 자는 사슴같
이 뛸 것이며 말 못하는 자의 혀는 노래하리니 이는 광야에서 물이 솟겠고 사막에서 시내가 흐
를 것임이라 7 뜨거운 사막이 변하여 못이 될 것이며 메마른 땅이 변하여 원천이 될 것이며 승냥
이의 눕던 곳에 풀과 갈대와 부들이 날 것이며 8 거기에 대로가 있어 그 길을 거룩한 길이니라 일
컫는바 되리니 깨끗지 못한 자는 지나가지 못하겠고 오직 구속함을 입은 자들을 위하여 있게 될
것이라 우매한 행인은 그 길로 다니지 못할 것이며 9 거기에는 사자가 없고 사나운 짐승이 그리
로 올라가지 아니하므로 그것을 만나지 못하겠고 오직 구속함을 받은 자만 그리로 행할 것이며
10 여호와의 속량함을 받은 자들이 돌아오되 노래하며 시온에 이르러 그들의 머리 위에 영영한
희락을 띠고 기쁨과 즐거움을 얻으리니 슬픔과 탄식이 사라지리로다(사 35 : 5-10)

복음은 타락 이후 잃어버렸던 우리의 자유와 권리를 되찾는 작업입니다. 내가 잃어버린 것은 무엇이며, 더 찾아야 할 것은 무엇입니까? 사람들에게 필요한 진정한 복된 소식은 무엇일까요?

적용질문

1. 내가 경험한 하나님 나라의 복음을 설명해 보십시오. 나는 하나님을 나의 왕으로 모시고 나서 어떤 변화를 경험했습니까?

2. 복음은 먼 훗날에 이루어질 약속이 아닌 지금, 여기에서(here & now)부터 경험해야 할 약속된 말씀입니다. 이는 환경의 변화에서 오지 않고 먼저 주님께 주권을 드림에서부터 옵니다. 매일 "보시기에 좋았더라" 고백하면서 삽니까?

3. 지금 내 삶의 모든 영역에서 하나님이 요구하시는 하나님 나라 질서는 무엇입니까? 이 질서를 따르기 위해 내가 가장 먼저 버려야 할 광야 요소는 무엇입니까?

3) 복음전파 시의 선교비 조달 원칙

Q 선교비는 지원을 받아야 합니까? 자급자족해야 합니까?

A 하나님이 공급자입니다. 하나님을 신뢰하고 그 인도하심을 따라 사는 자세가 중요합니다.

선교비 조달 원칙

① 거저 받았으니 거저 주어라 : 돈벌이로 생각하지 말라(마 10 : 7−8).

7 가면서 전파하여 말하되 천국이 가까이 왔다 하고 8 병든 자를 고치며 죽은 자를 살리며 나병
환자를 깨끗하게 하며 귀신을 쫓아내되 너희가 거저 받았으니 거저 주라

복음전도를 위한 권능을 사욕을 채우는 데 쓰지 말아야 합니다(이상근 주석).

천국에 대한 소식, 예수께서 주신 권능, 현재 받고 있는 선교의 사명 등이 값없이 주어졌음을 깨닫고 값없이 전달해야 합니다.[68]

② 지원을 받으면서 일하라 : 전대나 두 벌 옷을 갖지 말라. 일꾼이 자기 먹을 것을 받는 것은 마땅하다(마 10 : 9−10).

9 너희 전대에 금이나 은이나 동을 가지지 말고 10 여행을 위하여 배낭이나 두 벌 옷이나 신이나
지팡이를 가지지 말라 이는 일꾼이 자기의 먹을 것 받는 것이 마땅함이라

일꾼이 음식이나 의복을 받을 만하다고 한다면 그것은 그들이 섬기는 이들로부터 받을 것이고 그런 만큼 그들은 그들에게 그것을 제공해 주는 이들처럼 가난해야 합니다.[69] 기적을 행하는 능력을 팔거나 필요한 것들과 바꾸어서는 안 되며 다만 복음을 전파하는 데 있어서 하나의 선물로서, 그것들을 통해 필요한 것들은 공급받기를 기대할 수 있습니다.[70] 제자는 먹을 것과 마찬가지로 머무를 곳에 대하여도 염려할 필요가 없습니다. 복음을 받아들이는 자를 찾아 유숙할 곳을 요청할 수 있습니다. 복음전파가 기본적인 주거지보다 더 우선적인 관심사여야 합니다.[71]

③ 전도에 필요한 모든 경비를 하나님이 책임지신다(눅 22 : 35−38).

35 그들에게 이르시되 내가 너희를 전대와 배낭과 신발도 없이 보내었을 때에 부족한 것이 있더
냐 이르되 없었나이다 36 이르시되 이제는 전대 있는 자는 가질 것이요 배낭도 그리하고 검 없는
자는 겉옷을 팔아 살지어다 37 내가 너희에게 말하노니 기록된 바 그는 불법자의 동류로 여김을
받았다 한 말이 내게 이루어져야 하리니 내게 관한 일이 이루어져 감이니라 38 그들이 여짜오되
주여 보소서 여기 검 둘이 있나이다 대답하시되 족하다 하시니라

보내시는 이가 하나님이시라면 하나님이 당연히 그 보냄받는 자를 위해 필요한 것을 준비해 주실 것입니다. 하나님을 믿는다면 하나님이 부족함 없이 주시리라는 것 또한 믿어야 하지 않겠습니까? 결국 이 명령은 물질적 욕구의 절제를 명한 것인 동시에 당신에게 절대적이고도 풍성한 후원을 약속하신 내용임에 틀림없습니다.[72]

사역비 운용의 원칙 – 성경적 근거들

- 아론식 : 백성이 제사하러 오면서 드린 제물로 살아감
- 엘리야식 : 하나님이 자연, 초자연적 방법을 통하여 그의 필요를 채우심
- 바울식 : 상황에 따라 교회가, 교인들의 선교비 지원을 통하여 사역하는 경우도 있고, 본인이 천막지기로 일하면서 자비량(自費糧) 선교를 했던 경우도 있음.

AD. 100 – 120년경에 기록된 '12사도 교훈'(Didache)

'여러분에게 온 주의 사도는 주님처럼 환영해야 합니다. 그리고 사도가 떠나고자 할 때 여러분은 그가 다음 거처에 이를 때까지 필요한 양식을 준비해야 합니다. 그러나 그가 만약 돈을 요구하면 그 자신이 스스로 거짓 사도임을 드러내는 꼴이 될 것입니다'라고 기록하고 있습니다. 정녕 복음전파와 하나님의 사역에 있어서 물질적인 요소들이 결코 사역자들의 일을 방해할 수 없으며 두 벌 옷이나 전대가 없다고 하더라도 하나님의 인도하심에 따라 사역자들이 아무런 어려움이나 불편을 겪지 않는다는 사실을 배워야 합니다. 실로 하나님은 당신의 모든 일꾼들에게 그 일에 합당한 열매를 허락하십니다(고전 9 : 14, 갈 6 : 6, 딤전 5 : 17–18). 그러므로 주의 복음을 위해 헌신한 선한 일꾼들은 아무런 거리낌 없이 그 일한 대가를 얻을 수 있습니다(Clement of Rome).[73]

적용질문

1. 나의 삶의 터전이 애굽이라면 바로가 공급자입니다. 내 삶이 광야 훈련의 단계라면 하나님께서 전적으로 의식주를 책임져 주십니다. 만약 가나안이라면 도우시는 하나님의 은혜와 공급으로 수고의 소산을 먹게 해 주십니다. 내 삶은 지금 어느 단계의 공급을 받고 있습니까?

2. 아론식, 엘리야식, 바울식의 선교비 운용의 원칙들 중 나는 어느 성향을 선호합니까?

3. 사역하던 중 경험했던 하나님의 도우심과 공급을 간증해 보십시오.

3. 왕의 사자들의 훈련 2(마 10장)

1) 하나님이 예비하신 자를 찾으라(마 10 : 11－15).

[11] 어떤 성이나 마을에 들어가든지 그 중에 합당한 자를 찾아내어 너희가 떠나기까지 거기서 머
물라 [12] 또 그 집에 들어가면서 평안하기를 빌라 [13] 그 집이 이에 합당하면 너희 빈 평안이 거
기 임할 것이요 만일 합당하지 아니하면 그 평안이 너희에게 돌아올 것이니라 [14] 누구든지 너희
를 영접하지도 아니하고 너희 말을 듣지도 아니하거든 그 집이나 성에서 나가 너희 발의 먼지
를 떨어버리라 [15] 내가 진실로 너희에게 이르노니 심판 날에 소돔과 고모라 땅이 그 성보다 견
디기 쉬우리라

Q 어느 지역에 가든지 하나님께서 예비한 자들이 있습니다. 그러나 영접하는 자도 있지만 거절하는 사람도 있습니다. 각각 어떻게 대해야 한다고 가르쳐 주셨습니까?

A 어느 가정에 가든지 천국을 선포하고, 평안을 빌어 주라. 거절하면 그 집이나 성에서 나가 발의 먼지를 떨어버리라.

우리가 전도할 때 복음을 받아들이는 사람들도 있지만, 거절하며 마음을 상하게 하는 사람들이 있습니다. 그리스도인들을 폄하하며 완악한 마음으로 전도자를 대적할 때 우리는 어떤 자세를 취해야 합니까? 그들의 강퍅한 마음을 보고 내 혈기로 하나님께서 원하지 않는 모습을 보인 적은 없습니까?

영접자 : 그 집을 복음전파의 전진기지로 삼으라(평안을 빌라). 라합, 루디아, 야손, 시몬 같은 자를 찾아내라. 준비된 사람을 찾아라.

거절자 : 소돔, 고모라보다 심판이 큼, 자기 죄로 죽은 자들, 거절자들은 죄 때문에 망한 것이 아닌 하나님의 특사를 거절했기 때문에 망합니다. 주의 종을 공대하십시오(수 2장 라합, 삿 1 : 22－26 벧엘).

……그 집이나 성에서 나가 너희 발의 먼지를 떨어버리라(마 10 : 14b)

유대인들은 이방인 지역에 갔다가 유대 땅으로 돌아올 때는 반드시 그들의 먼지를 떨어버림으로써 의식적 청결을 유지하는 교육을 받았습니다(느 5 : 13, 행 18 : 6). 거절자들을 향한 이 먼지 떠는 행위는 그들이 이교(異教)적이고, 심히 부패해 있으며, 끝내 심판에 처해질 것이라는 상징적 의미를 담고 있습니다(사 1 : 9, 눅 17 : 29, 벧후 2 : 6).[74] 복음을 받아들이지 않는다고 그들과 시비를 걸거나 싸우려 하지 말고 "우리는 저들에 대한 책임을 다했으니 아버지께 넘겨 드립니다." 하는 의미가 됩니다. 히브리인들이 다른 사람들의 집에 들어갈 때면 반드시 그 집에 축복을 선언하게 되어 있는데, 이를 '비르캇트 하바이트'라 하며 그 내용은 다음과 같습니다.[75]

〈집을 위한 축복문〉
이 문을 통해 슬픔이 들어오지 않게 하시고
이곳에 아무런 어려움이 없도록 하시고
이 문을 통해 아무 어려움도 들어오지 않게 하시고
이곳에 아무런 다툼도 있게 마시고
이 집이 기쁨과 평화의 복으로 가득 채워지게 하소서.

적용질문

1. 복음전파는 우리 모두에게 기본적으로 주어진 의무요 권리입니다. 나의 전도, 선교 계획을 이야기 해 보십시오.

2. 복음을 전파할 때 하나님이 준비해 놓으신 전도대상자나 동역자를 만나 감동했던 간증이 있습니까?

3. 도시 문명 가운데 있어도 제자들처럼 능력 사역을 해야 할 대상을 붙여 주실 때가 있습니다. 어떻게 하셨는지 나누어 보십시오.

2) 지혜롭되 순결하라(마 10 : 16-23)

보라 내가 너희를 보냄이 양을 이리 가운데로 보냄과 같도다 그러므로 너희는 뱀같이 지혜롭고 비둘기같이 순결하라 (마 10 : 16)

Q 예수께서는 뱀처럼 지혜롭고 비둘기처럼 순결하라고 당부하셨습니다. 어떤 점을 배우라는 말씀인지 설명하여 보십시오.

A 뱀은 자신의 진로나 방향을 알지 못하게 하기 위하여 구불구불 진행을 합니다.
비둘기는 남을 해치지를 못합니다. 복음을 가진 사람이 남을 저주한다든지 해를 끼쳐서는 안 됩니다. 전도인에게 뱀의 지혜와 비둘기의 순수함과 우직함이 있어야 합니다.

'뱀처럼 지혜로우라'는 말씀은 전도의 대상을 분명하게 이해하고, 그가 무엇을 필요로 하는지 어떻게 접근해야 그 영혼을 얻을 수 있을지 전략적으로 접근하는 자세를 말합니다. 여호수아가 두 사람의 정탐꾼을 보내고, 돌아왔을 때 회중 앞에서 보고하게 하지 않고 은밀하게 보고하도록 했던 것은 이런 지혜의 발로입니다.

또 '비둘기처럼 순결하라'는 말씀은 전도에 너무 몰두하여 사람을 공격하거나 마음을 상하게 하면 안 된다는 말씀입니다. 또 다른 교회나 선교지에 피해를 주지 않도록 해야 합니다. 전도인은 얕은꾀를 쓰거나 무례하게 행하면 안 되고 복음을 가진 자로서의 순수성을 잃지 말아야 합니다.

당시 바리새인들과 서기관들은 토라를 인용해 지혜롭게 말을 잘했지만 결과는 사람을 죽이는 독과 같았습니다. 하지만 제자들이 전할 말은 하나님 나라의 생명을 담은 말이어야 합니다. 그것이 바로 예수를 증거하는 복음입니다. 비둘기는 정절을 의미합니다. 성경에서 결혼한 상대를 비둘기(요나)에 자주 비유하는데, 이런 개념에서 출산한 여인이 드려야 할 제물 가운데 비둘기가 포함되는 것도 같은 이유입니다. 비둘기는 상대에 대해 한순간도 눈을 돌린 적이 없습니다. '나는 앞으로도 비둘기처럼 당신을 바라보는 데서 영원히 눈을 돌리지 않겠습니다.'라는 의미입니다.[76] 우리는 살리는 일을 위해 부름을 받은 사람이지 죽이기 위해 부름을 받은 사람이 아닙니다. 사람을 살리는 말을 사용하고, 복음을 전하고 있습니까?

전도할 때의 지혜 – 핍박당함을 이상하게 여기지 말라.
말씀 증거 때문에 핍박을 받을 터인데 어떻게 핍박을 이길 수 있습니까?

- 사람들을 삼가라, 조심하여 마음을 빼앗기지 마라(마 10 : 17).
- 무엇을 변명할까 염려 말라, 아버지의 성령이 말씀을 주시리라(마 10 : 19–20).
- 끝까지 인내하라(마 10 : 22).
- 핍박하거든 무모하게 당하거나 대항하려 하지 말고 피하라(마 10 : 23).

- 예수님의 박해를 생각하라(마 10 : 24-25).
- 전파되는 복음의 최후 승리를 생각하라(마 10 : 26-27).
- 생명의 주인은 하나님 자신이니 두려워 말라(마 10 : 26, 28-31).
- 주를 시인하는 자의 최후와 부인하는 자의 최후를 생각하라(마 10 : 32-33).
- 박해는 제자가 겪어야 할 필수 과정이다(마 10 : 34-36).
- 이김의 비결은 자기를 부인하고 십자가의 길을 따르는 제자 정신에 있다(마 10 : 37-39).

32 누구든지 사람 앞에서 나를 시인하면 나도 하늘에 계신 내 아버지 앞에서 그를 시인할 것이요 33 누구든지 사람 앞에서 나를 부인하면 나도 하늘에 계신 내 아버지 앞에서 그를 부인하리라(마 10 : 32-33)

사도들은 자신들의 이익을 보호하기 위해서 죽음으로 위협하는 세력들을 무서워할 필요가 없었습니다. 몸을 죽이는 것이 삶의 본질을 죽이는 것은 아니기 때문입니다. 삶은 하나님께로부터 온 것이기 때문에 전혀 세상이 마음대로 할 수 없고 오직 하나님만이 좌지우지할 수 있습니다.[77)]

적용질문

1. 뱀의 지혜를 배우라고 말씀하셨습니다. 지혜로운 전략으로 영혼을 얻은 사례가 있습니까? 그 지혜의 전략이 무엇이었는지 나누어 보십시오.

2. 비둘기의 순전함이 필요할 때가 있습니다. 희생하고, 인내하고, 섬김으로 영혼을 얻은 적이 있습니까?

3. 썬십과 킹십이 나의 부르심의 목적이라면 꿈이 분명해야 합니다. 전도와 양육에 대한 비전을 나누어 보십시오.

3) 전도자를 영접하는 자가 받을 상급(마 10 : 40-42)

40 너희를 영접하는 자는 나를 영접하는 것이요 나를 영접하는 자는 나를 보내신 이를 영접하는
것이니라 41 선지자의 이름으로 선지자를 영접하는 자는 선지자의 상을 받을 것이요 의인의 이
름으로 의인을 영접하는 자는 의인의 상을 받을 것이요 42 또 누구든지 제자의 이름으로 이 작은
자 중 하나에게 냉수 한 그릇이라도 주는 자는 내가 진실로 너희에게 이르노니 그 사람이 결단
코 상을 잃지 아니하리라 하시니라

Q 복음 전파자는 우리 주님의 대행자들입니다. 그들을 영접하는 자에 대하여 주님이 어떻게 표현하십니까?(마 10 : 40)

A 나를 영접하는 것이요, 나 보내신 아버지를 영접하는 것이다.

'냉수 한 그릇'은 누구나 베풀 수 있는 최소한의 선물입니다(이상근 주석). 선지자의 이름으로 선지자를 영접한다는 말은 단순히 인간적인 동정이나 연민을 떠나서 하나님의 메신저, 즉 하나님의 선지자의 지위에 합당한 대우를 한다는 말입니다. 이렇게 선지자를 영접하는 마음은 선지자의 일에 참여하는 것인 만큼 선지자의 상급에도 참여하게 될 것이라고 말씀합니다.[78]

왕의 사자들을 영접하는 것은 왕이신 그리스도를 영접하는 것이요, 그리스도를 영접하는 것은 그를 보내신 하나님을 영접하는 일입니다. 세상 사람들이 제자들에게 베푼 친절은 예수님께 드리는 것과 같습니다. 그래서 하나님께서는 제자 한 사람에게 보인 지극히 작은 친절도 기억하시고 상을 주신다고 말씀하셨습니다.

적용질문

1. 구속사는 예수님을 만난 사람들을 통해 진행됩니다. 하나님께서 내 주변에 세워 주신 영적 리더들을 인정하고 예우하고 있습니까? 혹 리더와 불편한 관계가 되었을 때 구속사적으로 문제를 풀어 간다는 말은 어떻게 하는 것을 말합니까?

2. 우리는 옳고 그름의 철학으로 살지 않고, 살리는 역사, 생명의 역사인 구속사적인 삶을 살아야 합니다. 지도자와 나의 견해가 다를 때 어떻게 풀어 나가야 합니까?

3. 선교사가 되지 않고서도 선교사의 상급을 받는 비결은 무엇입니까? 동역하는 일에는 물질 지원, 기도 지원, 중단기 선교, 협력 선교 등이 있습니다. 내가 지속적으로 물질과 기도로 돕고 섬기는 선교사나 교회가 있습니까?

세례 요한의 때부터 지금까지

천국은 침노를 당하나니

침노하는 자는 빼앗느니라

제6강

침노하는 하나님 나라

마태복음 11-13장

6

침노하는 하나님 나라

11－13장

1. 왕을 거절한 고을들(마 11장)

세례 요한이 예수님의 메시야 되심을 질문함(마 11 : 1-19)

불신 세대에 대한 경고(마 11 : 20-24)

복음 안에 있는 안식으로의 초대(마 11 : 25-30)

2. 왕을 배척함(마 12장)

안식일 문제로 인한 바리새인과의 충돌(마 12 : 1-21)

하나님 나라의 도래(마 12 : 22-37)

주님이 보이신 요나의 표적(마 12 : 38-45)

3. 왕이 세우시는 하나님 나라의 비유(마 13장)

씨 뿌림과 수확을 보여 주는 씨 뿌리는 비유(마 13 : 1-23)

성장, 확장되는 하나님 나라 비유(마 13 : 24-46)

최후 심판 비유-그물과 고기 비유(마 13 : 47-50)

1. 왕을 거절한 고을들(마 11장)

1) 세례 요한이 예수님의 메시야 되심을 질문함(마 11 : 1-19)

2 요한이 옥에서 그리스도께서 하신 일을 듣고 제자들을 보내어 3 예수께 여짜오되 오실 그이가
당신이오니이까 우리가 다른 이를 기다리오리이까 4 예수께서 대답하여 이르시되 너희가 가서
듣고 보는 것을 요한에게 알리되 5 맹인이 보며 못 걷는 사람이 걸으며 나병 환자가 깨끗함을 받
으며 못 듣는 자가 들으며 죽은 자가 살아나며 가난한 자에게 복음이 전파된다 하라 6 누구든지
나로 말미암아 실족하지 아니하는 자는 복이 있도다 하시니라(마 11 : 2-6)

Q 하나님은 이미 요한에게 예수님이 메시야라고 알려 주셨음에도 "오실 그이가 당신이오니이까, 우리가 다른 이를 기다리오리이까?" 하고 예수님께 제자들을 보내어 물어왔습니다. 지금 요한의 심정이 어떠할 것이라 생각하십니까?

A 요한은 감옥에 갇혀서 언제 죽을지 모르는 자신의 상황을 보고도 아무런 도움의 말씀을 주지 않는 예수님 때문에 지금 마음이 대단히 실망한 상태입니다. 그래서 제자들을 보내어 "메시야 맞습니까?" 하는 질문을 통해 예수께서 어떤 방식으로든지 자신의 처지를 돕기를 청하는 것 같습니다.

예수께서는 구약에서 메시야가 와서 이루리라고 말해 주던 그 기적들을 성취하고 있음을 환기시켜 줌으로 자신이 그 왕이라고 요한에게 확신을 주고 계십니다(사 29 : 18, 35 : 5-6, 42 : 7, 61 : 1). 메시야의 나라는 잃어버린 것들을 회복하며 연약한 것이 강건해지고, 무너진 것들을 수축하는 새 나라입니다. 요한은 그가 기대하던 메시야가 아니라는 생각을 하면서 자신을 돕지 않는 예수님께 실망했습니다. 우리는 나의 기대를 따라 믿는 것이 아닌 주님의 말씀과 인도를 따라 믿어야 합니다. 주님이 나의 기도를 들어주지 않으신다 해도 메시야로서의 그분의 자격은 결코 약화되지 않습니다. 주님으로 인해 실족하지 않는 자가 복이 있다고 하셨습니다. 주님으로 인해 실족한 사람이 우리 주변에 많이 있습니다. 어떤 경우가 그렇다고 생각하십니까?

요한은 어떤 사람입니까?(마 11 : 7-15)

내가 진실로 너희에게 말하노니 여자가 낳은 자 중에 세례 요한보다 큰 이가 일어남이 없도다 그러나 천국에서는 극히 작은 자라도 그보다 크니라(마 11 : 11)

주님은 "요한은 여자가 낳은 자 중 가장 큰 선지자이다. 천국을 침노하는 일은 요한의 때부터이다"라고 그를 증언하셨습니다. 인류의 역사가 시작된 이래로 요한보다 더 위대한 사람은 없었습니다. 요한은 구약 모든 선지자 중 마지막 주자로서 예수 그리스도를 "우리가 기다리던 메시야가 바로 이분입니다."라고 증거했습니다. 인류가 대망한 메시야의 길을 예비하였기에 모든 선지자의 마지막 정점으로 볼 수 있습니다. 하지만 예언만 하고 그 결과를 보지 못하던 때와 그 예언과 약속들이 구체적으로 실현되고 이루어지는 때의 천국 생활은 전혀 다릅니다. 옛 언약 시대의 가장 큰 자라도 새 언약 시대의 가장 작은 자와 비교할 수 없습니다. 행위로 의로워질 수 있다고 말하던 구약의 율법 시대의 '의'(義)와 예수 그리스도를 믿음으로 의로워지는 신약의 복음 시대의 '의'는 전혀 비교할 수 없기 때문입니다.

나는 자격과 공로가 없어도 천국에서 큰 자입니다. 우리가 어떠한 위대한 사람이나 화려한 사람 앞에서 주눅들 필요가 없는 이유입니다. 나는 예수 그리스도의 복음이 낳은 사람, 천국을 유업으로 받은 사람입니다. 나보다 잘나가는 직장, 외모, 지위를 가진 사람 앞에서 나의 모습은 어떠합니까? 아직 가치관이 바뀌지 않아 말씀과 기도를 의지하지 않고 세상과 도와줄 사람을 의지하고 있지는 않습니까?[79]

'침노하는 천국'의 의미

세례 요한의 때부터 지금까지 천국은 침노를 당하나니 침노하는 자는 빼앗느니라(마 11 : 12)

침노당한다는 말은 빼앗는다는 의미보다는 폭발적이고, 갑자기 일어서는, 부숴버린다는 의미가 더 자연스럽습니다. 이 단어는 마치 양 우리에서 양들이 좁은 양문을 통과해 밖으로 터질 듯 달려 나가는 모습으로 그릴 수 있습니다(미 2 : 12-13). 즉, 하나님의 나라에 대한 갈구가 있는 사람은 폭발적인 힘으로 달려 나가 하나님 나라의 도래를 맛보게 된다는 내용입니다.[80]

많은 사람이 은혜로, 자연스러운 과정을 통하여 천국을 경험하지만, 천국은 더욱 강렬하고 급하게 경험할 수 있습니다. 신약 시대의 천국의 특성을 아는 사람들은 천국의 삶을 살기 위하여 회개함으로 침노하듯 방향을 선회하고 천국을 쟁취할 수 있습니다. 천국을 침노하는 힘이 나에게 있습니까? 천국을 침노하는 근본적인 힘이 무엇이라고 생각하십니까?

이제 요한의 거처가 된 지하 감옥의 축축한 바닥에 요한과 세 제자들이 쪼그려 앉아 있습니다.

"선생님, 선생님의 사촌을 만나고 왔습니다."

"내가 묻는 말을 전했느냐?" "네, 전했습니다." "뭐라고 대답하던가?"

"선생님, 그 대답이 참 이상했습니다. 도무지 이해할 수 없었습니다."

"그의 대답이 뭔가?" "선생님, 그분은 이같이 전하라고 하셨습니다. 맹인과 귀머거리와 앉은뱅이가 시력을 되찾고 고침을 받고 있다고 말입니다."

"그게 전부인가?" "아닙니다. 그분은 한 가지를 더 말씀하시고는 사람들을 보내고 저희에게 작별을 고하셨습니다. 그분은 '요한에게 전하시오. 나로 인해 실족하지 않는 사람은 복이 있다고 말이오.'라고 하셨습니다." …… "그들은 고침을 받았느냐?" "네, 선생님 많은 이들이 고침을 받았습니다."

이 대답을 들은 요한의 눈이 갑자기 반짝였습니다. 그는 몸을 똑바로 세우고 다시 물었습니다. …… "많은 이들이지? 그렇지? 모두가 고침을 받는 것은 아니지?" "네, 선생님. 맞습니다. 고침을 받은 사람은 많았지만 모든 이가 고침을 받은 건 아닙니다."

그 무렵 답을 찾을 수 없는 문제로 고통을 겪고 있는 사람은 요한만이 아니었습니다.

– 진 에드워드의 「3호실의 죄수」 중에서

제6강

'3호실의 죄수'는 세례 요한입니다. 그는 감옥에서 죽음을 앞에 두고 그가 기대했던 메시야의 길과 예수 그리스도의 길이 다르다는 사실을 알게 되었습니다. 그는 예수 그리스도가 메시야라고 믿고 있었지만 자기의 기대와 달랐기에 자신의 제자들을 보내어 성경이 말씀하는 그 메시야인지를 물었습니다. 예수님은 "내가 바로 그 메시야다."라고 설명하지 않고 너희가 보고 들은 바를 가서 말하라고 말씀합니다. 나타나는 표적들을 통하여 "구약 여러 곳에서 예언되었던 그 메시야가 바로 나다."라고 말하셨습니다.

세례 요한이 갖고 있던 이러한 고민을 많은 그리스도인들이 마음속에 품고 살아갑니다. 우리는 우리가 기대했던 모습과 다른 하나님을 만납니다. 수많은 의심들과 풀리지 않는 고난의 이유들 때문에 가슴 깊은 고뇌들을 안고 살아가는 것이 우리가 걸어가는 신앙의 여정입니다. 우리가 수도 없이 던지는 질문에 대하여 하나님은 침묵하실 때가 있습니다. 내가 가지고 있는 모든 어려움을 다 풀어 주시지는 않습니다. 우리가 가지고 있는 모든 문제에 다 해답을 주시지도 않습니다. 그러나 뒤를 돌아봅시다. 나의 지나온 삶의 여정에서 그분을 만난 이후에 나타난 열매들, 증거들이 무엇인지 찾아보십시오. 요한에게 하셨듯이 여전히 그분은 우리에게 지금도 이렇게 말씀하십니다.

"누구든지 나로 말미암아 실족하지 아니하는 자는 복이 있도다."

적용질문

1. 내가 만난 메시야를 나는 어떻게 설명하고 소개할 수 있겠습니까?

2. 나는 주님께 실망한 적이 있습니까? 어느 때 실망하셨습니까? 그 실망 때문에 실족하지는 않았습니까? 그 실망감을 어떻게 극복하셨습니까?

3. 나의 천국을 침노하기 위해 요즈음 내가 시도하는 일은 무엇입니까?

2) 불신 세대에 대한 경고(마 11 : 20－24)

[20] 예수께서 권능을 가장 많이 행하신 고을들이 회개하지 아니하므로 그때에 책망하시되 [21] 화 있
을진저 고라신아 화 있을진저 벳새다야 너희에게 행한 모든 권능을 두로와 시돈에서 행하였더
라면 그들이 벌써 베옷을 입고 재에 앉아 회개하였으리라 [22] 내가 너희에게 이르노니 심판 날에
두로와 시돈이 너희보다 견디기 쉬우리라 [23] 가버나움아 네가 하늘에까지 높아지겠느냐 음부에
까지 낮아지리라 네게 행한 모든 권능을 소돔에서 행하였더라면 그 성이 오늘까지 있었으리라
[24] 내가 너희에게 이르노니 심판 날에 소돔 땅이 너보다 견디기 쉬우리라 하시니라

Q 주님을 믿지 않고 거스르는 세대를 향해 탄식하시면서 주님은 무감각한 세대, 무반응의 세대(마 11 : 16－19), 악하고 음란한 세대(마 12 : 39), 믿음 없고 패역한 세대(마 17 : 17)라고 책망하셨습니다. 이유가 무엇입니까?

A 하나님 나라의 질서는 왕의 오심을 환영하고 그를 왕으로 예배하고 경의를 표해야 합니다. 불신, 회개치 않음, 교만은 그 나라에 대한 반역이요, 그 왕에 대한 대적의 행위가 됩니다.

거절의 모습들

- 영접하지 않음(불신앙, 마 11 : 17－18)
- 회개하지 않음(마 11 : 20)
- 교만(마 11 : 23)

왕국과 싸우면 반역죄가 됩니다. 그것은 개인적인 덕의 부족 때문이 아니라 나라에 대해 전쟁을 선포하는 일이기 때문입니다. 따라서 왕으로 오신 예수님을 거절한 것은, 곧 하나님 나라에 대한 반역이며 이 반역은 우리 일상의 부정적인 삶의 태도를 포함합니다. 출애굽한 이스라엘 백성들이 불평과 불신으로 40년을 돌아야 했던 이유를 생각해 봅시다. 예수님은 이 세대를 장터에서 노는 아이들에 비유하셨습니다. "그들은 피리를 불어도 춤추지 않고 애곡하여도 가슴을 치지 않았다."고 하십니다. 이 비유의 의미는 이 세대가 하나님을 거스르는 세대라는 뜻입니다. 복음에 반항하는 세대입니다. 그래서 복음에 반대하는 일에는 열심이고 하나님의 엄위하신 말씀에는 응답하지 않습니다. 하나님과 그 마음을 함께하지 않습니다. 여호수아서는 백전백승의 전략으로 가나안을 여는 열쇠는 '합심, 침묵, 순종'이라고 가르쳐 줍니다.

당시 아이들이 할 수 있는 놀이는 특별한 놀이가 없었기에 결혼식 놀이나, 장례 놀이를 하였습니다. 하지만 피리를 불어도 춤추지 않고 애곡해도 가슴을 치지 않습니다.[81] 이것은 가슴이나 인격을 싣지 않고 말만하는 세대를 말하는 것이며, 흉내만 내면서 종교 놀이하는 수많은 사람들을 비유한 내용입니다.

바리새인들은 안 먹으면 안 먹는다고 시비를 걸고, 먹으면 먹는다고 정죄를 하며, 하나님의 역사를 무조건 거절하고 싫어하는 사람들입니다. 우리에게도 요한처럼 사람들을 위해 금식하고 애통해야 할 때도, 예수님처럼 천국을 열기 위하여 죄인들을 가까이하고 그들과 함께 먹고 마셔야 할 때도 있습니다. 혹시 춤도 없고, 애곡도 없는 나의 삶은 아닙니까? 어떤 방법이든지, 어떤 행동이든지 그것이 사람을 살리는 일이어야 하고 하나님 나라를 유익하게 하는 일이어야 합니다. 그러한 행위들이 내 생각과 다르고 내 기호와 맞지 않는다고 해서 정죄하거나 공격해서는 안 됩니다. 진리 안에 있는지, 성령의 살리는 일인지를 분별하며 도울 수 있어야 합니다.

주님이 복음을 전파하고 권능을 행했던 고을들이지만 돌이키지 않는 고을들이 있었습니다(고라신, 벳새다, 가버나움–마 11 : 20–24). 더 많은 은혜와 기회를 받은 사람들에게는 그만큼 더 많은 책임이 뒤따릅니다. 많은 사람들이 기적을 바라지만, 기적이 나타나도 믿지 않는 사람들이 있습니다. 기적이 문제가 아니라 마음이 문제입니다. 우리 사역이 좋은 결과가 나타나지 않는다고 속단하거나 실망하지 마십시오. 주님도 거절했던 패역한 자들이 있었음을 늘 기억하면서 감사의 마음으로 사역합시다. 내가 섬기는 셀원(구역원), 내가 만나고 있는 일대일 양의 기쁨의 사건에 함께 춤을 추며 기뻐해 보셨습니까? 그가 당한 아픔과 고난을 위해 함께 애곡하셨습니까? 교회 안에 일어나는 여러 가지 어려움들에 대하여 혹시 나와는 전혀 상관없는 일이라고 외면하거나, 혹 어떻게 그럴 수가 있느냐고 비난하면서 예수 믿는 놀이만 하고 있지는 않았습니까? 믿음의 사람들이, 혹은 교회가 오늘날의 장터에서 복음을 가진 자로서 취해야 할 자세는 어떠해야 한다고 생각하십니까?

적용질문

1. 나는 교회 사역을 지켜만 보는 방관자입니까? 목자를 도와 함께 동역하며 기도로 지원하는 킹덤 빌더(Kingdom Builder)입니까?

2. 나는 섬기는 셀원이나 전도 대상자에게 복음을 전하고 성경을 가르치는 일만 합니까? 아니면 그의 희로애락에 함께 공감하며 동일한 마음으로 기도하는 사람입니까?

3. 예수님은 당시 종교 지도자들에 대해 피리를 불어도 춤추지 않고 애곡하여도 가슴을 치지 않는 자들이라고 그들의 외식주의를 꾸짖었습니다. 나의 믿음 생활은 어떠합니까? 복음을 가진 자로서 이 시대에 춤출 일은 무엇이며, 가슴을 치며 통곡해야 할 일은 무엇입니까?

3) 복음 안에 있는 안식으로의 초대(마 11 : 25－30)

28 수고하고 무거운 짐 진 자들아 다 내게로 오라 내가 너희를 쉬게 하리라 29 나는 마음이 온유하
고 겸손하니 나의 멍에를 메고 내게 배우라 그리하면 너희 마음이 쉼을 얻으리니 30 이는 내 멍
에는 쉽고 내 짐은 가벼움이라 하시니라(마 11 : 28－30)

Q 복음의 초대를 받은 대상들이 누구입니까? 어떻게 하면 인생의 무거운 짐을 벗고 평안한 삶을 살 수 있습니까?

A 수고하고 무거운 짐 진 자들입니다. 스스로가 취한 인생의 짐을 벗고 주님이 지워 주신 멍에를 메고 배워야 합니다.

주님은 아브라함에게 찾아가셔서 그의 마음을 감동시켜 고향과 친척, 아버지의 집을 떠나게 하셨습니다. 그분의 간섭하시는 은혜에 의해서만 사람들은 주께로 옵니다. 은혜의 말씀은 많은 사람들이 듣게 되지만 들을 귀 있는 자들만이 돌 같은 마음에 생명과 믿음을 불러일으키는 하나님의 은혜의 역사로 말미암아 구원을 얻고 안식과 평안을 얻게 됩니다.[82] 수고하고(능동태－스스로 선택한) 무거운 짐(수동태－환경, 타의에 의한)을 진 자들이 주께로 오면 쉼을 주시겠다고 약속하고 계십니다.

"수고하고 무거운 짐 진 자들아"

- 죄인들, 무거운 짐에 눌려 있는 자들, 쉼이 필요한 자들을 위해 주님이 오셨습니다(마 9 : 13).

"다 내게로 오라"

- 가던 길을 돌려 주님께로 향해야 합니다. 방향 전환이 필요합니다. 또 어떤 자라도 주님은 조건 없이 오라고 하십니다(마 22 : 9－10).

"내가 너희를 쉬게 하리라"

- 죄와 사망으로부터의 해방(롬 8 : 1－2)
- 질병, 재앙, 고통으로부터의 해방(마 8－9장)
- 노동과 학대로부터의 해방(출 1 : 11, 5 : 9)
- 종교적인 유전과 종교의식으로부터의 해방(마 23 : 2－10) 등 어떤 눌림의 상태에서라도 주님은 쉼을 주시겠다고 약속하십니다.

"나는 마음이 온유하고 겸손하니 나의 멍에를 메고 내게 배우라 그리하면 너희 마음이 쉼을 얻으리니 이는 내 멍에는 쉽고 내 짐은 가벼움이라 하시니라"

- 유대 사회에서 스승과 제자 사이의 관계를 나타낼 때 관용적으로 사용하는 표현입니다. 당시 팔레스타인의 멍에는 두 마리의 소가 끌었는데 익숙한 소와 견습 소가, 혹은 어미 소와 새끼 소가 짝을 이루어 일도 하고, 훈련도 받게 했습니다. 주님과 함께 멍에를 메면 쉽고 가볍습니다.

적용질문

1. 지금 내게 필요한 쉼, 안식은 무엇입니까?(죄, 질병, 고통, 경제적 어려움, 영적 갈망 등)

2. 주님 안에서 약속하신 그 풍요와 안식을 누리려면 그분을 바짝 따라가면 됩니다. 능력있는 부모의 슬하에 있는 자녀와 같다고 말할 수 있습니다. 붙어 있습니까? 끊어지지 않고 지속적으로 공급을 받고 있습니까? 나는 넉넉하고 풍성한 안식의 삶을 삽니까? 핍절하고 어려운, 힘겨운 삶을 삽니까?

3. "내 멍에는 쉽고, 내 짐은 가볍다."고 말씀합니다. 내가 메고 있는 멍에는 어떤 것입니까? 나는 내게 주어진 멍에를 주님과 함께 메고 있습니까? 홀로 힘들게 메고 가고 있지는 않습니까?

2. 왕을 배척함(마 12장)

1) 안식일 문제로 인한 바리새인과의 충돌(마 12 : 1-21)

1 그때에 예수께서 안식일에 밀밭 사이로 가실새 제자들이 시장하여 이삭을 잘라 먹으니 2 바리
새인들이 보고 예수께 말하되 보시오 당신의 제자들이 안식일에 하지 못할 일을 하나이다 3 예수
께서 이르시되 다윗이 자기와 그 함께한 자들이 시장할 때에 한 일을 읽지 못하였느냐 4 그가 하
나님의 전에 들어가서 제사장 외에는 자기나 그 함께한 자들이 먹어서는 안 되는 진설병을 먹지
아니하였느냐 5 또 안식일에 제사장들이 성전 안에서 안식을 범하여도 죄가 없음을 너희가 율법
에서 읽지 못하였느냐 6 내가 너희에게 이르노니 성전보다 더 큰 이가 여기 있느니라 7 나는 자비
를 원하고 제사를 원하지 아니하노라 하신 뜻을 너희가 알았더라면 무죄한 자를 정죄하지 아니
하였으리라 8 인자는 안식일의 주인이니라 하시니라(마 12 : 1-8)

Q 유대인들이 예수님, 바울, 베드로를 적이라고 규정하고 핍박하고 죽인 이유가 무엇입니까?

A 안식일, 할례, 음식에 관한 규례는 유대교의 기둥으로 이것이 무너지면 유대교도 무너진다고 생각했습니다. 그런데 안식일은 예수님이, 할례는 바울이, 음식에 관한 정결의식은 베드로가 무너뜨렸습니다.

당시의 대부분의 유대인들이 바리새인들을 존경하며 따르고 있었습니다. 그런데 유독 예수님과 그의 제자들만은 그들을 따르지 않았고, 유대교의 가르침과는 다른 교훈을 가르쳤습니다. 그래서 예수님과 제자들이 백성들을 선동한다고 믿었고 어떻게든 트집을 잡으려고 혈안이 되어 있었습니다. 그런데 마침 예수님의 제자들이 안식일에 이삭을 비벼 먹는 모습을 보게 되었습니다.

안식일은 유대인들에게 매우 중요한 날이었습니다. 안식일은 하나님께서 그 민족과 맺으신 특별한 언약에 대한 표시였기 때문입니다(출 31 : 12-17). 그러나 유대인들은 영적인 축복과 기쁨의 날을 의식 수행의 날로 전락시켰으며, 바리새인들은 축복의 날을 부담의 날로 만들어 놓았습니다. 그러나 우리 주님은 "인자는 안식일의 주인이니라"고 선언하셨습니다. 예수님이 없으면 안식일을 지켜도 주인 없는 안식일을 지키는 것이 됩니다. 주님이 없으면 안식이 없습니다. 예수님은 만물의 주인, 성전의 주인, 안식일의 주인이십니다. 그러므로 안식일의 주인이신 주님의 본을 따르는 것이 안식일을 지키는 방법입니다. 구약의 성일인 안식일

은 아무 일도 안하고 쉬는 소극적 방법으로 지켰었지만, 신약의 주일은 생명을 살리고 치료하는 적극적인 방법으로 지켜야 합니다. 주일은 적극적으로 일하는 날입니다. 주일은 생명을 살리는 날입니다.

예수께서 그들에게 이르시되 내 아버지께서 이제까지 일하시니 나도 일한다 하시매(요 5 : 17)

안식일에 대한 성경적 고찰

안식일의 의미

- 출 31 : 13, 17(민 15 : 32-36, 창 2 : 1-3, 출 20, 신 5 : 12-15, 사 56 : 1-8)

안식일의 목적

여호와의 안식일, 인자는 안식일의 주인, 사람이 안식일을 위하여 있지 않고 안식일이 사람을 위하여 있습니다(막 2 : 27).

안식일의 진행

① 안식일-쉼(공급의 날)

② 절기-성장을 경험하며 예수 그리스도를 통하여 하나님이 준비해 놓으신 부요함을 누리는 시간

- 7대 절기

·유월절 : 대속의 피의 혜택을 받음, 은혜의 언약이 시작됨

·무교절 : 누룩 없는 떡이신 그리스도가 나의 양식이 됨

·초실절 : 내 안에 부활의 능력으로 역사하셔서 나를 일으켜 세워 주심

·오순절 : 생명의 결실, 말씀의 열매, 성령의 열매

·나팔절 : 증거, 찬양, 선포, 간증을 통해 그리스도를 이웃과 나눔

·대속죄일 : 나를 통해 수많은 영혼들이 하나님을 만나게 됨

·장막절 : 부모와 자녀가 한 가정을 이루듯, 목자와 양이 한 가족을 이루어 스피릿을 전달하고 다음 세대로 신앙을 전수함, 나를 통하여 하나님의 생명이 흘러가고 우리는 교회가 됨

③ 안식년-빚의 탕감, 사람과 땅이 쉼, 노예 해방

④ 희년-빚의 탕감, 종 된 상태에서의 해방, 기업으로 돌아감

안식일을 지키는 신약적 방법

- 안식일이 주일로 지켜짐(마 28 : 1, 행 20 : 7, 고전 16 : 2, 계 1 : 10)
- 안식일을 잘 지키는 방법–살리는 영의 일을 하라(요 5 : 17).

주님이 안식일에 손 마른 자를 고치셨습니다(마 12 : 9–13). 안식일에 일하지 않는 규율에 대해 바리새인과 예수님의 해석은 달랐습니다. 바리새인들은 안식일이라도 병을 고치는 것은 일하는 것이며 결국 죄라고 정죄했습니다. 그러나 예수님은 안식일이라도 구덩이에 빠진 가축이 있다면 끌어내려고 하듯이 양보다 소중한 사람을 안식일에 돌보고 치료하는 일은 당연한 것이며 안식일에 선을 행하는 것이 옳은 일이라고 재해석하셨습니다.

적용질문

1. 하나님이 엿새 동안 수고하신 일을 사람이 온전히 누리는 날이 안식일입니다. 예수님의 이루신 십자가, 부활, 승천의 혜택들을 누리는 나의 안식의 방법은 무엇입니까?
2. 나는 주일에 형식적인 예배만 드리며 돌아가는 썬데이 크리스천입니까? 아니면 생명을 살리는 하나님의 동역자로 봉사하며 섬기는 삶을 살고 있습니까?
3. 나의 안식의 영향력은 어디까지 갑니까? 가족입니까, 친척, 친구입니까? "땅의 모든 족속이 너로 말미암아 복을 누릴 것이다"라는 말씀을 자신에게는 어떻게 적용하고 있습니까?

2) 하나님 나라의 도래(마 12 : 22–37)

28 그러나 내가 하나님의 성령을 힘입어 귀신을 쫓아내는 것이면 하나님의 나라가 이미 너희에
게 임하였느니라 29 사람이 먼저 강한 자를 결박하지 않고서야 어떻게 그 강한 자의 집에 들어가
그 세간을 강탈하겠느냐 결박한 후에야 그 집을 강탈하리라(마 12 : 28–29)

Q "성령을 힘입어 귀신을 쫓아내는 것이라면 하나님의 나라가 이미 너희에게 임했다"라고 예수님은 말씀합니다. 하나님 나라가 임하기 전의 사람의 영혼의 상태를 어떻게 표현하셨습니까?(마 12 : 28–29)

A 강한 자에게 결박당한 상태라고 말씀합니다. 하나님 나라는 귀신의 지배를 벗어나서 성령의 통제하에 들어가는 상태를 말합니다.

나의 삶을 통제하는 능력은 무엇입니까? 사탄의 세력이 지배하느냐, 하나님의 통치가 지배하느냐로 하나님의 나라가 식별됩니다. 예수님이 주인인 사람에게는 이미 하나님의 나라가 도래했습니다. 국가를 이루기 위한 요소들은 국민, 영토, 주권입니다. 하나님의 주권을 인정하고 그의 다스림을 받아들이면 그곳이 바로 하나님 나라가 됩니다. 외부적인 환경이나 우리의 상태가 먼저가 아닌 그 주권을 인정하느냐가 먼저입니다. 성(聖)과 속(俗)이 따로 없습니다. 사업이 잘되건 망하건, 대학에 붙건 떨어지건, 가정에 불화한 일이 있다 해도 예수를 믿는 나로 인해 하나님의 나라가 임했다면 그 나라의 통치를 보여 주어야 할 책임이 나에게 있습니다.[83]

성령의 기적을 보고도 바리새인들은 주님을 향하여 그들의 마음을 강퍅하게 하였습니다. 이것은 예수 그리스도에 대한 의지적인 죄였고, 지속적인 불신앙이며, 결정적인 거부였습니다. 간음이나 살인은 용서받지 못할 죄가 아닙니다(요 8 : 1－11, 행 9장에서의 바울). 그러나 계속 그리스도를 거절하며 마음이 지나치게 부패한 자리에 머무르면 때는 이미 늦게 됩니다.

성령님의 살리는 사역

- 예수를 주로 시인하게 함(고전 12 : 3, 롬 8 : 9)
- 내주, 동거하심(요 14 : 16－17)
- 생명의 성령의 법 가운데로 이끄심(롬 8 : 1－2)
- 진리를 가르치고 진리 가운데로 인도하심(요 14 : 26)
- 주님의 이루신 일들을 완성하심 : 죄, 의, 심판에 대하여 책망하심(요 16 : 9－11)

성령님과 연관된 죄들(비인격적인 죄들)

- 성령을 탄식하게 함(롬 8 : 26)
- 성령을 근심하게 함(엡 4 : 30)
- 성령을 소멸시킴(살전 5 : 19)
- 성령을 거스름(행 7 : 51)
- 성령을 속임(행 5 : 3－4)
- 은혜의 성령을 욕되게 함(히 10 : 29)
- 성령을 훼방함(마 12 : 31－32)

성령 훼방죄

바리새인들은 예수님이 일으키신 기적을 귀신의 왕 바알세불을 힘입어 행했다고 정죄했습니다. 성령이 하신 일을 귀신이 한 일이라고 주장하여 하나님이 하시는 일을 훼방하는 죄를 지었습니다. 훼방에 해당하는 헬라어 블라스페미아(βλασφημια)는 해할 의도로 말하는 행위를 가리키는 것으로 구체적인 죄의 행동이 아니라 성령께 반항하기로 작정하여 고집하는 마음의 상태를 뜻합니다(Alford, 요일 5 : 16, 딤후 3 : 8, 유 1 : 4, 8, 10, 13, 히 6 : 4-8, 10 : 26-31).

·어거스틴, 루터, 멜랑히톤

이들은 범죄자가 종신토록 회개하지 않는 경우를 말한다.

·칼빈

본문이 바리새인과 귀신논쟁에 대한 결론적 말로 전해진 전체 문맥을 주의해야 한다고 지적한다. 내재하시는 성령을 소멸하고자 고의적으로 행동할 때 그 같은 불경죄를 범하게 된다고 한다. 무지 속에서 범죄하는 것과 고의적으로 범죄하는 성격을 구분하여 후자를 이 죄로 평가한다. 주로 바리새인들과 종교개혁 당시 로마가톨릭의 교황과 신부들이 여기에 해당된다고 지적한다.

·W. 핸드릭슨

"회개한 모든 죄는 용서받을 수 있다. 이 죄는 신성모독죄와 관련을 맺고 있다. 우리는 성령을 거역하는 죄를 무례한 불경으로 정의할 수 있다. 예를 들면 신성한 것들을 고의적으로 타락시키는 것이며, 신성한 것을 세속의 영역으로 끌어 내리는 것이다. 다만 베드로의 예수님 부인죄와 바울의 기독인 핍박죄는 다른 성격이다. 진실로 회개한 자는 자신의 허물이 아무리 치욕적인 것이라 할지라도 결코 절망할 이유가 없다."

·L. 벌콥

"성령을 거스른 죄 가운데는 용서받을 수 있는 것도 있기 때문에 이 단어는 일반적으로 사용되었다. 그것은 분명히 현세에서 범하는 죄이며 회심과 용서를 불가능하게 한다. 그 죄는 그리스도 안에 있는 하나님의 은혜에 대한 성령의 확실하고도 분명한 증거에 대하여 거역하는 의식적이고 악의적이며 고의적인 반항과 중상과 증오와 적의를 가진 어둠의 권세자들의 것이다. 이것은 성령의 인격성에 대항하는 죄라기보다는, 객관적으로 그리고 주관적으로 그리스도 안에 나타난 하나님의 은혜와 영광을 드러내는 성령의 공적 사역을 거스르는 죄이다."

·박형룡

"불가사죄(不可赦罪)라고 한다. 성령을 거역하되 오히려 사면을 받을 수 있는 죄들도 있다(베드로, 바울). 이 죄는 그리스도 안에 있는 하나님의 은혜에 관한 성령의 증언을 증거와 확신에 반대하여 의식적, 악의적, 고의적으로 배척하고 악평하며 증오와 적개를 가지고 그것을 악마의 작업에 돌림을 내용으로 하는 것이다. 이 죄는 진리를 의심하거나 단순히 부인함으로 구성되는 것이 아니라 마음의 확신과 양심의 조명과 심정의 판단에 거슬려 행하는 진리의 반항으로 되는 것이다. …… 이 죄의 뿌리는 하나님과 신적인 모든 것을 의식적, 고의적으로 증오함이다. (결론적으로) 용서되기 불가능함은 이 죄를 범한 영혼은 더욱 더 악화되어 신적 감화를 받기를 중지하기 때문이다."

·박윤선

"누구나 의심할 수 없도록 명백하게 성령님의 일인 것이 증명되는데도 불구하고 그것을 계속적으로 적대할 뿐 아니라 모욕하는 악한 언행이다. 우리는 항상 조심하여 …… 가볍게 남을 이 죄로 정죄하지 말 것이다. 얼마만큼 하나님을 거슬러 가는 것이 성령님을 훼방함인지 우리는 한정하기 어렵고 오직 하나님만이 아신다."

성령 훼방죄는 다른 중요한 교리들과 조화되게 해석해야 합니다. 개혁교회는 크게 2가지로 정리할 수 있습니다. 첫째로 이 죄는 중생받지 않은 자가 성령의 일반적인 은혜를 받은 이후에 그 은혜를 지속적, 고의적, 악의적으로 거역하며 신성모독죄를 저지르는 경우에 해당됩니다. 그 결과 그는 계속 마음이 완고하고 강퍅해져서 더 심한 죄의 모습을 드러냅니다.

둘째로 이 죄에는 인간이 알 수 없는, 하나님의 주권과 섭리 속에서 구별하신 특수한 죄들이 있을 수 있습니다. 특히 버림받은 자들(유기자)을 이런 방식으로 벌하시고 심판하시기도 합니다. 따라서 성령 훼방죄에 대한 부분은 아주 특수한 죄의 성격임을 주의해야 하며, 특히 개인적인 판단으로 타인을 정죄하는 것에 사용해서는 안 됩니다. 교회사적으로도 이 부분을 적용하는 데 있어서 교단적으로, 때로는 당회적으로도 매우 조심했음을 기억해야 합니다.[84]

적용질문

1. 하나님의 은혜는 우리를 계속 지원해 주고 있습니다. 혹시 성령을 불편하게 하며, 거부하는 몸짓은 없습니까? 나는 매일, 매순간 구름기둥과 불기둥의 인도를 받고 살아가고 있다고 고백할 수 있습니까?

2. 나는 어떤 방법으로 성령님의 도우심을 구하며, 성령님의 인도를 받고 있습니까?

3. 나는 내가 필요할 때 성령님께 도와달라고 요청합니까? 더 나아가서 내가 성령님을 돕는 동역자의 위치에서 사역하고 있습니까?

3) 주님이 보이신 요나의 표적(마 12 : 38－45)

38 그때에 서기관과 바리새인 중 몇 사람이 말하되 선생님이여 우리에게 표적 보여 주시기를 원
하나이다 39 예수께서 대답하여 이르시되 악하고 음란한 세대가 표적을 구하나 선지자 요나의
표적밖에는 보일 표적이 없느니라 40 요나가 밤낮 사흘 동안 큰 물고기 뱃속에 있었던 것같이 인
자도 밤낮 사흘 동안 땅 속에 있으리라(마 12 : 38－40)

Q 예수님은 눈멀고 벙어리 된 자를 고쳐 주셨는데도 서기관들과 바리새인들이 만족하지 못하고 표적을 요구했습니다. 그들의 마음 이면에 어떤 생각이 자리 잡고 있었던 것입니까?

A 기드온이 표적을 구할 때 주님은 그가 믿을 수 있도록 두 번씩이나 표적을 주셨습니다. 그러나 바리새인들이나 서기관들은 참으로 주님을 믿고 싶어서 표적을 구한 것이 아니고 다만 주님을 비난하고 공격할 빌미를 찾기 위해 표적을 구했습니다.

예수께서는 "악하고 음란한 세대가 표적을 구하나 선지자 요나의 표적밖에는 보일 표적이 없느니라"(마 12 : 39)고 하셨습니다. 예수님이 말씀하신 진정한 표적은 사흘 동안 음부의 골짜기를 지나 살아나는 십자가와 부활의 사건입니다. 그것은 모든 사람을 살리기 위한 표적 중의 표적입니다. 이 표적을 보고도 회개하고 돌이켜 믿지 않는다면 그들은 다른 희망이 없습니다. 유감스럽게도 많은 유대인들이 예수님의 십자가와 부활을 직접 경험했어도 결국 그들은 메시야로 오신 주님을 거절했습니다.

기적에 대한 용어 이해

- **표적(세메이온 σημειον) 증거, 상징, 의미를 새기는 것(sign)** : 복음을 합리적으로 이해하고 받아들이고 믿게 하려고 주신 기적들, 요나의 표적, 예수님의 십자가와 부활
- **이적(테라스 τερας) 깜짝 놀랄 일** : 이성을 뛰어넘는 기적사건을 통하여 "과연 그렇구

나!" 하고 '하나님의 존재와 영광을 인정하게 하려고 주신 기적, 놀라운 일, 경이, 전조, 징조, 기적, 기사'를 의미한다. 이 단어는 두려움과 공포를 자아내며, 자연의 질서와 모순되는 '무서운 현상'(terrible appearances)을 의미한다.

- **권능(두나미스 δυναμις) 폭발하는 힘**(power) : 하나님의 능력을 드러내는 힘, 권세, 기적

하나님의 뜻대로 행하는 자가 하나님의 가족입니다(마 12 : 46-50).

46 예수께서 무리에게 말씀하실 때에 그의 어머니와 동생들이 예수께 말하려고 밖에 섰더니 47 한
사람이 예수께 여짜오되 보소서 당신의 어머니와 동생들이 당신께 말하려고 밖에 서 있나이다
하니 48 말하던 사람에게 대답하여 이르시되 누가 내 어머니이며 내 동생들이냐 하시고 49 손을
내밀어 제자들을 가리켜 이르시되 나의 어머니와 나의 동생들을 보라 50 누구든지 하늘에 계신
내 아버지의 뜻대로 하는 자가 내 형제요 자매요 어머니이니라 하시더라

예수께서 무리에게 말씀하실 때에 그 모친과 동생들(야고보, 요셉, 유다, 시몬, 막 6 : 3)이 주님이 미쳤다는 말을 듣고 예수님을 붙들러 왔다고 말씀합니다. 혈연은 우리가 받은 사명, 하나님의 구속사를 이루는 일을 위해 서로 협조하고 격려하라고 잠시 이 땅에서 붙여 준 관계입니다. 그 관계 때문에 오히려 반대를 받고 대적을 받는다면 긍휼의 대상, 전도의 대상은 될 수 있으나 교통의 관계, 동역의 관계는 되지 못할 것입니다.

적용질문

1. 최근에 강한 자를 결박하고 영혼을 탈취해 낸 영적 전쟁의 경험이 있습니까? 나누어 봅시다.
2. 진정한 가족은 함께 아버지의 뜻을 이루는 자라고 말씀합니다. 나와 나의 가족의 관계는 육신적인 관계뿐입니까, 아니면 영적 가족으로까지 확대되어 있습니까?
3. 나는 주님을 만난 뒤에 무엇이 죽었으며(십자가를 통한 자기부인), 어떤 영역이 새롭게 살아났습니까?(부활의 능력 체험)

3. 왕이 세우시는 하나님 나라의 비유(마 13장)

예수님의 구원사역은 하나님 나라를 건설하는 일이 목적입니다. 하나님 나라는 하나님이

왕이신 하나님의 통치 영역입니다. 하나님의 나라는 예수님이 이 땅에 오심과 함께 시작되었습니다. 예수님은 마귀가 임금 노릇 하는 세상(요 12 : 31)에 하나님 나라를 세우기 위해서 오셨습니다. 하나님은 이 세상에서 진정한 왕으로 대접받아 마땅한 분입니다. 우리가 주님의 동역자가 되어 하나님의 나라를 이 땅에 세워 나가야 합니다.

예수님은 마태복음 13장 전까지는 비유를 사용하지 않으셨습니다. 그 이유를 예수님은 감추어진 비밀이기 때문이라고 하셨습니다. 천국은 베일에 가리워 있는 비밀의 이야기입니다. 들어야 할 사람이 있고, 들어서는 안 될 사람이 있다고 말씀하십니다(마 13 : 10－17). 하나님의 통치를 갈망하고 순종하며 살려고 하는 자들에게는 늘 열려 있지만 대적하는 자들에게나 불순종의 사람들에게는 닫혀 있는 비밀이 천국 복음입니다. 보는 사람이 복이 있고, 듣는 사람이 복이 있다고 하십니다. 함께 있으나 안 들리고 안 보이는 사람이 있습니다. 그것은 마음이 완악하기 때문입니다.

매주 들려 지는 하나님의 말씀이 나의 말씀이 아닌 너를 위한 말씀은 아닌가요? 말씀을 대할 때 습관처럼 와서 동화책의 이야기를 듣듯 지식으로만 듣고 있지는 않습니까? 말씀 선포는 언제나 씨 뿌림입니다. 어떤 열매가 나타나고 있습니까? 한 메시지에 한 가지씩만 결단한다 해도 굉장한 결과가 나타납니다.

1) 씨 뿌림과 수확을 보여 주는 씨 뿌리는 비유

Q 씨, 밭, 씨 뿌리는 사람은 각각 무엇을 의미합니까? 또 이 비유가 의도하는 바가 무엇입니까?

A 씨는 말씀이고 밭은 사람의 마음이며 씨를 뿌리는 분은 예수님입니다. 주님은 주님 자신(요 1 : 1－4)을 사람의 마음속에 뿌리고 계십니다. 이 씨가 생육하고 번성하고 온 땅에 충만하여, 그 땅을 정복하고 다스리는 하나님의 통치가 나타나기를 원하십니다.

너희가 거듭난 것은 썩어질 씨로 된 것이 아니요 썩지 아니할 씨로 된 것이니 살아 있고 항상 있는 하나님의 말씀으로 되었느니라(벧전 1 : 23)

사람의 마음의 구조 설명

- **길가와 같은 마음－타인 중심의 마음** : 구별도 없고 경계가 없는 마음
  길가는 모든 것이 제한 없이 드나들 수 있는 통로를 가리킵니다. 말씀도, 귀신도, 거룩한 것도, 세속적인 것도, 구별도 없고, 경계도 없는 마음입니다. 구별이 없다는 것은 성속(聖俗)의 구별이 없고, 내 소유, 네 소유에 대한 구별이 없다는 것을 말합니다. 무엇

이나, 누구든지 들어올 수 있습니다. 울타리가 없다는 것은 체계가 없는 마음, 노(No)라고 말할 줄 모르는 마음, 타인의 평가가 내 기준이 되고 내가 좋아하고 내가 가치 있다고 생각하는 기준점이 없는 마음을 가리킵니다.

● 돌밭과 같은 마음 – 자기중심의 마음, 상처가 있는 마음

돌밭은 흙이 있으나 너무 얕아서 뿌리를 깊게 내릴 수가 없습니다. 그 밑으로 큰 바위가 있어서 뿌리가 더는 내려갈 수 없는 강퍅한 마음, 고집과 편견, 오해가 많은 마음입니다. 모든 사건, 상황, 여건들이 내가 경험했던 나의 사연, 나의 이야기로 해석되고 풀어집니다. 내 맘에 들어야 옳고, 내 맘에 안 들면 틀린 것으로 판단하고, 하나님도, 말씀도, 성령님의 역사도 다 내 기준으로 판단하고 해석하고 적용합니다. 말씀을 들어도 자기 기준에서 듣기 때문에 삶으로, 인격으로 이어지지 않는 닫힌 마음, 왜곡된 마음, 이기적인 마음입니다. 바위 같은 우리 가치관이 깨어져야 합니다. 가치관이 바뀌지 않은 사람은 환난이 오면 넘어집니다.[85)]

● 가시떨기 마음 – 세상 중심의 마음 : 세상의 가치에 사로잡혀 있음

가시떨기 마음은 말씀을 듣지만 결실하지 못하는 마음을 의미합니다. 결실을 맺지 못하는 이유는 하나님보다 더 사랑하는 것이 있어서 세상 것에 늘 마음이 사로잡혀 있기 때문입니다. 열정이 있으나 하나님이 아닌 세상에 있고 자기 기대와 다르게 일이 진행되면 마음을 졸이고 그 일을 그르치면 어떡하나 하는 불안감으로 염려, 근심에 사로잡혀 있습니다. 자신이 좋아하고 관심이 있는 일이 나타나면 그것에 온통 마음을 빼앗겨서 주님을 생각하거나 영적인 일을 도모할 마음의 여유를 잃어버립니다.

● 옥토와 같은 마음 – 진리 중심, 그리스도 중심의 마음 : 나를 통한 구속사를 갈망하며 성령님께 열려 있음

옥토와 같은 마음속에는 하나의 씨가 뿌려지면 반드시 30배, 60배, 100배의 결실을 맺게 됩니다. 그렇다면 옥토는 어떤 마음입니까? 옥토란 배고픈 마음, 목마른 마음, 그리스도를 갈망하는 마음입니다. 씨를 받으려고 갈급하게 기다리며 거룩한 씨, 그리스도의 DNA를 사모하는 마음입니다. 늘 성령님께 열려 있습니다. 모든 환경, 모든 만남, 모든 일상은 오직 나를 통해 이루실 구속사를 위한 주님의 뜻이 펼쳐지기를 기다리는 마음입니다. 마음 문을 열어 놓고 복음을 받아들였던 에디오피아 내시(행 8 : 34)나, 하나님을 사랑하는 마음 때문에 경건과 구제를 열심히 하였던 고넬료(행 10 : 33), 예수님을 만난 후 만일 남의 것을 속여 빼앗은 일이 있으면 4배로 갚겠다고 결단했던 삭개오(눅 19 : 1–10)가 옥토의 마음을 가졌던 사람들입니다.

적용질문

1. 사람은 누구나 살면서 얻은 상처가 있습니다. 많은 사람들은 이 상처 속에서 삶을 비관하며 인생을 낭비하기도 합니다. 이 상처로 인한 마음이 길가와 같은 마음, 바위와 같은 마음, 가시떨기 마음입니다. 이 마음으로는 하나님의 진리의 씨앗을 받을 수가 없습니다. 나의 마음은 주로 어떤 마음입니까? 이 마음을 좋은 밭으로 기경하기 위해 어떤 노력과 실천을 하고 계십니까?

2. 하나님이 기뻐하시는 예배는 몸만 오는 예배가 아니라 마음과 뜻과 힘을 다하여 중심으로 드리는 예배입니다. 이러한 예배를 드리도록 하기 위해 나는 어떻게 준비합니까?

3. 준비된 마음, 기경된 마음에 씨가 뿌려지면 30배, 60배, 100배의 결실을 맺게 됩니다. 혹 이런 간증이 있다면 나누어 보십시오.

2) 성장, 확장되는 하나님 나라 비유(마 13 : 24-46)

Q 하나님 나라의 부흥과 확장을 보여 주는 비유는 어떤 것들이 있습니까?

A 곡식과 가라지 비유 - 가짜와 진짜가 섞여 있음
겨자씨, 누룩 비유 - 확장, 영향력을 가짐
감추인 보화와 값진 진주 비유 - 대가를 지불해야 함

곡식과 가라지 비유(마 13 : 24-30)

24 예수께서 그들 앞에 또 비유를 들어 이르시되 천국은 좋은 씨를 제 밭에 뿌린 사람과 같으니 25
사람들이 잘 때에 그 원수가 와서 곡식 가운데 가라지를 덧뿌리고 갔더니 26 싹이 나고 결실할 때
에 가라지도 보이거늘 27 집 주인의 종들이 와서 말하되 주여 밭에 좋은 씨를 뿌리지 아니하였나
이까 그런데 가라지가 어디서 생겼나이까 28 주인이 이르되 원수가 이렇게 하였구나 종들이 말하
되 그러면 우리가 가서 이것을 뽑기를 원하시나이까 29 주인이 이르되 가만 두라 가라지를 뽑다가
곡식까지 뽑을까 염려하노라 30 둘 다 추수 때까지 함께 자라게 두라 추수 때에 내가 추수꾼들에
게 말하기를 가라지는 먼저 거두어 불사르게 단으로 묶고 곡식은 모아 내 곳간에 넣으라 하리라

우리가 사는 세상은 하나님의 아들들만 있는 것이 아니라 마귀의 아들들도 있습니다. 좋은 씨가 있고 가라지가 있습니다. 이 씨들을 밭인 이 세상에다 뿌렸습니다. 좋은 씨도, 가라지도 자라 결실하여 추수하게 됩니다. 추수 때가 되면 모든 것이 드러날 것입니다. 이 비유는 천국의 어떤 모습을 알려 주고 있습니까?

하나님께서는 한 생명을 정말 소중하게 생각하십니다. 하나님은 악한 자에 대해서도 오래 참고 기다리십니다. 하나님이 아직 심판하지 않으셨다면 우리도 정죄하거나 포기해서는 안 됩니다. 그러나 우리에게 심판할 권한은 없지만, 미혹을 받지 않도록 경계하고 조심해야 할 책임은 있습니다. 곡식은 추수 때까지 두고 봐야 합니다. 추수는 그의 생애가 어떠했는가를 확인시켜 줍니다. 하나님의 나라는 의인과 악인이 분명히 나뉘게 됩니다.[86] 항상 각성하여 마귀로 하여금 틈탈 기회를 줘서는 안 됩니다. 뿌려진 가라지가 다른 영혼들을 미혹하지 못하도록 주의해야 합니다.

두 씨들 사이의 이러한 대결은 배도의 시대에 나타날 적그리스도(살후 2 : 1－12)와 하나님의 자녀, 참된 신부로서 자신을 단장하는 교회와 일곱 머리, 열 뿔 가진 짐승을 탄 음녀인 바벨론(계 17－18장)의 대결에서 극에 달하게 됩니다. 종말에 그리스도는 모든 사탄의 세력을 무찌르실 것이며 모든 영적 전쟁은 끝이 납니다.

겨자씨, 누룩 비유(마 13 : 31－33)

31 또 비유를 들어 이르시되 천국은 마치 사람이 자기 밭에 갖다 심은 겨자씨 한 알 같으니 32 이
는 모든 씨보다 작은 것이로되 자란 후에는 풀보다 커서 나무가 되매 공중의 새들이 와서 그 가
지에 깃들이느니라 33 또 비유로 말씀하시되 천국은 마치 여자가 가루 서 말 속에 갖다 넣어 전
부 부풀게 한 누룩과 같으니라

겨자씨나 누룩은 그 출발이 극히 작고, 미미합니다. 그러나 겨자씨는 자라면 큰 나무가 되어 새가 깃들이고, 누룩은 소량으로도 전체를 변질시키는 영향력을 가지고 있습니다. 누룩은 복음의 내적 영향력을 말하는 것이요, 겨자씨는 외적인 영향력을 말합니다. 기독교는 베들레헴 마구간에서 시작됩니다. 교회의 역사는 마가의 다락방에 있었던 120명으로부터 시작됩니다. 그러나 지금은 전 세계로 확산되었습니다. 또 이 복음이 들어가면 사람들의 심령이 변화되고 가정이 바뀌고 국가가 변하여 번영과 축복의 나라로 부흥 발전했습니다.

감추인 보화와 값진 진주 비유(마 13 : 44－46)

44 천국은 마치 밭에 감추인 보화와 같으니 사람이 이를 발견한 후 숨겨 두고 기뻐하며 돌아가서 자
기의 소유를 다 팔아 그 밭을 사느니라 45 또 천국은 마치 좋은 진주를 구하는 장사와 같으니 46 극히

값진 진주 하나를 발견하매 가서 자기의 소유를 다 팔아 그 진주를 사느니라

밭에 감추어져 있는 보화를 얻기 위해 밭을 산 농부의 행동은 천국을 소유하는 지혜로운 행동이라고 할 수 있습니다. 그의 행동이 왜 지혜롭다고 할 수 있습니까? 여기서 밭이란 하나님 나라입니다. 보물이란 하나님 나라의 수없이 많고 귀중한 가치를 말합니다. 이 보물들을 모두 자기 소유로 삼고 싶지만 그것을 하나씩 옮기기에는 너무 많습니다. 그래서 한 번에 그 소중한 것을 가질 수 있는 방법을 택한 것입니다. 보이는 보화를 마음껏 가져갈 수 있지만, 한 번에 전부를 가질 수 있는 방법은 밭, 곧 하나님의 나라를 소유하면 됩니다.[87]

진주를 구하는 자는 진주를 찾는 데에 자신의 일생을 바친 자입니다. 이것은 자기의 삶을 다 바쳐서 구도의 길을 가다가 진리를 찾은 사람을 의미합니다. 진리가 정말 소중한 나의 가치라면 다른 가치들을 팔아 그 보물을 사는 용단이 필요합니다. 자기 소유를 다 팔아서 보물을 사는 태도는 모든 것을 진리를 위해 버릴 수 있는 결단력을 보여 줍니다. 그가 자기 소유보다 진주를 더욱 사모하였음을 나타냅니다. 복음을 가진 사람들의 삶의 태도는 복음을 내 것으로 누리기 위하여 어떤 대가라도 지급하려는 갈망이 있어야 한다는 내용입니다.

적용질문

1. 생명은 영향력이 있습니다. 번식하고 뻗어 나가는 것이 생명의 특징입니다. 내가 전도한 사람, 내가 양육한 사람은 어떻게 번식, 확장되어 가고 있습니까?

2. 밭에 추수 때까지 곡식과 가라지가 있듯이, 교회 안에도 신실한 자가 있고 자기 필요와 유익을 따라 교회와 성도들을 이용하는 사람도 있습니다. 하나님 나라를 위해 가라지의 역할을 하는 이들을 교회에서 어떻게 섬겨야 하겠습니까?

3. 내 안에 하나님 나라가 확장되어 가고 있습니까? 이를 위하여 어떤 대가를 지불하고 있습니까?

3) 최후 심판 비유－그물과 고기 비유(마 13 : 47－50)

47 또 천국은 마치 바다에 치고 각종 물고기를 모는 그물과 같으니 48 그물에 가득하매 물가로 끌
어내고 앉아서 좋은 것은 그릇에 담고 못된 것은 내버리느니라 49 세상 끝에도 이러하리라 천사
들이 와서 의인 중에서 악인을 갈라내어 50 풀무 불에 던져 넣으리니 거기서 울며 이를 갈리라

Q 세상 끝에 일어날 심판의 날의 상황을 말합니다. 좋은 고기는 그릇에 담고 나쁜 고기는 내버립니다. 좋은 고기는 의인이요, 나쁜 고기는 악인입니다. 우리에게 알려 주는 교훈은 무엇입니까?

A 하나님의 나라는 기본적으로 누구든지 참여할 수 있는 공동체입니다. 그러나 한 공동체에 속했다고 해서 모두 하나님 나라에 합당한 것이 아닙니다. 이는 하나님 나라의 속성으로, 많은 사람이 공동체 안에 있지만 심판 날이 되면 하나님의 뜻에 의해 어떤 이는 하나님 나라에 들어가며 어떤 이는 버려질 것입니다. 들어가고 버려지는 것에 대한 권한은 공동체의 일원이 아니라 하나님, 심판자에게 있습니다.[88]

영원한 보상과 기업의 나라로 들어갈 자들이 있고 풀무 불에 들어가 심판받을 영혼들이 있다고 말씀합니다. 심판을 잘 준비하는 지혜로운 일꾼이 되어야 합니다. 오늘날 우리는 하나님의 능력과 부흥을 기다리고 있습니다. 마지막 추수를 위한 늦은 비의 역사를 기다립니다. 이 부흥을 끌어당기는 힘이 바로 믿음입니다. 하나님이 역사하시리라는 기대와 믿음이 우리에게 기적을 가져오고, 축복을 가져오고, 부흥을 가져옵니다.

그들이 믿지 않음으로 말미암아 거기서 많은 능력을 행하지 아니하시니라(마 13 : 58)

적용질문

1. 교회에서 하나님의 통치가 활발하게 이루어지도록 하기 위하여 지금 내가 할 수 있는 일이 무엇입니까?

2. 주변에 하나님 나라를 위하여 왕 같은 제사장으로 살아가고 있는 좋은 모델이 있다면 소개해 봅시다.

3. 본 장에 나온 7가지 비유는 하나님 나라의 비유입니다. 살아서 경험하는 천국, 우리 시대에 우리가 경험하는 하나님의 통치입니다. 무엇을 깨닫고, 무엇을 결단하셨습니까?

시몬 베드로가 대답하여 이르되

주는 그리스도시요

살아 계신 하나님의 아들이시니이다

제7강

왕국의 계승자들

마태복음 14-16장

7

왕국의 계승자들

14-16장

1. 공급자, 생명의 떡이신 주님(마 14장)

오천 명을 먹이시는 주님(마 14 : 13-21)

제자들과 떨어져 홀로 기도하러 가신 주님(마 14 : 22-23)

바다 위를 걸어 도움을 주러 오신 주님(마 14 : 24-33)

2. 공급하시는 왕(마 15장)

바리새인과 서기관들의 유전을 주의하라(마 15 : 1-20).

가나안 여인의 믿음(마 15 : 21-28)

왕의 공급이 필요한 군중(마 15 : 29-39)

3. 천국 열쇠(마 16장)

바리새인과 사두개인의 관심사-표적, 누룩(마 16 : 1-12)

하나님의 관심사-그 아들 예수 그리스도(마 16 : 13-20)

예수님의 관심사-십자가의 도(마 16 : 21-28)

1. 공급자, 생명의 떡이신 주님(마 14장)

1) 오천 명을 먹이시는 주님(마 14 : 13－21)

15 저녁이 되매 제자들이 나아와 이르되 이곳은 빈 들이요 때도 이미 저물었으니 무리를 보내어
마을에 들어가 먹을 것을 사 먹게 하소서 16 예수께서 이르시되 갈 것 없다 너희가 먹을 것을 주
라 17 제자들이 이르되 여기 우리에게 있는 것은 떡 다섯 개와 물고기 두 마리뿐이니이다 18 이르
시되 그것을 내게 가져오라 하시고 19 무리를 명하여 잔디 위에 앉히시고 떡 다섯 개와 물고기 두
마리를 가지사 하늘을 우러러 축사하시고 떡을 떼어 제자들에게 주시매 제자들이 무리에게 주
니 20 다 배불리 먹고 남은 조각을 열두 바구니에 차게 거두었으며 21 먹은 사람은 여자와 어린이
외에 오천 명이나 되었더라(마 14 : 15－21)

Q 예수께서 오천 명을 먹이신 일은 4복음서에 모두 기록되어 있는 유일한 기적 사건입니다(막 6 : 30－44, 눅 9 : 10－17, 요 6 : 1－15). 예수님의 족보나 탄생 기사들도 4복음서에 다 같이 기록하지는 않았습니다. 그런데 왜 이 오병이어 기적 사건은 4복음서에 다 기록했다고 생각하십니까?

A "너희가 먹을 것을 주라"－제자들이 이 땅에서 해야 할 일, 교회가 이 세상에 대하여 어떤 사역을 감당해야 하는지를 가르쳐 주는 사명에 대한 중요한 말씀이기 때문입니다.

광야 40년 동안, 출애굽한 이스라엘을 하나님이 만나로 먹이셨던 것처럼 예수님은 오늘 구원받은 하나님의 백성들의 생명의 양식이 되십니다. 범죄로 인해 인류가 에덴동산에서 쫓겨 난 이후 우리 주님은 잃어버린 생명나무로 오셨습니다. 우리는 하나님의 영을 모시는 생령의 존재로 창조되었으나(창 2 : 7) 생명이신 하나님과 함께 거해야 하는 에덴동산의 질서처럼 예수님을 만남으로 구원받았다 해도 지속적으로 생명의 떡이신 그리스도를 먹지 않으면 건강한 영생의 생명을 살아갈 수가 없습니다. 생명의 떡이신 그리스도를 굶주린 군중에게 주어 먹게 하는 일은 그리스도의 종들이 지니는 특권이며 책임입니다. 주의 종들의 사명은 굶주린 백성들을 그리스도로, 생명의 떡으로 먹이는 일입니다. 오늘 우리에게 궁핍이 있는 이유는 나누지 않기 때문입니다. 가지고 있는 것이 작다고 나누지 않는 사람은 영원히 손 안에 가진 만큼 밖에 살지 못합니다. "너희가 먹을 것을 주라"는 주님의 말씀에 순종해야 합니다. 주님은 생선 더미와 떡 무더기를 쌓아 놓고 제자들에게 갖다 주라고 하지 않으셨습니다. 사람은 자신의 손에 있는 것만 보지만, 주님은 하늘 창고를 보십니다. 빌립의 계산에 의하면 각 사람

에게 조금씩만 나누어 준다 해도 이백 데나리온에 해당하는 떡이 필요했는데, 가진 것을 나누어 주었을 때 그들은 배불리 먹고도 열두 바구니가 남는 기적을 경험했습니다. 주님의 일은 계산으로 이루어지지 않습니다. 믿음은 계산이 아닙니다. 작은 소년의 온전한 헌신이 이 기적을 만들었습니다.

예수께서 이르시되 갈 것 없다 너희가 먹을 것을 주라(마 14 : 16)

주님은 상황을 잘 아시면서도 제자들에게 주라고 말씀하십니다. 예수님은 떡이십니다. 제자들은 이 생명의 떡을 나누는 전달자들입니다.

내 방식만 고집하지 않고 아내와 아이들, 타인의 방식에 맞추어 그들의 필요를 돌보는 것이 필요합니다.[89] 무리들은 떡으로 배불렀고 주님을 왕으로 세우기를 원했습니다. 사람들은 예수님이 그들에게 생의 물질적인 것들을 약속하는 분으로 알고 따르려고 했지만, 예수께서는 '떡'만을 기대하는 사람들을 제자로 세우려 하지 않으십니다.

적용질문

1. 나는 5천 명 분의 떡을 모으는 부자가 되게 해달라고 기도합니까? 5천 명을 먹여 살리는 사람이 되게 해달라고 기도합니까?

2. 그리스도를 양식으로, 음료로 누리고 있습니까? 떡과 포도주이신 그리스도를 공급하는 사역을 할 수 있도록 어떤 준비를 하고 있습니까?

3. "너희가 먹을 것을 주어라" 주님은 말하셨습니다. 내가 갖고 있는 것은 무엇입니까? 나는 주변 사람들에게 무엇을 나누어 먹이고 있습니까?

2) 제자들과 떨어져 홀로 기도하러 가신 주님(마 14 : 22-23)

22 예수께서 즉시 제자들을 재촉하사 자기가 무리를 보내는 동안에 배를 타고 앞서 건너편으로
가게 하시고 23 무리를 보내신 후에 기도하러 따로 산에 올라가시니라 저물매 거기 혼자 계시더니

Q 오병이어 기적 이후 무리가 흥분하여 예수님을 왕으로 삼으려 하자 예수님은 제자들을 바다 건너편으로 보내시고 홀로 산으로 올라 가셨습니다. 홀로 기도하시기 위함입니다. 예수께서 혼자 가신 이유는 무엇이라고 생각합니까?

A 평소 제자들을 대동하고 기도하러 다니신 것과 비교해 본다면 더 많은 시간을, 더 친밀하게 아버지와 교제하기 위함이었음을 알 수 있습니다.

오병이어의 기적 이후 무리들은 흥분하여 예수를 왕으로 삼으려고 했습니다(요 6 : 15). 그때 예수님은 제자들을 재촉하여 배에 태워서 바다 건너편으로 보내시고, 자신은 산으로 올라가셨습니다. 자신과 제자들을 세상으로부터 떼어 놓았습니다.

"저물매 거기 혼자 계시더니" 주님은 이렇게 기도하는 분이셨습니다. 혼자 아버지와 교통하는 시간을 많이 가지셨습니다. 주님에게도 이런 깊은 기도의 시간이 필요했다면 자녀들인 우리는 개인적인 기도의 시간을 더욱 충분히 가져야 합니다. 밤 사경까지 기도하셨다면 아주 오랜 시간 기도하셨다는 것을 알 수 있습니다. 밤 사경은 새벽 3시에서 6시 사이입니다. 밤을 새워 가며 기도하셨다는 말입니다. 기도와 이적 사이의 바른 관련성은 행위가 일차적으로 중요하고 기도를 통해 그 행위를 지원하는 것이 아닙니다. 기도가 우선적으로 중요하고 행위는 그 기도를 입증하는 것일 뿐입니다(Archbishop William Temple).[90]

히브리인들의 이해에서 기도란 단순히 간구의 의미가 아닙니다. '스스로를 판단한다'는 개념이 있으며 더불어 '하나님을 나의 심판주로 모신다'는 의미가 있습니다. 하나님의 권위 아래로 들어가는 복종의 마음입니다. 기도는 마치 하나님께 드려지는 온전한 제사와 같습니다. 기도할 때 사람은 하나님 앞에 서야 하기 때문입니다. 기도할 때는 반드시 하나님께로 마음을 집중해야 합니다.[91]

적용질문

1. 나는 하나님과 교제하며, 그분의 음성을 경청하기 위해 구별된 시간, 구별된 장소를 갖고 있습니까?

2. 다른 사람의 인정과 칭찬에 늘 마음이 가 있습니까? 아니면 하나님의 말씀, 하나님의 인정에 가 있습니까?

3. 예수님의 기도는 필요를 요청하는 기도가 아니라 하나님과의 친밀한 교제를 위한 기도였습니다. 나의 기도는 어떤 기도입니까? 나는 주님의 임재, 영광, 기름 부음을 어느 때에 느낍니까?

3) 바다 위를 걸어 도움을 주러 오신 주님(마 14 : 24-33)

24 배가 이미 육지에서 수 리나 떠나서 바람이 거스르므로 물결로 말미암아 고난을 당하더라 25 밤
사경에 예수께서 바다 위로 걸어서 제자들에게 오시니 26 제자들이 그가 바다 위로 걸어오심을 보
고 놀라 유령이라 하며 무서워하여 소리 지르거늘 27 예수께서 즉시 이르시되 안심하라 나니 두
려워하지 말라(마 14 : 24-27)

Q 풍랑이 심한 바다 위로 걸어오심은 세상의 온갖 시련에 떨어져 위험한 상황에 몰린 제자들을 구하기 위하여 권능으로 임재하심을 나타냅니다. 이때 예수께서 제자들에게 무어라 말씀하십니까?

A "나니 두려워 말라" 하십니다. 풍랑아 잔잔하라고 먼저 말씀하지 않으시고 나니 두려워 말라고 말씀하십니다. 상황의 평정보다 믿음이 먼저입니다.

우리는 오병이어 사건을 통해 광야에서 40년간 이스라엘 백성들을 먹이신 여호와의 이미지를 예수님에게서 찾아볼 수 있습니다. 그런데 본문에서 다시 바다를 잔잔하게 하심으로 모든 인생에게 평안을 가져오시는 여호와의 모습으로 나타납니다. 그분은 평안의 왕으로 오시는 분이시기에 그분을 바라보는 자는 두려워할 필요가 없습니다.[92] 험한 세파에 휩싸일 때 그리스도를 믿고 의지하지 않으면 두려움과 공포에서 벗어날 수 없습니다. 베드로가 "주여 나를 구원하소서"(마 14 : 30) 하니 예수께서 즉시 손을 내밀어 그를 붙잡으셨습니다. 위기 상황에 빠졌을 때 기도해야 합니다. 세상에 빠져들어 갈 때 우리는 급한 기도를 드려야 합니다. 어린 아이처럼 부르짖을 수 있어야 합니다.

너는 내게 부르짖으라 내가 네게 응답하겠고 네가 알지 못하는 크고 은밀한 일을 네게 보이리라(렘 33 : 3)

'의심'이란 헬라어는 두 가지 방향으로 가는 것, 즉 두 길을 동시에 가고 싶어 하는 마음을 뜻합니다. 신앙인이 예수님의 말씀에 엄밀하게 집중하여 살아가려면 그 신앙인은 폭풍과 풍랑을 현실적으로 봐야 합니다. 이때 주님의 명령과 개인적인 위험 사이에 이리저리 눈을 돌린다면 그것은 믿음이 적고 의심하기 때문입니다.[93] 만약 배가 교회를 상징한다면 교회의 어려운 형편에 예수께서 구원의 존재로 늘 가까이 계시다는 사실을 알아야 합니다. 이 예수님은 어

떤 분이십니까? 바로 혼돈과 위기를 다스리시는 분이시고, 교회가 우리와 함께하시는 자로 고백하고 섬기는 분입니다.[94] 예수께서는 제자들의 위기 상황을 알고 계셨으나 즉시 그들을 찾지 않으셨습니다. 그들의 믿음을 훈련시키기 위한 목적이 있으셨기 때문입니다(Chrysostom). 육신적으로 그들과 더불어 계시지 않더라도 그분의 보호하시는 능력이 여전히 그들 가운데 역사하고 있다는 사실을 확신시키기 위해 이런 시련의 시간을 두셨습니다(Homer A. Kent Jr.).[95] 고난 속에 고난만 열심히 묵상하다가 포기와 낙심으로 빠져 가고 있지는 않습니까?[96]

적용질문

1. 베드로가 주님을 집중하고 나아갈 때는 바다 위를 걸을 수 있었습니다. 그러나 파도를 보는 순간 바다 속으로 빠져들어 갔습니다. 혹 이런 유사한 영적 경험이 있습니까?

2. "풍랑아, 잔잔하라!"라고 먼저 선포해 주시면 좋을 텐데 주님은 "내니 두려워 말라. 안심하라!"라고 말씀합니다. 고난의 현장에서도 이와 비슷하게 진행되는 경우들이 많습니다. 그 이유가 무엇이라고 생각합니까?

3. 풍랑이 이는 바다 같은 세상을 살아오면서 불안과 두려움에 힘들었던 적이 있었고, 어려웠지만 평안과 기쁨을 누릴 때가 있었습니다. 환경의 문제였습니까, 마음의 문제였습니까?

2. 공급하시는 왕(마 15장)

1) 바리새인과 서기관들의 유전을 주의하라(마 15 : 1-20).

1 그때에 바리새인과 서기관들이 예루살렘으로부터 예수께 나아와 이르되 2 당신의 제자들이 어
찌하여 장로들의 전통을 범하나이까 떡 먹을 때에 손을 씻지 아니하나이다 3 대답하여 이르시되
너희는 어찌하여 너희의 전통으로 하나님의 계명을 범하느냐 4 하나님이 이르셨으되 네 부모를
공경하라 하시고 또 아버지나 어머니를 비방하는 자는 반드시 죽임을 당하리라 하셨거늘 5 너희
는 이르되 누구든지 아버지에게나 어머니에게 말하기를 내가 드려 유익하게 할 것이 하나님께
드림이 되었다고 하기만 하면 6 그 부모를 공경할 것이 없다 하여 너희의 전통으로 하나님의 말
씀을 폐하는도다 7 외식하는 자들아 이사야가 너희에 관하여 잘 예언하였도다 일렀으되 8 이 백성
이 입술로는 나를 공경하되 마음은 내게서 멀도다 9 사람의 계명으로 교훈을 삼아 가르치니 나
를 헛되이 경배하는도다 하였느니라 하시고 10 무리를 불러 이르시되 듣고 깨달으라 11 입으로

들어가는 것이 사람을 더럽게 하는 것이 아니라 입에서 나오는 그것이 사람을 더럽게 하는 것이니라(마 15 : 1-11)

Q 장로들의 좋은 전통이라도 왜곡되게 이용하면 악한 유전이 됩니다. 오늘 우리의 신앙생활 가운데 이렇게 악용되고 있는 신앙의 전통, 유전은 없습니까?

A 유전주의는 결과적으로 외식주의와 연결됩니다. 하나님을 의식하지 않고 사람에게 보이려고 형식적으로만 하는 행위입니다.

'외식'은 입술로만 하나님을 존경하고 마음은 멀리 있으며 사람의 계명을 앞세우는 것이고(마 15 : 8) 헛된 경배라고 하셨습니다(마 15 : 9). 외식은 하나님을 경배하고 잘 섬기는 척하지만 사실은 사람에게 옳게 보이기 위해 하나님 앞에 마음을 드리지 않는 형식적인 행위입니다. 마음에 하나님에 대한 경외심도 없고 말씀이 그들 속에 권위를 갖고 있지 못한 것이 문제입니다.

'유전'은 전해 내려오는 것, 전승, 전통 등의 뜻으로, 율법에 기록되어있지 않지만 전통적으로 전해 내려오는 것을 말합니다. 유대인들은 전통을 존중하였습니다. '미쉬나'(유대인의 전통 모음집)에는 "랍비들의 교훈과 모순되는 것을 가르치는 것은 성경에 모순되는 것보다도 더 큰 범죄이다."라고 되어 있습니다. 예수님은 마태복음 23장 25~26절에서 형식뿐인 그들의 정결 예식에 대하여 정죄하셨습니다.

당시 하나님의 말씀을 폐했던 장로들의 유전

- 손을 씻고 음식을 먹어야 하는 정결 예식

손을 씻지 않으면 먹지 않고, 시장에서 돌아와 물을 안 뿌리면 먹지 않고, 잔과 주발과 놋그릇을 씻는 일입니다(막 7 : 3-4). 그들은 하나님의 계명은 버리고 사람의 전통은 소중히 여겼습니다(막 7 : 8-13).

- 고르반

어느 불효자식이 "나의 재산은 다 고르반이 되었습니다."라고 맹세한 후 그 일부를 성전에 헌납하고 나머지 전체를 자기 소유로 삼아 부모 섬기기를 거부하는 일이 공공연하게 자행되었습니다. 심지어는 그가 후에 회개하여 부모를 공양하려고 해도 서기관의 법은 이를 허락하지 않았다고 합니다.

바리새인들의 이러한 유전 때문에 부모들은 당연히 받아야 할 것들을 도적질당하고 있는 셈이었습니다. 이런 자들이 예수님을 공박하기 위해 나섰다는 것은 자기 눈에 있는 들보는 보지 못하고 남의 눈에 있는 티를 보고 비난하는 격이 되었습니다(눅 6 : 41).[97] 예수께서는 경건의 탈을 쓰고 악한 동기를 가지고 부모와 친척을 도와주어야 할 의무를 벗어나려 했던 자들의 종교적 습관을 정죄하셨습니다.[98]

8 이 백성이 입술로는 나를 공경하되 마음은 내게서 멀도다 9 사람의 계명으로 교훈을 삼아 가르
치니 나를 헛되이 경배하는도다 하였느니라 하시고(마 15 : 8-9)

적용질문

1. 내게는 주님이 책망하셨던 바리새인의 외식과 유전은 없습니까? 위선과 선행의 차이는 무엇이라고 생각합니까?

2. 콩알이 성숙하기까지는 콩깍지가 있어 보호를 받아야 합니다. 그러나 콩알이 성숙하면 자연스럽게 콩깍지는 벗겨집니다. 오늘 내게 있어 결국은 버려도 될 콩깍지와 끝까지 가지고 있어야 할 콩알은 무엇입니까?

3. 경건하게 살려고 출발했던 바리새인들이 위선자, 회칠한 무덤이 된 이유가 무엇이라고 생각합니까?

2) 가나안 여인의 믿음(마 15 : 21-28)

21 예수께서 거기서 나가사 두로와 시돈 지방으로 들어가시니 22 가나안 여자 하나가 그 지경에
서 나와서 소리 질러 이르되 주 다윗의 자손이여 나를 불쌍히 여기소서 내 딸이 흉악하게 귀신
들렸나이다 하되 23 예수는 한 말씀도 대답하지 아니하시니 제자들이 와서 청하여 말하되 그 여
자가 우리 뒤에서 소리를 지르오니 그를 보내소서 24 예수께서 대답하여 이르시되 나는 이스라
엘 집의 잃어버린 양 외에는 다른 데로 보내심을 받지 아니하였노라 하시니 25 여자가 와서 예수
께 절하며 이르되 주여 저를 도우소서 26 대답하여 이르시되 자녀의 떡을 취하여 개들에게 던짐
이 마땅하지 아니하니라 27 여자가 이르되 주여 옳소이다마는 개들도 제 주인의 상에서 떨어지
는 부스러기를 먹나이다 하니 28 이에 예수께서 대답하여 이르시되 여자여 네 믿음이 크도다 네
소원대로 되리라 하시니 그때로부터 그의 딸이 나으니라

Q 딸의 상황으로 인하여 절박한 가나안 여자(막 7 : 24-30의 수로보니게 여인)가 예수님께 찾아와 도우심을 요청합니다. 그러나 그녀의 간청을 예수님은 냉대로 일관하셨습니다. 예수님의 속마음은 무엇일까요?

A 여인은 개도 주인의 상에서 떨어지는 부스러기를 먹는다고 더욱 겸손하게 주님께 다가감으로 주님의 마음을 감동하게 했습니다. 주님은 이 여인을 통해 믿음의 모범을 제시하고 싶어 하셨습니다.[99]

흉악하게 귀신들린 딸을 도와 달라는 여자의 간청에 예수님은 응답하지 않으셨고, 제자들은 그녀를 냉대했습니다. 더 나아가서는 예수님은 "나는 이스라엘 집의 잃어버린 양 외에는 다른 데로 보내심을 받지 아니하였다."고 거절하셨습니다. 그러나 그녀는 포기하지 않았습니다. 자기와 자기 딸이 살 수 있는 구원의 길이 예수님께만 있다는 사실을 그녀가 알았기 때문입니다. 때때로 주님은 우리 기도에 즉각 응답하지 않으시고 우리로 하여금 인내하게 할 때가 있습니다.

믿음은 바른 신앙고백입니다. 믿음의 대상이 누구인가를 정확하게 알고 그를 향한 나의 고백, 나의 갈망을 드리는 행위입니다. 믿음은 신뢰의 마음입니다. 이 분만이 나의 구원자라는 사실을 알았을 때 어떤 장애가 있다 할지라도 신뢰의 마음으로 끝까지 기다리고 기도하는 마음입니다. 믿음은 겸손히 그 앞에 엎드리는 마음입니다. 그 앞에 엎드려 경배하며 그의 은총을 기다리는 자세가 예배의 마음입니다. 하나님의 자녀가 되는 복은 유대인에게만 허락된 것이 아니고 시험을 이겨 낸 열심 있는 믿음을 소유한 자에게도 주어지는 은총입니다(롬 4 : 1-3, 갈 3 : 14).[100]

적용질문

1. 가나안 여인의 믿음을 크다고 칭찬하셨습니다. 무엇이 주님의 마음을 감동시켰다고 생각합니까?

2. 반복되는 광야의 훈련, 쉽게 풀리지 않는 고난은 우리를 하나님으로부터 밀쳐 냅니다. 그럼에도 불구하고 하나님께 매달리고, 감사 일지를 쓰고, 은혜의 찬양을 부르고 있습니까? 아니면 불평과 원망으로 시간을 보내고 있습니까?

3. 우리가 신앙으로 나아가는 길에는 장애가 많이 있습니다. 가나안 여인과 같은 방해와 모독, 냉대가 있을 수 있습니다. 그런 위기를 뚫고 승리한 간증이 있습니까?

3) 왕의 공급이 필요한 군중(마 15 : 29-39)

32 예수께서 제자들을 불러 이르시되 내가 무리를 불쌍히 여기노라 그들이 나와 함께 있은 지 이
미 사흘이매 먹을 것이 없도다 길에서 기진할까 하여 굶겨 보내지 못하겠노라 33 제자들이 이르
되 광야에 있어 우리가 어디서 이런 무리가 배부를 만큼 떡을 얻으리이까 34 예수께서 이르시되
너희에게 떡이 몇 개나 있느냐 이르되 일곱 개와 작은 생선 두어 마리가 있나이다 하거늘 35 예
수께서 무리에게 명하사 땅에 앉게 하시고 36 떡 일곱 개와 그 생선을 가지사 축사하시고 떼어 제
자들에게 주시니 제자들이 무리에게 주매 37 다 배불리 먹고 남은 조각을 일곱 광주리에 차게 거
두었으며 38 먹은 자는 여자와 어린이 외에 사천 명이었더라(마 15 : 32-38)

Q 주님은 우리 삶에 필요한 모든 문제까지도 책임지고 공급하고 채우시기를 원하십니다. 하나님께서 찾으시는 사람은 어떤 사람입니까?

A 하나님께서는 내 삶의 작은 모습들을 다 가지고 나와서 고백하고 도우심을 구하는 사람을 찾으십니다. 예수께서는 당신을 찾는 모든 사람의 필요를 일일이 살피십니다.

제자들은 14장에서 이미 오천 명을 먹이신 사건을 경험했지만 마태복음 15장 33절에서 다시 불신앙의 표현을 합니다.

제자들이 이르되 광야에 있어 우리가 어디서 이런 무리가 배부를 만큼 떡을 얻으리이까(마 15 : 33)

장소는 다시 광야였습니다. 이번에는 떡 일곱 개와 작은 생선 두 마리로 여자와 아이 외에 사천 명을 먹이시고 남은 떡이 일곱 광주리에 가득했습니다. 어떤 위기의 상황, 어떤 절망의 상황도 우리 주님에게 가져오면 그 일은 사람을 구원하며, 하나님께 영광을 돌릴 수 있는 기회로 바꾸어 집니다. 내가 주님께 가지고 왔던 기도의 제목들을 다시 점검해 보십시오. 형식적인 기도가 아닌 진정한 도움을 기대하는 인격적인 기도입니까?

적용질문

1. 온전한 사람은 없기에 우리의 삶에는 언제나 결핍의 영역이 있습니다. 나는 이 결핍을 어떻게 풀어가고 있습니까? 공급자 되시는 하나님을 신뢰하며 기다리고 있습니까? 내 힘으로 해

결하려고 세상 방법을 따르고 있지는 않습니까? 아니면 어쩔 수 없다고 자포자기하고 마음대로 삶을 살고 있지는 않습니까?

2. 나는 하나님을 나의 공급자로, 그리스도를 나의 생명의 떡으로 인정합니까? 나를 공급하시는 하나님을 간증해 보십시오.

3. 주님은 생명의 떡이시고, 우리는 전달자입니다. 나는 떡이신 그리스도를 누구에게 전달하고 있습니까?

3. 천국 열쇠(마 16장)

어떤 이들은 표적을 보고 예수님이 메시아이심을 인정하지만 어떤 이는 신성모독죄로 몰아넣으려고 합니다. 악인은 빛을 싫어하고 어두운 곳에 앉아 음모를 꾸밉니다(요 12 : 35).[101]

1) 바리새인과 사두개인의 관심사－표적, 누룩(마 16 : 1－12)

1 바리새인과 사두개인들이 와서 예수를 시험하여 하늘로부터 오는 표적 보이기를 청하니 2 예수
께서 대답하여 이르시되 너희가 저녁에 하늘이 붉으면 날이 좋겠다 하고 3 아침에 하늘이 붉고
흐리면 오늘은 날이 궂겠다 하나니 너희가 날씨는 분별할 줄 알면서 시대의 표적은 분별할 수
없느냐 4 악하고 음란한 세대가 표적을 구하나 요나의 표적 밖에는 보여 줄 표적이 없느니라 하
시고 그들을 떠나가시니라 5 제자들이 건너편으로 갈새 떡 가져가기를 잊었더니 6 예수께서 이
르시되 삼가 바리새인과 사두개인들의 누룩을 주의하라 하시니 7 제자들이 서로 논의하여 이르
되 우리가 떡을 가져오지 아니하였도다 하거늘 8 예수께서 아시고 이르시되 믿음이 작은 자들아
어찌 떡이 없으므로 서로 논의하느냐 9 너희가 아직도 깨닫지 못하느냐 떡 다섯 개로 오천 명을
먹이고 주운 것이 몇 바구니며 10 떡 일곱 개로 사천 명을 먹이고 주운 것이 몇 광주리였는지를
기억하지 못하느냐 11 어찌 내 말한 것이 떡에 관함이 아닌 줄을 깨닫지 못하느냐 오직 바리새인
과 사두개인들의 누룩을 주의하라 하시니 12 그제서야 제자들이 떡의 누룩이 아니요 바리새인과
사두개인들의 교훈을 삼가라고 말씀하신 줄을 깨달으니라

Q 이미 오병이어의 사건을 통해서 오천 명 이상을 먹이셨고 칠병이어의 사건을 통해서 사천 명 이상이나 먹이시는 엄청난 기적을 보여 주셨습니다. 말을 못하면 말을 하게 해 주

시고, 걷지 못하면 걷게 해 주시고, 배고프면 먹여 주셨습니다. 그러나 바리새인들은 이것들을 믿고 싶지 않았습니다. 다시 하늘로서 오는 표적을 보이라고 합니다. 예수님은 이들에게 어떻게 답하십니까?

A 예수께서는 그들 모두를 통틀어 악하고 음란한 세대라고 하셨습니다.

바리새인과 사두개인들은 서로가 서로를 경계하며 토라 해석에 대한 우위권을 점유하려고 다투다 보니 그들의 교훈은 토라의 진정한 의미를 드러내는 것이 아니라 상대방의 논리와 성경의 해석을 무너뜨리는 용도로 사용되었습니다. 따라서 이 교훈은 사람을 살리는 교훈이 아니라 죽이는 교훈입니다. 예수께서 악하고 음란한 세대라고 표현한 것은 그들의 종교적 자부심에 심각한 수치를 안겨 주는 표현입니다. 악하고 음란하다는 표현은 하나님을 떠난 이스라엘에 대한 상징적인 말입니다.[102)]

십자가와 부활은 악하고 음란한 세대에게 주시는 마지막 표적입니다. 요나의 메시지를 듣고도 회개하지 않은 사람이 있었다면 그는 심판을 면하지 못했을 것입니다. 예수님 당시에도 십자가와 부활의 역사를 보고도 믿지 못한 사람이 있었다면 그는 또 다른 희망을 기대할 수가 없습니다. 주님이 말씀하신 요나의 표적은 무엇을 의미합니까? 내가 내 주변의 사람들을 전도하려고 할 때 그들에게 보일 수 있는 표적은 무엇이 있습니까? 바리새인의 누룩을 주의하라는 말씀은 바리새인의 가르침, 교훈을 주의하라는 말씀입니다. 바리새인은 성경의 초월적 사건을 믿었으나 위선과 외식으로 성경의 진리를 왜곡시켰던 종교적 위선자들입니다. 사두개인들은 성경의 초자연적 교리나 천사의 존재, 부활을 부인하고 헬라 문화를 추구하는 현세적 세속주의자입니다. 예수님은 이들을 독사의 자식들이라고 정죄하시고(마 23 : 33), 화를 선언했습니다(마 23장). 그들은 당시 유대교의 지도자들이었기에 그들의 잘못된 교리나 가르침을 주의하라는 말씀입니다.

제자들에게 주의하라고 말씀하신 누룩들

'바리새인의 누룩'은 말만 하고 행하지 않는 형식적인 신앙입니다. '사두개인'은 영적인 세계, 사후의 세계를 거부하는 사람들입니다. 현실이 삶의 전부라고 말합니다. 바리새인과 사두개인이라는 누룩은 조금 넣어도 시간이 지날수록 전체로 옮겨 갑니다. 교만한 사람이 되기도 하고 공동체 전체가 자기 원래의 모습 외에 부풀어 오른 모습을 갖게 된다는 의미와 연결되어있습니다.[103)]

헤롯의 누룩(막 8 : 15) – 세상적 권력 추구

예수께서 경고하여 이르시되 삼가 바리새인들의 누룩과 헤롯의 누룩을 주의하라 하시니

정치와 종교를 혼합하려는 시도입니다. 권력 앞에 굴복하고 종교를 거기에 부속시키려 합니다(막 12 : 13–17).

예수를 죽이려고 늘 음모를 꾸밉니다(막 3 : 6).

예수를 멸시하며 희롱합니다(눅 23 : 8–12).

바리새인의 누룩(마 16 : 6, 11 – 12) – 어용 종교

[6] 예수께서 이르시되 삼가 바리새인과 사두개인들의 누룩을 주의하라 하시니 …… [11] 어찌 내 말
한 것이 떡에 관함이 아닌 줄을 깨닫지 못하느냐 오직 바리새인과 사두개인들의 누룩을 주의하
라 하시니 [12] 그제서야 제자들이 떡의 누룩이 아니요 바리새인과 사두개인들의 교훈을 삼가라
고 말씀하신 줄을 깨달으니라

사두개인의 누룩(마 16 : 6) – 세속주의

예수께서 이르시되 삼가 바리새인과 사두개인들의 누룩을 주의하라 하시니

내세 부활을 부인하고 현실만 존중하는 세속주의자(행 23 : 8)

권력자와 결탁하여 부귀영화 누리는 세속주의자(마 23 : 6)

속에 독사의 씨를 품고 사는 자(마 3 : 7)

신령한 하늘나라를 부인하는 현실주의자(마 22 : 23–32)

바리새인의 누룩은 형식 준수에만 몰두하고 독선과 가식에 빠진 위선주의였고 사두개인들의 누룩은 성경을 불신하며 현세의 영화와 헬라문화를 추구하는 세속주의였습니다(이상근 주석).

[23] 부활이 없다 하는 사두개인들이 그날 예수께 와서 물어 이르되 [24] 선생님이여 모세가 일렀으되
사람이 만일 자식이 없이 죽으면 그 동생이 그 아내에게 장가들어 형을 위하여 상속자를 세울지
니라 하였나이다 …… [29] 예수께서 대답하여 이르시되 너희가 성경도, 하나님의 능력도 알지 못

하는 고로 오해하였도다 30 부활 때에는 장가도 아니 가고 시집도 아니 가고 하늘에 있는 천사들
과 같으니라(마 22 : 23-24, 29-30)

장로들의 유전(마 15 : 1-2)-그릇된 의식주의(儀式主義)

1 그때에 바리새인과 서기관들이 예루살렘으로부터 예수께 나아와 이르되 2 당신의 제자들이 어
찌하여 장로들의 전통을 범하나이까 떡 먹을 때에 손을 씻지 아니하나이다

적용질문

1. **오늘 우리의 교회 안에도 예수님이 책망하신 헤롯의 누룩, 바리새인의 누룩, 사두개인의 누룩, 장로들의 유전이 있습니다. 어떤 것들을 찾을 수 있습니까?**

2. **오병이어 사건과 칠병이어 사건을 경험했음에도 바리새인들은 다시 하늘로서 오는 표적을 요청합니다. 주님은 이들의 요구를 거절하시고 요나의 표적 외에는 보일 게 없다고 말씀하셨습니다. 십자가와 부활이 어떻게 그들에게 표적이 될 수 있습니까?**(십자가의 사랑, 부활의 능력은 하나님의 아들만이 줄 수 있는 것이기에 표적이 됩니다.)

3. **바리새인, 서기관들, 유대인들은 메시야를 기다렸던 사람들입니다. 그런데 왜 자꾸 예수님과 멀어져 갔습니까?**

2) 하나님의 관심사-그 아들 예수 그리스도(마 16 : 13-20)

13 예수께서 빌립보 가이사랴 지방에 이르러 제자들에게 물어 이르시되 사람들이 인자를 누구라
하느냐 14 이르되 더러는 세례 요한, 더러는 엘리야, 어떤 이는 예레미야나 선지자 중의 하나라
하나이다 15 이르시되 너희는 나를 누구라 하느냐 16 시몬 베드로가 대답하여 이르되 주는 그리
스도시요 살아 계신 하나님의 아들이시니이다 17 예수께서 대답하여 이르시되 바요나 시몬아 네
가 복이 있도다 이를 네게 알게 한 이는 혈육이 아니요 하늘에 계신 내 아버지시니라 18 또 내가
네게 이르노니 너는 베드로라 내가 이 반석 위에 내 교회를 세우리니 음부의 권세가 이기지 못
하리라 19 내가 천국 열쇠를 네게 주리니 네가 땅에서 무엇이든지 매면 하늘에서도 매일 것이요
네가 땅에서 무엇이든지 풀면 하늘에서도 풀리리라 하시고 20 이에 제자들에게 경고하사 자기가
그리스도인 것을 아무에게도 이르지 말라 하시니라

Q "주는 그리스도시요 살아 계신 하나님의 아들이시니이다." 이 베드로의 신앙고백을 위대한 신앙고백이라고 합니다. 그 이유가 무엇입니까?

A 메시야로 오신 예수님의 정체성, 사역에 대한 성경적인 분명한 고백이기 때문입니다.

그의 아들을 이방에 전하기 위하여 그를 내 속에 나타내시기를 기뻐하셨을 때에 내가 곧 혈육과 의논하지 아니하고(갈 1 : 16)

베드로의 신앙고백은 예수님을 단순히 현세적 왕이나 대제사장적인 개념의 메시야로 고백하는 것이 아니라 이스라엘과 모든 인류를 고통과 고난과 아픔에서부터 에덴동산으로 인도하여 행복과 평화를 누릴 수 있도록 하는 근본적인 메시야로서의 고백이었기 때문입니다. 그의 고백은 예수님의 의도를 정확히 파악한 고백이기도 합니다.[104]

'살아 계신 하나님의 아들'이라는 개념은 하나님의 씨를 가지고 이 땅에 오신 분이라는 뜻입니다. 아담이 하나님의 형상을 받았으나 타락함으로 사람은 뱀의 아들, 독사의 새끼가 되어 버렸습니다. 주님은 다시 이 씨를 가지고 오셔서 우리 속에 하나님의 형상을 넣으십니다.

'그리스도'라는 개념은 성령의 기름 부음을 주러 오신 분이라는 뜻입니다. 이스라엘에서는 왕, 제사장, 선지자를 세울 때 기름을 부었습니다. 이 세 가지 직분은 이 땅에 하나님의 나라를 건설하기 위해 세워진 신령한 직분들입니다. 주님은 이 땅에 하나님의 나라를 세우러 오신 왕이며, 제사장이며, 선지자이십니다. 우리에게도 동일하게 성령으로 기름 부으셔서 이 세 직분을 감당하게 하십니다. 예수님을 따르고자 하는 자들에게는 예수님의 진정한 정체성에 관한 영적 통찰력이 필요하며 세상을 이기는 확고한 믿음이 요구됩니다(벧전 5 : 9).[105]

……내가 이 반석 위에 내 교회를 세우리니 음부의 권세가 이기지 못하리라(마 16 : 18b)

예수님은 이 반석 위에 교회를 세우겠다고 하십니다. 반석이 무엇입니까? 베드로의 신앙고백입니다. 곧, 신앙고백의 내용인 예수님을 의미합니다. 결국 반석이신 그리스도는 씨와 통치권이라는 두 기둥을 중심으로 우리와 함께 교회를 세워 가시는 구속사를 전개해 가십니다. 교회는 주님이 세우십니다. 교회는 곧 새로운 하나님의 백성입니다. 그들은 바로 예수님을 그리스도와 살아 계신 하나님의 아들로 믿고 고백하는 공동체입니다.[106] 주님이 세우신 교회는 음부의 권세가 이기지 못합니다. 음부의 권세는 음부의 문들이라고도 번역합니다. 세상 사람들은 음부의 문을 이기지 못하므로 죽으면 다 음부의 문으로 들어갑니다. 교회의 원수들의 모든 음모, 책동 그리고 악한 계획들은 교회를 이기지 못할 것입니다.[107]

누가 이런 교회를 주님과 함께 세워 가는 동역자입니까? 곧 예수님을 살아 계신 하나님의 아들로, 그리스도로 만난 사람들입니다. 그들에게는 다시 하나님의 형상인 하나님의 씨가 심기고, 정복하고 다스릴 수 있는 통치권(그리스도를 통한 기름 부음)이 부여되기 때문입니다(창 1 : 26–28). 교회의 설립 기초는 예수님에 대한 올바른 신앙고백입니다. 또한 교회는 이 세상에 있는 하나님 나라의 그림자, 모형이기도 합니다. 그런 역할을 다하고 있습니까? 교회는 땅에서 매고 푸는 대로 하늘에서도 매이고 풀리게 되는 하나님의 전권을 위임받았기에 그리스도의 제자들에게 교회 중심적인 신앙생활이 요구됩니다.[108)]

고대인들의 관습 중 신전을 세울 때 바위 위에 세우고, 신상 역시 바위나 돌에 새기는 것이 있습니다. 바위는 부정이 통과할 수 없는 물질이라는 의미를 가지고 있습니다. 질그릇은 부정이 스며들 수 있어 부정이 스며들었다 여길 경우 질그릇을 깨어 버리지만 돌그릇은 부정이 스미지 않기 때문에 물로 씻으면 됩니다.[109)]

내가 천국 열쇠를 네게 주리니 네가 땅에서 무엇이든지 매면 하늘에서도 매일 것이요 네가 땅에서 무엇이든지 풀면 하늘에서도 풀리리라 하시고(마 16 : 19)

매고 푸는 천국의 열쇠를 너에게 주겠다고 말씀하셨습니다. 이것은 베드로 개인에게만 주신 것이 아니요, 동일한 신앙고백을 하는 모든 그리스도인에게 주신 약속입니다. 성경에서 열쇠는 권한과 청지기 직분을 상징합니다(사 22 : 22, 눅 11 : 52). 베드로는 이 열쇠를 유대인들과(행 2장), 사마리아인들(행 8장), 이방인들(행 10장)의 믿음의 문을 열어 줄 때(행 14 : 27) 사용하였습니다. 이것은 바로 청지기 직분을 말하는 것입니다.

일반적으로 성소의 문은 밖에서 열고 들어가는 것이 아니라 안에서 열어야만 열리는 열쇠를 사용했습니다. 이와 같이 천국도 하나님이 안쪽에서 문을 열어 주셔야만 들어갈 수 있습니다. 밖에 있는 사람의 의지와 상관없이 안에 있는 사람들의 의지에 따라 열리고 닫히는 문입니다. 성소의 문을 열고 닫는 열쇠라고 한다면 베드로의 역할은 제사장이 됩니다.[110)]

적용질문

1. 예수님은 왜 살아 계신 하나님의 아들로 오셔야 했습니까?

2. 그리스도란 이름으로 오신 이유는 무엇입니까?

3. 나의 삶에 천국(하나님 나라)을 열게 하려면 어떻게 해야 됩니까?

3) 예수님의 관심사–십자가의 도(마 16 : 21–28)

21 이때로부터 예수 그리스도께서 자기가 예루살렘에 올라가 장로들과 대제사장들과 서기관들
에게 많은 고난을 받고 죽임을 당하고 제삼 일에 살아나야 할 것을 제자들에게 비로소 나타내
시니 22 베드로가 예수를 붙들고 항변하여 이르되 주여 그리 마옵소서 이 일이 결코 주께 미치지
아니하리이다 23 예수께서 돌이키시며 베드로에게 이르시되 사탄아 내 뒤로 물러가라 너는 나를
넘어지게 하는 자로다 네가 하나님의 일을 생각하지 아니하고 도리어 사람의 일을 생각하는도
다 하시고(마 16 : 21–23)

Q 예수님은 십자가와 부활을 위하여 오셨기에 자신이 누구인가를 정확하게 고백하는 베드로의 신앙고백을 듣고서야 비로소 조심스럽게 말씀하기 시작하셨습니다. 그 말씀의 내용이 무엇입니까?

A 비로소 주님은 자신이 죽어야 한다는 사실을 말씀하셨습니다. 베드로의 신앙고백은 예수님 사역의 분수령이 되어서 이제부터는 십자가로 나아갈 준비를 하시게 됩니다.

지금부터는 기적을 행하시는 사역보다는 말씀과 교훈을 많이 주시는 사역을 하셨고 더 나아가 제자들을 훈련하고 준비시키는 일에 더 집중하셨습니다. 그리고 고난을 향해 예루살렘으로 나아가십니다. 대제사장과 장로, 서기관, 산헤드린 공회에서 정죄되고 결국 죽임을 당하러 가십니다.

베드로가 지적받았던 '사람의 일'이란 개념은 무엇입니까? 사탄이 내 삶 속에 뿌려 놓은 사람의 일은 무엇이 있습니까? 내가 살기 위해 남을 죽이는 행위를 말합니다. 우리의 마음 가운데 있는 이기적이고 자기중심적이고 본능적인 것들은 전부 우리를 죽이게 하는 것들입니다. 하나님의 일을 생각해야 할 사람이 사람의 일을 생각했습니다. 사람의 일을 생각하게 하는 것이 사탄의 일입니다. 사람의 생각은 늘 사탄에게 이용됩니다. 사람의 생각은 구속사를 방해합니다. 사탄은 우리가 하나님을 위하여 희생하지 못하게 합니다. 자기 자신을 부인하지 못하게 하고 언제 어디서나 베드로처럼 자기를 주장하게 합니다.

그렇다면 하나님의 일은 무엇입니까? 하나님의 일은 살리는 일입니다. 그런데 살리기 위해서는 먼저 내가 죽어야 합니다. 십자가만이 생명을 살릴 수 있습니다. 내가 죽어야 다른 생명을 살릴 수 있습니다. 예수님의 십자가를 지고 내가 죽으면 생명이 살아납니다. 그래서 주님은 자기 십자가를 져야 한다고 말씀합니다.

이에 예수께서 제자들에게 이르시되 누구든지 나를 따라오려거든 자기를 부인하고 자기 십자가를 지고 나를 따를 것이니라(마 16 : 24)

주님을 따르기 위해 참된 주님의 제자가 되기 위해 필요한 조건이 무엇입니까? 자기를 부인하고 십자가를 지는 일입니다. 자기부인 없이, 십자가 없이 주님의 뒤를 따르는 것은 진정한 의미에서의 따름이 아닙니다. 그렇게 따르는 자는 제자가 아닙니다. 자기부인이란 하나님께 자기의 뜻, 감정, 몸 그리고 영혼까지 바치라는 의미입니다. 자신의 행복을 최고의 목적으로 추구하지 말고 오히려 모든 것, 심지어 자기의 목숨까지라도 기꺼이 드려야 한다는 말입니다.[111)]

25 누구든지 제 목숨을 구원하고자 하면 잃을 것이요 누구든지 나를 위하여 제 목숨을 잃으면 찾
으리라 26 사람이 만일 온 천하를 얻고도 제 목숨을 잃으면 무엇이 유익하리요 사람이 무엇을 주
고 제 목숨과 바꾸겠느냐(마 16 : 25-26)

우리가 예수님을 처음 만났을 때는 병도 고침받고, 소원도 응답받고 예수님을 통하여 얻고 누리는 일이 축복이었습니다. 그러나 성숙하게 되면, 적어도 예수님을 하나님의 아들로, 그리스도로 고백한 이후에는 섬기고, 희생하고, 손해 보는 일이 더 많아져야 합니다.

적용질문

1. 예수님은 하나님 나라를 위해, 우리의 구원과 풍성한 삶을 위해 기꺼이 자신을 십자가에 내어 놓으셨습니다. 나는 주님을 위해, 하나님 나라의 건설을 위해 무엇을 희생하고, 드렸습니까?

2. 지금까지 내가 살아오면서 교회와 구속사, 하나님 나라를 위해 기여한 것이 있다면 어떤 것이 있습니까?

3. 내가 자원하여 내 욕심과 자아를 내려놓으면 십자가, 자기부인, 헌신이라고 표현합니다. 그러나 하나님에 의해 내려놓을 수밖에 없도록 밀어붙여진 삶은 광야입니다. 나의 삶은 헌신의 삶입니까, 광야의 삶입니까?

그러므로 누구든지 이 어린아이와 같이

자기를 낮추는 사람이 천국에서 큰 자니라

제8강

왕국 백성들

마태복음 17-20장

8

왕국 백성들

17–20장

1. 왕의 영광(마 17장)

영광의 왕으로 변모하심(마 17 : 1–13)

기도가 부족한 제자들의 불신앙(마 17 : 14–21)

수난에 대한 두 번째 예고와 제자들의 근심(마 17 : 22–23)

2. 천국을 사는 원리들(마 18–19장)

천국의 주인공으로 사는 비결(마 18 : 1–14)

천국의 열쇠를 사용하십시오(마 18 : 15–20).

가정을 하나님의 통치의 장으로 만드십시오(마 19 : 3–12).

주를 위해 헌신한 자들에 대한 보상(마 19 : 23–30)

3. 왕의 약속(마 20장)

천국의 일꾼으로 우리를 부르심(마 20 : 1–16)

주님과 함께 고난을 받는 동역자로 부르심(마 20 : 20–28)

예수를 다윗의 후손으로 오신 왕으로 만나게 하심(마 20 : 29–34)

1. 왕의 영광(마 17장)

1) 영광의 왕으로 변모하심(마 17 : 1–13)

엿새 후에 예수께서 베드로와 야고보와 그 형제 요한을 데리시고 따로 높은 산에 올라가셨더니(마 17 : 1)

Q 제자들은 모세와 엘리야와 더불어 예수님의 신적 주권과 광채를 볼 수 있었습니다. 그곳에 베드로와 요한과 야고보가 예수님과 함께 있었습니다. 이 변형 사건은 우리에게 무엇을 말해 주고 있습니까?(마 16 : 28)

A 수난, 승리, 영광으로 이어지는 예수님의 십자가 사역의 결과를 보여 주고 있습니다. 이 변형은 예수님의 승리와 장차 다가올 왕국의 영광을 미리 보여 주고 있습니다.

마태는 17장의 변화산 사건에 대한 해석을 16장의 맨 마지막에서 먼저 기록하고 있습니다. 이것은 인자가 그 왕권을 가지고 오는 재림에 대해 미리 보여 주는 의미입니다.

진실로 너희에게 이르노니 여기 서 있는 사람 중에 죽기 전에 인자가 그 왕권을 가지고 오는 것을 볼 자들도 있느니라(마 16 : 28)

"여기 서 있는 사람 중에 죽기 전에 인자가 그 왕권을 가지고 오는 것을 볼 자들도 있느니라." 하신 말씀이 바로 이 사건을 지칭하는 말씀이었습니다.[112] 변화산에서 변모하신 사건은 마태복음 16장의 사건이 있은 후 만 6일 후에 있었던 일입니다. 예수께서는 그 한 주간을 완료하는 시점에 제자들로 하여금 주님의 부활과 천국의 영광을 미리 맛보게 하셨습니다(J. P. Lange). 그 사건의 현장에 있었던 베드로 사도도 변모 사건을 '우리 주 예수 그리스도의 능력과 강림하심 때 보여 줄 그의 크신 위엄'을 자신이 친히 보았다고 간증합니다.

16 우리 주 예수 그리스도의 능력과 강림하심을 너희에게 알게 한 것이 교묘히 만든 이야기를 따른 것이 아니요 우리는 그의 크신 위엄을 친히 본 자라 17 지극히 큰 영광 중에서 이러한 소리가 그에게 나기를 이는 내 사랑하는 아들이요 내 기뻐하는 자라 하실 때에 그가 하나님 아버지께 존귀와 영광을 받으셨느니라 18 이 소리는 우리가 그와 함께 거룩한 산에 있을 때에 하늘로부터 난 것을 들은 것이라(벧후 1 : 16–18)

잠시 후 예수께서 가장 치욕스러운 십자가를 지실 것이지만, 그것(변화산 변모 사건)은 예수님과 나아가 모든 성도의 최종적인 승리를 위한 것이며, 그 영광의 정도가 완벽함을 보여 주어 예수님이 수난을 당하신 후에도 제자들이 흔들리지 않는 확신과 용기와 희망을 품도록 해줍니다(톰슨 Ⅱ 주석).

모세와 엘리야의 등장(마 17 : 2–3)

2 그들 앞에서 변형되사 그 얼굴이 해같이 빛나며 옷이 빛과 같이 희어졌더라 3 그때에 모세와 엘리야가 예수와 더불어 말하는 것이 그들에게 보이거늘(마 17 : 2–3)

'모세'는 율법을 전해 준 하나님의 종으로서 메시야의 예표적 인물이었고, '엘리야'는 모든 예언자의 대표입니다. 율법과 예언을 중심으로 하는 이스라엘 신앙에서 이 두 사람은 대표적인 인물들이고 율법과 예언은 구약의 두 틀입니다. 이 두 사람의 출현은 예수님이 이들이 대망하던 '메시야'이심을 입증하는 증거이며 전 구약이 예언했던 바로 그 메시야 왕국을 실현하실 분이 그리스도라는 사실을 강력하게 증거하는 메시지가 됩니다.

하나님의 아들이며 그리스도이신 예수님만이 십자가의 수난을 통하여 하나님의 뜻을 이루실 수 있습니다. 그리고 부르심을 받은 제자들은 예수님의 구원 사역을 이어받아 온 세상에 복음을 전할 자들로서 예수의 수난에 동참하며 부활의 영광을 누릴 것입니다.[113] 모든 것이 다 물러가고 오직 그리스도를 믿는 그 믿음의 길만이 남게 됩니다.[114]

"너희는 그의 말을 들으라"

4 베드로가 예수께 여쭈어 이르되 주여 우리가 여기 있는 것이 좋사오니 만일 주께서 원하시면 내가 여기서 초막 셋을 짓되 하나는 주님을 위하여, 하나는 모세를 위하여, 하나는 엘리야를 위하여 하리이다 5 말할 때에 홀연히 빛난 구름이 그들을 덮으며 구름 속에서 소리가 나서 이르시되 이는 내 사랑하는 아들이요 내 기뻐하는 자니 너희는 그의 말을 들으라 하시는지라(마 17 : 4–5)

① 베드로는 율법과 선지자를 복음과 동일시하는 잘못을 범하고 있습니다. 모세와 엘리야는 주인 되시는 예수님을 보여 주고, 예언하는 종의 역할을 했던 사람들입니다. 동일한 예우는 합당하지 못한 일입니다. 율법과 선지자는 완성될 복음을 위해서 존재합니다. 하나님께서는 베드로의 실수를 교정해 주십니다.

② 베드로는 늘 서두르고 충동적인 응답으로 실수가 잦았습니다. "너는 말하지 말고 내 아들에게 들으라."는 내용으로 이해할 수 있습니다. 우리는 말하지 않고 주께 듣는 법을 훈련해야 합니다.

그러므로 누구든지 나의 이 말을 듣고 행하는 자는……(마 7 : 24a)

불법을 행하지 않으려면 늘 말씀을 듣고, 그분의 뜻이 무엇인지 정확하게 헤아릴 수 있어야 합니다.

23 그때에 내가 그들에게 밝히 말하되 내가 너희를 도무지 알지 못하니 불법을 행하는 자들아 내게서 떠나가라 하리라 24 그러므로 누구든지 나의 이 말을 듣고 행하는 자는 그 집을 반석 위에 지은 지혜로운 사람 같으리니(마 7 : 23-24)

율법과 예언의 대표는 사라지고 예수님만 남았습니다.

제자들이 눈을 들고 보매 오직 예수 외에는 아무도 보이지 아니하더라(마 17 : 8)

율법과 예언을 성취하시기 위해 예수님이 오셨습니다. 그가 이 모든 구약의 예표와 약속을 완성하십니다. 하나님 나라의 완성, 구속사의 완성, 하나님 뜻의 완성을 위해 예수님은 오셨습니다.

적용질문

1. 변화산 사건은 예수님이 재림에 대해 미리 보여 준 영광의 사건이었지만 제자들은 이것을 이해하지 못했습니다. 베드로는 순간적인 감정에 이끌려 이곳에 초막 셋을 짓자는 성급한 발언을 합니다. 구속사가 아닌 자신들의 이기적인 위로와 기쁨에 마음을 빼앗겼습니다. 나는 늘 주의 나라와 의를, 하나님을 먼저 구합니까? 아니면 출세, 성공, 물질, 욕망, 건강, 명예, 스펙과 같은 것들에 마음을 집중시키고 있습니까?

2. 모세와 엘리야는 율법과 예언의 대표이지만 예수 그리스도를 예표하는 종에 불과합니다. 두 종과 주인을 나란히 세우는 일은 매우 무례한 처사입니다. 혹 예수님이 받으셔야 할 영광, 대접, 칭찬을 내가 가로챈 적은 없습니까? 주인을 잘 모시는 종이라고 스스로 말할 수 있겠습니까?

3. 우리는 듣기 보다는 말하기를 좋아합니다. 그러나 "너희는 그의 말을 들으라"라고 말씀하십니다. 나는 주의 음성을 듣고자 집중하는 사람입니까? 아니면 내 자녀, 배우자, 이웃의 소리에 더 귀를 기울이며 사는 사람입니까?

2) 기도가 부족한 제자들의 불신앙(마 17 : 14-21)

예수께서 그의 열두 제자를 부르사 더러운 귀신을 쫓아내며 모든 병과 모든 약한 것을 고치는 권능을 주시니라(마 10 : 1)

[17] 예수께서 대답하여 이르시되 믿음이 없고 패역한 세대여 내가 얼마나 너희와 함께 있으며 얼
마나 너희에게 참으리요 그를 이리로 데려오라 하시니라 …… [20] 이르시되 너희 믿음이 작은 까
닭이니라 진실로 너희에게 이르노니 만일 너희에게 믿음이 겨자씨 한 알 만큼만 있어도 이 산을 명하여 여기서 저기로 옮겨지라 하면 옮겨질 것이요 또 너희가 못할 것이 없으리라(마 17 : 17, 20)

[28] 집에 들어가시매 제자들이 조용히 묻자오되 우리는 어찌하여 능히 그 귀신을 쫓아내지 못하였나
이까 [29] 이르시되 기도 외에 다른 것으로는 이런 종류가 나갈 수 없느니라 하시니라(막 9 : 28-29)

Q 세 제자가 산 위에서 예수님의 영광스러운 변형을 체험하는 동안에, 다른 아홉 제자들은 산 아래에서 한 아이를 괴롭히고 있는 귀신을 쫓아내지 못해 쩔쩔매고 있었습니다. 왜 제자들이 귀신을 쫓아내지 못했다고 주님은 말씀하십니까?(마 17 : 17, 20, 막 9 : 28-29)

A 예수님께로부터 귀신을 쫓아내는 권능을 받았던 제자들이(마 10 : 1) 이같이 무기력했던 이유는 그들에게 믿음과 기도가 부족했기 때문이라고 말씀합니다.

예수님이 안 계신 산 아래는 경련을 일으키며 거품을 품는 아이와 이런 아들을 두고 애태우는 그의 아버지, 그 아이를 고치지 못해 쩔쩔매는 아홉 제자, 그리고 그들을 조롱하는 서기관들(막 9 : 14)로 일대의 혼란이 일어나고 있습니다. 이는 마치 예수님이 없는 교회의 모습과 같았습니다.[115]

귀신들린 아이의 아버지는 산에서 내려오시는 예수님께 다가와 무릎을 꿇고 아이를 낫게

해 주실 것을 간청합니다. 예수님은 제자들과 아이 아버지의 불신앙(막 9 : 22-24)을 책망하고 귀신을 쫓아내심으로써 아이가 다시 정상적인 생활을 할 수 있도록 은혜를 베푸셨습니다. 주님은 이런 비극과 절망 가운데 있는 사람에게 찾아오셔서 귀신을 쫓아 주시고 자유롭게 해 주셨습니다. 이것이 복음입니다. 우리는 자유와 평화를 주시는 그리스도를 만나야 합니다. 그 그리스도를 전함으로 사람들을, 세상을 구원해야 합니다.

믿음이 겨자씨만큼만 있어도

……진실로 너희에게 이르노니 만일 너희에게 믿음이 겨자씨 한 알 만큼만 있어도 이 산을 명하여 여기서 저기로 옮겨지라 하면 옮겨질 것이요 또 너희가 못할 것이 없으리라(마 17 : 20)

겨자씨는 너무나 작아 벌새가 꽃가루를 옮겨 주면 그 작은 꽃가루가 생명을 피워 냅니다. 겨자씨가 작고 형편없어도 죽으면 생명이 피어납니다. 겨자씨만한 믿음이라는 말은 생명력, 살아있는 믿음을 말합니다.[116)]

성경 시대의 믿음은 우리가 생각하는 것처럼 단순히 인식적 또는 감정적인 동의를 말하는 것이 아닙니다. 여기서 믿음은 한 공동체 속에서 서로가 관계를 맺고 연합되는 것을 의미합니다. 그러므로 믿음이란 그 공동체에 접착됨으로 누리게 되는 권리입니다. 따라서 리더의 능력은 공동체의 능력이며, 공동체에 속한 사람들의 능력입니다. 예수님께 속한 사람은 예수님의 능력을 갖습니다. 다만 믿음을 가지고 예수님을 주인으로 인정하는 것, 그 인정과 받아들임은 예수님의 능력을 모두 나눌 수 있는 열쇠와 같은 것입니다.[117)]

주님께서 제자들의 적은 믿음을 힐책하셨으니, 이는 그들이 믿음을 가지긴 하였으나 그 분만을 의뢰하는 큰 믿음이 아닌 자신의 능력을 믿는 믿음을 가졌기 때문이었습니다. 제자들은 믿음의 양 때문이 아니라 믿음의 종류(kind), 믿음의 질(quality)이란 면에서 꾸중을 들었을 것입니다.[118)]

두 길, 두 질서, 두 노선

13 좁은 문으로 들어가라 멸망으로 인도하는 문은 크고 그 길이 넓어 그리로 들어가는 자가 많고
14 생명으로 인도하는 문은 좁고 길이 협착하여 찾는 자가 적음이라(마 7 : 13-14)

아담 이래로 이 세상에는 두 길, 두 질서, 두 노선이 있습니다. 우리는 싫든지, 좋든지 그

두 길 중 하나를 선택해야 합니다. 아니 본인이 모르는 상황 중에 그 둘 중 하나의 길을 택해 살아가고 있습니다.

상황 /소속	마귀에게 속한 자	예수에게 속한 자
자유의 상태	죄와 사망이 왕 노릇 하는 자 (롬 5 : 14, 21)	은혜가 왕 노릇 하고, 생명 안에서 본인이 왕 노릇 함(롬 5 : 17)
그를 지배하는 법, 질서	죄와 사망의 법이 지배	생명의 성령의 법이 지배

생명의 성령의 법은 우리를 회복시키고, 변화시키고, 성장시킵니다. 생명 안에서 왕 노릇 할 수 있도록(롬 5 : 17) 성장시키고 권세를 주십니다. 복의 근원으로서, 축복의 유통자로서 만나는 사람들마다 생명을 주고, 회복을 주고, 축복을 나눕니다.

이는 그리스도 예수 안에 있는 생명의 성령의 법이 죄와 사망의 법에서 너를 해방하였음이라(롬 8 : 2)
살리는 것은 영이니 육은 무익하니라 내가 너희에게 이른 말은 영이요 생명이라(요 6 : 63)

사흘 길 쯤 애굽을 나가라(출 5 : 1–3)

1 그 후에 모세와 아론이 바로에게 가서 이르되 이스라엘의 하나님 여호와께서 이렇게 말씀하시
기를 내 백성을 보내라 그러면 그들이 광야에서 내 앞에 절기를 지킬 것이니라 하셨나이다 2 바로
가 이르되 여호와가 누구이기에 내가 그의 목소리를 듣고 이스라엘을 보내겠느냐 나는 여호와를
알지 못하니 이스라엘을 보내지 아니하리라 3 그들이 이르되 히브리인의 하나님이 우리에게 나타
나셨은즉 우리가 광야로 사흘 길쯤 가서 우리 하나님 여호와께 제사를 드리려 하오니 가도록 허
락하소서 여호와께서 전염병이나 칼로 우리를 치실까 두려워하나이다(출 5 : 1–3)

왜 애굽을 떠나라 하였습니까? 애굽을 떠나지 않으면 유월절을 경험했다 할지라도 이스라엘은 여전히 바로의 국고성 건축을 도우며 사는 바로의 하수인이요 노예로 남아있기 때문입니다. 사흘 길쯤 나가 제사를 드릴 때 비로소 우리는 그리스도인으로서의 삶을 시작할 수 있습니다. 내 길이 아닌 주님을 따라 십자가의 길을 사흘 길로 따라 나서야 비로소 하나님을 만나는 제사와 그 기쁨의 절기를 누릴 수 있습니다. “사흘 길쯤 나가라”는 말을 어떻게 이해할 수 있습니까? 짐 보따리를 싸 들고 이사를 한다는 개념으로 이해를 한다면 구체적인 어떤 행

동들을 시작하는 것으로 접근할 수 있습니다.

① 우선 나의 삶의 변화를 위하여 끊을 것들, 버릴 것들, 떠나야 할 것들에 대하여 목록을 정하고, 계획을 세웁니다.

예) TV 시청 시간, 인터넷, 게임, 스마트폰 사용, 내게 좋지 않은 영향을 주는 불신자들의 모임, 친구 만남 제한하기 등

② 내게 적극적인 영향을 줄 수 있는 보고, 들을 거리를 통해 영적 양식을 공급합니다. 보고 듣는 것은 우리 내면 형성에 매우 중요한 감각들입니다(롬 10 : 17).

예) 성경 읽기, 경건서적 읽기, 자기 개발 도서 읽기 등

③ 좋은 교제를 통해 도전과 자극을 받습니다.

예) 예배, 셀모임, 스터디 그룹 등

④ 계획에 대한 시도와 상황, 결과들을 기록하여 검증, 보완, 수정 계획 등을 세워 지속적으로 훈련합니다.

⑤ 매 3일씩 계획을 세우고 시도해 보십시오. 한꺼번에 다 이룬다고 생각하지 말고 실패해도 다시 사흘만 계획을 세워 다시 시도해 봅니다.

적용질문

1. 제자들에게 예수님의 모든 권한을 넘겨주었음에도 불구하고 그들은 귀신을 쫓아내지 못하고 예수님께 꾸중을 들었습니다. 왜 그들은 귀신 들린 환자를 치료하지 못했습니까? 혹 내게도 이런 경험이 있습니까?

2. 예수 그리스도를 신뢰하고, 바라고, 따르는 일이 믿음의 길입니다. 믿음의 원리를 그대로 따르면 제자가 됩니다. 제자가 되는 일에 있어서 내게 있는 문제점은 무엇입니까? 나는 주님이 주신 권리와 책임을 누리면서 왕 같은 제사장으로서의 삶을 살아가고 있다고 말할 수 있습니까? 어떤 간증을 나눌 수 있습니까?

3. 나는 몸과 마음이 다 출애굽한 사람입니까, 마음이 아직도 애굽에 남아 있지는 않습니까? 지금 진행되고 있는 나의 광야의 수업은 어떤 과목입니까? 반복되는 광야는 없습니까? 이 광야를 통과하기 위해 나는 어떤 결단을 가져야 합니까?

3) 수난에 대한 두 번째 예고와 제자들의 근심(마 17 : 22-23)

[22] 갈릴리에 모일 때에 예수께서 제자들에게 이르시되 인자가 장차 사람들의 손에 넘겨져 [23] 죽임
을 당하고 제삼 일에 살아나리라 하시니 제자들이 매우 근심하더라(마 17 : 22-23)

Q 예수님의 두 번째 수난 예고에 제자들이 심히 근심하였습니다. 마가복음 9장 32절에 의하면 제자들은 예수의 수난 예고를 깨닫지도 못하고 그에 대해서 더 묻기도 두려워했다고 기록되어 있습니다. 제자들이 근심하고 두려워 한 이유가 무엇입니까?

A 제자들은 십자가 없는 영광을 기대했습니다. 예수님이 지겠다는 십자가도 거절하시도록 강청했고, 자신들이 져야 할 십자가에 대해서도 근심했습니다.

모두가 다 희생하고, 섬기고, 죽는 일은 싫어합니다. 그러나 모든 생명체는 희생물을 통하여 생명이 존속합니다. 죄인이 살아나는 길은 오직 십자가의 희생을 통해서만 가능합니다. 하나님의 뜻에 어긋난 생각은 사탄이 주는 것으로 제자들의 근심은 하나님의 관점으로 생각하지 않고 자기의 선입견으로 문제에 접근한 데서 비롯된 것입니다.

[21] 이때로부터 예수 그리스도께서 자기가 예루살렘에 올라가 장로들과 대제사장들과 서기관들
에게 많은 고난을 받고 죽임을 당하고 제삼 일에 살아나야 할 것을 제자들에게 비로소 나타내
시니 [22] 베드로가 예수를 붙들고 항변하여 이르되 주여 그리 마옵소서 이 일이 결코 주께 미치지
아니하리이다 [23] 예수께서 돌이키시며 베드로에게 이르시되 사탄아 내 뒤로 물러가라 너는 나를
넘어지게 하는 자로다 네가 하나님의 일을 생각하지 아니하고 도리어 사람의 일을 생각하는도
다 하시고(마 16 : 21-23)

예수께서는 제자들에게 마음에 근심하지 말고 나를 믿으라고 명하시며 하늘에서 주는 평안을 내리셨습니다(요 14 : 27). 하나님의 일을 생각하는 자, 살아 계신 하나님을 믿고 그분이 보내신 예수 그리스도를 믿는 자만이 모든 두려움과 근심을 이길 수 있습니다.[119)]

적용질문

1. 가정이나 공동체가 생명을 얻고 살아나는 길은 누군가 희생하고 섬길 때 가능합니다. 나는 희생하는 자입니까? 내 몫을 챙기는 자입니까?

2. 예수님의 십자가는 나의 십자가를 요청합니다(마 16 : 24 – 25). 예수님의 십자가만 자랑하고 나의 십자가를 거절한다면 그는 제자가 아닙니다. 지금 내게 있어서 못 박아 처리해야 할 자기 부인, 자기 십자가는 무엇입니까?

3. 제자에게는 스승의 스피릿이 흘러가야 합니다. 예수님을 좇아 해산하는 수고로 당신이 섬기는 제자가 있습니까?(갈 4 : 19)

나의 자녀들아 너희 속에 그리스도의 형상을 이루기까지 다시 너희를 위하여 해산하는 수고를 하노니(갈 4 : 19)

2. 천국을 사는 원리들(마 18–19장)

1) 천국의 주인공으로 사는 비결(마 18 : 1 – 14)

[3] 이르시되 진실로 너희에게 이르노니 너희가 돌이켜 어린아이들과 같이 되지 아니하면 결단코 천국에 들어가지 못하리라 …… [6] 누구든지 나를 믿는 이 작은 자 중 하나를 실족하게 하면 차라리 연자 맷돌이 그 목에 달려서 깊은 바다에 빠뜨려지는 것이 나으니라 [7] 실족하게 하는 일들이 있음으로 말미암아 세상에 화가 있도다 실족하게 하는 일이 없을 수는 없으나 실족하게 하는 그 사람에게는 화가 있도다(마 18 : 3, 6 – 7)

Q “천국에서는 누가 크니이까?” 제자들이 예수님에게 이런 질문을 한 동기는 결코 선한 것이 아니었습니다. 열두 제자는 암암리에 그들 사이에서 커갔던 경쟁심 내지는 시기심에서 우열 논쟁을 벌이다가 이 질문을 던졌습니다(막 9 : 33 – 34). 예수님의 대답은 어린아이를 예로 천국의 주인공으로 사는 비결을 알려 주십니다. 어떻게 사는 것이 어린아이처럼 사는 삶입니까?(마 18 : 3, 6 – 7, 10, 막 9 : 35–37)

A 자신을 겸손하게 낮추며 남을 무시하거나 해치지 않는 삶을 살아야 합니다.

낮추는 삶

누구든지 큰 자가 되고 싶다면 자기 자신을 스스로 낮추는 겸손을 터득해야 합니다.[120] ‘어린아이’란 천진함이나 순결함이나 믿음의 이상형으로서가 아니라, 겸손의 이상형으로서 또는 사회적 지위에 대한 무관심의 대표격으로서 내세워지고 있습니다. 아이의 겸손이란 그가 본질상 연약하여 혼자 힘으로 살 수 없고 부모의 품 안에서만 평안할 수 있듯이 하나님의 뜻에 절대 순복(順服), 그분의 보호 아래서만 살고자 하는 겸손함(골 4 : 11, 12, 요일 5 : 14), 그리고 자신에 대해 지나치게 과대평가하거나 자기를 비하하지 않고 있는 그대로의 상태를 부끄러움 없이 솔직하게 드러내는 것을 의미합니다. 또한 다른 사람에 대해 의심하거나, 계산하지 않는 순수성을 지니고 가르침에 대해 단순한 마음으로 받아들이며, 신뢰와 믿음을 그 믿음의 본바탕으로 하고 있기 때문에 어린아이는 천국 시민의 모델이 되고 있습니다.[121]

타인을 존중하는 삶

작은 자(소자)라는 개념은 우리가 쉽게 대하거나, 쉽게 무시할 수 있는 사람을 의미합니다. 이 소자는 어떤 상황에서 사리를 분별하지 못하는 모든 사람입니다.[122] 그렇지만 그 사람들은 하늘의 하나님을 보는 사람들입니다. 내가 업신여기는 그 사람을 하나님과 천사가 보호하고 있습니다. 내가 형편없는 인생임을 안다면 나를 힘들게 하는 영적, 육적으로 미숙한 사람들을 품고 가야 합니다. 내가 천국에서 큰 자가 되도록 그들이 수고하고 있습니다.[123]

신약성경에서 참된 신앙과 경건은 고아와 과부를 환난 중에 돌아보며 세속에 물들지 않는 것이라고 했습니다(약 1 : 27). 이처럼 소자는 하나님께서 특별한 관심을 기울이시는 대상이며 그들의 조그마한 어려움조차도 외면하지 않으십니다. 그러기에 사회적 약자라 할지라도 업신여기지 말고 도리어 돌아보아 필요한 것을 채워 주는 후원자의 역할을 감당해야 합니다.[124]

어린아이 같은 겸손(Campbell Morgan)

어린아이 같은 상태까지 내려가야 합니다. 어린아이는 발전하기 위해 교육받고 교훈을 기다리는 불완전한 존재입니다. 자신의 작음과 나약함과 불완전을 고백하는 자들입니다.

어린아이는 단순합니다. 자유스럽고 자연스러울 뿐 아니라 교활함이나 의도적인 사악함이 없습니다. 하나님의 나라는 제 이기심을 위하여 교회를 이용하려는 자들이 아니라 순전함으로 다가서는 자들에게 열려 있습니다.

어린아이는 복종을 잘합니다. 어린아이는 감수성이 예민할 뿐 아니라 자신이 불완전하다는 사실 때문에 교훈과 가르침을 쉽게 받아들이며 자기가 배운 것을 삶으로 표현하기를 즐기며 다른 이의 권위나 지혜에 복종하기를 즐겨합니다. 하나님 나라는 이런 자들의 것이며 왕이신 하나님께 기꺼이 복종할 준비가 되어 있는 자들이 하나님 나라의 참 백성입니다.[125]

적용질문

1. 어린아이는 자신을 의지하지 않고 철저히 부모를 의존합니다. 하나님은 우리가 어린아이처럼 하나님을 의지하기를 원하십니다. 외롭게 하고, 배신과 왕따를 경험하도록 하여 오직 하나님 외에는 의지할 것이 없도록 연단하는 곳이 광야입니다. 내가 경험한 나의 광야를 분석해 보십시오.

2. 작은 자를 실족하게 한 일은 없었습니까? 나는 어떤 사람을 가볍게 대합니까? 혹은 어떤 상태에서 쉽게 남에게 상처를 주고 실족하게 하는지를 찾아봅시다.

3. 서로 경쟁하고 시샘하는 것은 십자가의 길에 역행하는 모습입니다. 나에게 라이벌이 있습니까? 그를 어떻게 대해야 합니까? 하늘에서 큰 자가 되기 위하여 지금 내가 취해야 할 행동은 무엇입니까?

2) 천국의 열쇠를 사용하십시오(마 18 : 15-20).

Q "무엇이든지 너희가 땅에서 매면 하늘에서도 매일 것이요 무엇이든지 땅에서 풀면 하늘에서도 풀리리라"는 말씀처럼 주님은 천국의 열쇠를 우리에게 주셨습니다. 이 천국의 열쇠는 네 가지로 이해할 수 있습니다. 성경적으로 천국을 여는 열쇠 4가지를 찾아내 보십시오(마 4 : 17, 18 : 15-20, 21-35, 롬 5 : 17).

A 회개기도, 합심기도, 용서, 통치자로서의 살리는 언어 사용

"회개하라 천국이 가까이 왔느니라"는 말씀에 근거하여 회개할 때에 천국이 열립니다. 인류의 모든 비극은 죄로부터 시작되었습니다. 따라서 죄 문제를 해결하고 회개해야 천국이 열립니다. 죄를 버려야 잘 살 수 있습니다. 죄를 버려야 마귀가 우리를 떠납니다.

이때부터 예수께서 비로소 전파하여 이르시되 회개하라 천국이 가까이 왔느니라 하시더라(마 4 : 17)

사람을 통해서 천국은 열립니다. 우리가 기도하면 하나님이 역사하실 수 있는 통로가 마

련됩니다. 복음을 전하는 일이 선지자적 기능을 감당하는 것이라면 다른 사람을 위해서 기도하는 일은 제사장적 기능입니다. 특별히 두세 사람이 합심하여 기도하면 그곳에 하나님의 임재가 임한다고 약속하셨습니다. 예배와 기도는 하늘 문을 여는 행위입니다. '두 사람'이란 말과 '합심하여'라는 말이 중요합니다. 하나님은 두 사람을 기뻐하십니다. 개인적인 신앙의 성장보다는 교회, 그리스도의 몸으로 엮어지기를 원하십니다. 합심하여야 합니다. 기도제목을 나누고, 서로 사랑하고 격려하는 마음으로 교통해야 합니다.

18 진실로 너희에게 이르노니 무엇이든지 너희가 땅에서 매면 하늘에서도 매일 것이요 무엇이든
지 땅에서 풀면 하늘에서도 풀리리라 19 진실로 다시 너희에게 이르노니 너희 중의 두 사람이 땅
에서 합심하여 무엇이든지 구하면 하늘에 계신 내 아버지께서 그들을 위하여 이루게 하시리라
20 두 세 사람이 내 이름으로 모인 곳에는 나도 그들 중에 있느니라(마 18 : 18-20)

나에게 잘못한 지체를 용서해야 합니다. 누군가를 미워하면 먼저 내가 그 증오의 틀에 묶입니다. 누군가를 용서하면 그 자유와 평안이 나를 해방시킵니다. 시비를 가리지 않고 일흔 번씩 일곱 번이라도 끝까지 기다리고 참고 인내하고 용납하는 사람이 천국을 소유한 사람입니다.

21 그때에 베드로가 나아와 이르되 주여 형제가 내게 죄를 범하면 몇 번이나 용서하여 주리이까
일곱 번까지 하오리이까 22 예수께서 이르시되 네게 이르노니 일곱 번뿐 아니라 일곱 번을 일흔
번까지라도 할지니라 …… 35 너희가 각각 마음으로부터 형제를 용서하지 아니하면 나의 하늘
아버지께서도 너희에게 이와 같이 하시리라(마 18 : 21-22, 35)

인간은 하나님께 뿐만 아니라 모든 타인에 대해서도 상호 범죄하게 됩니다. 하나님은 죄인 된 나를 용서하시며 용납하십니다. 하나님의 용서를 받은 우리의 용서 대상은 모든 사람입니다. 무한정 용서하라는 말씀입니다. 내가 받은 만큼 용서할 수 있습니다. 참 용서는 사랑하는 마음에서 오며, 사랑은 타인의 잘못을 기억하지 않습니다(고전 13장).

서서 기도할 때에 아무에게나 혐의가 있거든 용서하라 그리하여야 하늘에 계신 너희 아버지께서도 너희 허물을 사하여 주시리라 하시니라(막 11 : 25)
우리가 우리에게 죄지은 모든 사람을 용서하오니 우리 죄도 사하여 주시옵고 우리를 시험에 들게 하지 마시옵소서 하라(눅 11 : 4)

진정한 용서를 한 사람만이 기도할 수 있고(마 5 : 23-26), 용서받을 특권이 있고(마 6 : 14-15), 심판을 이길 수 있습니다(약 2 : 13). 눈도 마주치기 싫은 지체가 있습니까? 용서하고 관용의 태도를 보이는 것이 어떤 가르침, 전도보다 힘이 있습니다. 용서는 순리입니다. 새가 하늘을 날고, 물고기가 물속에서 헤엄치듯, 용서는 하나님의 질서입니다. 내가 오늘 중심으로 용서해야 할 가족, 이웃이 누구입니까?[126] 하나님의 용서를 온몸으로 경험한 자만이 온몸으로 형제자매의 잘못을 용서하고 그를 받아들일 수 있습니다. 용서는 기독교인의 전인격을 변화시키는 하나님의 능력입니다.[127]

우리는 생명 안에서 왕 노릇 해야 할 왕 같은 제사장들입니다. 왕의 말은 곧 법이요, 권세가 있습니다. 왕은 나라를 다스리며 사람들을 살리는 일을 하는 사람입니다. 지금도 영적 세계, 정신의 세계에서는 언어가 곧 왕권을 행사하는 무기가 됩니다. 우리는 이 언어로 말씀을 대언하고, 생기를 대언하고, 복을 대언해야 합니다. 우리가 선포할 때 천국이 열립니다. 부정적 언어를 사용하게 되면 그만큼 제한을 받습니다. 멍에와 사슬을 푸는 언어의 권세를 사용하십시오. 그리스도인에게 주신 통치권은 언어를 통해 역사합니다.

한 사람의 범죄로 말미암아 사망이 그 한 사람을 통하여 왕 노릇 하였은즉 더욱 은혜와 의의 선물을 넘치게 받는 자들은 한 분 예수 그리스도를 통하여 생명 안에서 왕 노릇 하리로다(롬 5 : 17)
유대인이나 헬라인이나 차별이 없음이라 한 분이신 주께서 모든 사람의 주가 되사 그를 부르는 모든 사람에게 부요하시도다(롬 10 : 12)

적용질문

1. 나는 천국을 여는 사람입니까, 닫는 사람입니까? 나를 만나는 사람들이 살아납니까, 죽어갑니까?

2. 용서할 수 없는 사람이 있습니까? 내가 용서한 만큼 내가 용서를 받을 수 있다고 하는데 그래도 절대로 용서할 수 없는 사람이 있습니까?

우리가 우리에게 죄지은 자를 사하여 준 것 같이 우리 죄를 사하여 주시옵고(마 6 : 12)

3. 성숙된 자의 표지는 건강한 언어입니다. 나의 언어생활은 어떠합니까? 연약한 사람이라도 지지하고 격려하며, 장점을 찾아 칭찬하는 언어입니까? 지적하고 비판하는 언어입니까?

3) 가정을 하나님의 통치의 장으로 만드십시오(마 19 : 3-12).

4 예수께서 대답하여 이르시되 사람을 지으신 이가 본래 그들을 남자와 여자로 지으시고 5 말씀
하시기를 그러므로 사람이 그 부모를 떠나서 아내에게 합하여 그 둘이 한 몸이 될지니라 하신
것을 읽지 못하였느냐 6 그런즉 이제 둘이 아니요 한 몸이니 그러므로 하나님이 짝지어 주신 것
을 사람이 나누지 못할지니라 하시니(마 19 : 4-6)

Q 결혼은 하나님의 창조 행위이며(마 19 : 4), 결혼 안에는 분리와 연합의 원리가 있습니다(마 19 : 5-6, 창 2 : 24), 결혼은 둘이 아닌 하나의 원리입니다(마 19 : 5-6). 누구와 분리되며 누구와 연합합니까?(창 2 : 24)

A '사람이 그 부모를 떠나서' - 분리의 원리
'그 둘이 한 몸이 될지니라' - 연합의 원리

남녀가 한 몸을 이루기 위한 우선적인 조건은 부모와의 분리에서 시작됩니다. 부모와의 관계를 완전히 청산하는 것이 아니라 다만 마음의 의존의 우선순위, 섬김의 우선순위가 부모님에게서 배우자에게로 바뀐다는 뜻입니다. 에덴동산에서 한 남자와 한 여자를 짝지어 주신 분은 하나님이시며, 인간이 배우자를 만나는 것은 하나님의 창조질서에 의한 것임을 깨닫게 해 주십니다. 하나님은 사람의 독처하는 것을 기뻐하지 않으셨습니다. 연합은 인간의 삶에 중요한 비밀입니다. 우리는 두 사람의 연합을 훈련으로 넷, 다섯 식구의 연합을 경험하게 되며 나아가서는 서로 다른 환경과 구조를 가진 사람과의 연합으로 교회를 이루고, 더 나아가서는 우리 인간과는 전혀 다른 차원에 계시는 하나님과의 연합을 기대하게 됩니다.

돕는 배필을 삼기 위해서 아내를 주셨습니다(창 2 : 18). 잠언 기자는 아내를 얻는 자는 복을 얻고 여호와께 은총을 받는 자(잠 18 : 22)라고 말합니다. 그러기에 더욱 중요한 것은 남편은 아내를, 아내는 남편을 주관하여 서로 복종하고 섬기는 관계가 되어야 합니다. 예수께서 자기 목숨을 내어 주기까지 교회를 사랑하신 것처럼 남편들은 아내를 사랑해야 하며, 교회가 주되신 예수님께 복종하듯이 아내들은 남편에게 복종해야 한다고 가르칩니다(엡 5 : 22-25).[128]

Don't walk in front of me, I can not follow you.
내 앞으로 가지 마세요, 나는 당신을 따라갈 수 없어요.
Don't walk in behind of me, I can not lead you.

내 뒤로도 오지 마세요, 나는 당신을 이끌어갈 수 없어요.
Let's walk side by side, I want to be your friend.
우린 함께 나란히 손잡고 가요, 나는 당신의 친구가 되고 싶어요.

– 정태기의 「숨겨진 상처의 치유」 중에서

적용질문

1. 나는 나의 배우자를 세워 주는 자입니까? 약점을 찾아 비난하고 공격하는 자입니까?

2. 하나님은 나를 배우자의 돕는 배필로 세워 주셨습니다. 내가 도와야 할 나의 배우자의 약한 부분은 어떤 것들이 있습니까? 나는 돕는 자로서 그의 약한 부분들을 잘 보필하고 있습니까?

3. 부모님과는 분리의 원칙을, 배우자와는 연합의 원칙을, 이 두 질서를 따르되 어느 하나에게 치우치지 않고 조화를 이루면서 잘 살아가고 있습니까?

4) 주를 위해 헌신한 자들에 대한 보상(마 19 : 23–30)

27 이에 베드로가 대답하여 이르되 보소서 우리가 모든 것을 버리고 주를 따랐사온데 그런즉 우
리가 무엇을 얻으리이까 28 예수께서 이르시되 내가 진실로 너희에게 이르노니 세상이 새롭게
되어 인자가 자기 영광의 보좌에 앉을 때에 나를 따르는 너희도 열두 보좌에 앉아 이스라엘 열
두 지파를 심판하리라 29 또 내 이름을 위하여 집이나 형제나 자매나 부모나 자식이나 전토를 버
린 자마다 여러 배를 받고 또 영생을 상속하리라 30 그러나 먼저 된 자로서 나중 되고 나중 된 자
로서 먼저 될 자가 많으니라(마 19 : 27–30)

Q 사람의 힘으로는 하나님의 나라에 들어갈 수 없다고 하신 예수님의 엄격한 말씀에 불안을 느낀 제자들이 영생에 대한 확증을 얻고자 "우리가 모든 것을 버리고 주를 따랐사온데 무엇을 얻으리이까?"라고 질문을 하였습니다. 예수님의 답변은 어떠합니까?

A 세상이 새롭게 되어 인자가 자기 영광의 보좌에 앉을 때에 나를 따르는 너희도 열두 보좌에 앉아 이스라엘 열두 지파를 심판하리라. 또 내 이름을 위하여 집이나 형제나 자매나 부모나 자식이나 전토를 버린 자마다 여러 배를 받고 또 영생을 상속하리라.

여러 배를 받고, 영생을 상속하리라.

그리스도의 복음을 위해 집, 부모, 형제를 버린 자는 신앙 공동체의 일원으로서 영적 가족이 되어 수많은 신앙의 형제자매를 얻게 될 것이며(마 12 : 49–50), 또한 그는 비록 물질은 상실했지만 물질보다 더 영원하고 가치 있는 참 평안과 사랑과 행복의 실제이신 예수 그리스도를 얻게 될 것입니다. 마가에 의하면 여러 배의 축복은 이생에서 핍박과 더불어 받는 것이며 영생의 축복은 내세에서 받는 것으로 나누어져 있습니다(막 10 : 30). 성도가 이 세상에서 자기희생의 대가로 받는 축복은 물질적인 차원의 풍족함이며, 내세에서 받는 축복은 영적인 차원의 풍성함, 즉 영원한 생명과 그 나라를 유업(遺業)으로 상속받는 것입니다(마 5 : 5, 21 : 38, 25 : 34).

하나님은 역사의 주관자이십니다. 그렇기 때문에 역사는 무의미한 혼란의 진행이 아닙니다. 이는 모든 고난과 투쟁, 모든 희망과 절망이 잊혀지지 않고 성취될 것이라는 것을 의미하며, 이 성취는 예수님의 도래처럼 언제나 새롭게 인간이 기대한 것과는 전혀 다르게 나타날 것입니다.[129]

적용질문

1. '이 땅의 삶'과 '영원한 삶' 중에 어디에 더 마음을 두고 삽니까? 영원히 없어지지 않는 영원한 가치들(하나님 나라, 구속사, 교회, 말씀, 영혼 등)을 위하여 어떤 투자를 하고 있습니까?

2. '내 이름을 위하여 집이나 형제나 자매나 부모나 자식이나 전토를 버린 자'라는 말씀은 무엇을 의미합니까? 나는 주님을 위하여 무엇을 버렸으며, 어떤 희생을 드렸습니까?

3. 주님 앞에 갔을 때 나에게 영광스러운 통치를 하도록 허락하신다면 그것은 어떤 이유 때문일 것으로 생각하십니까? 나는 왕의 족보에 들어갈 일을 하고 있습니까?

3. 왕의 약속(마 20장)

1) 천국의 일꾼으로 우리를 부르심(마 20 : 1–16)

[1] 천국은 마치 품꾼을 얻어 포도원에 들여보내려고 이른 아침에 나간 집 주인과 같으니 [2] 그가 하
루 한 데나리온씩 품꾼들과 약속하여 포도원에 들여보내고 [3] 또 제삼 시에 나가 보니 장터에 놀
고 서 있는 사람들이 또 있는지라 [4] 그들에게 이르되 너희도 포도원에 들어가라 내가 너희에게

상당하게 주리라 하니 그들이 가고 5 제육 시와 제구 시에 또 나가 그와 같이 하고 6 제십일 시에
도 나가 보니 서 있는 사람들이 또 있는지라 이르되 너희는 어찌하여 종일토록 놀고 여기 서 있
느냐 7 이르되 우리를 품꾼으로 쓰는 이가 없음이니이다 이르되 너희도 포도원에 들어가라 하니
라 8 저물매 포도원 주인이 청지기에게 이르되 품꾼들을 불러 나중 온 자로부터 시작하여 먼저
온 자까지 삯을 주라 하니 9 제십일 시에 온 자들이 와서 한 데나리온씩을 받거늘 10 먼저 온 자들
이 와서 더 받을 줄 알았더니 그들도 한 데나리온씩 받은지라 11 받은 후 집 주인을 원망하여 이
르되 12 나중 온 이 사람들은 한 시간밖에 일하지 아니하였거늘 그들을 종일 수고하며 더위를 견
딘 우리와 같게 하였나이다(마 20 : 1－12)

Q 주님은 이른 아침부터 오후까지, 우리의 시간으로 생각할 때 이른 아침, 9시, 12시, 오후 3시와 5시까지 품꾼을 부르셨습니다. 그리고는 보상을 똑같이 하셨습니다. 무엇을 말씀하고 계십니까?

A 은혜 주시려는 자에게 은혜를 주시는 하나님의 주권을 강조하고 있습니다.

하나님은 어떤 일정한 시기에만 일꾼을 세우시는 것이 아니고, 그 어느 시기에든지 계속적으로 세우시고 그 일꾼이 충성하는 것을 보시고 상을 주십니다. 하나님께는 불의하심이 없고 동시에 자유롭게 은혜 베푸실 권리가 있습니다(마 20 : 13－15, 롬 9 : 14－15). 오후 5시경에 고용된 자처럼, 일하지 않고 세월을 보내며, 인생을 허비한 자도 주님은 구원하시며, 또 불러 일하게 하시고, 상급을 주시려고 일을 맡기셨습니다. 이것이 은혜 주려는 자에게 자유롭게 은혜를 주시는, 하나님의 주권입니다. 그렇다면 우리가 할 일은 무엇입니까?

우리는 먼저 된 자가 되기 위하여 부름을 받은 때부터 땀 흘리고 수고해야 합니다. 그러나 우리가 할 일은 나 같은 무용지물도 불러 주시고(딤전 1 : 12－15), 일찍 온 자에게 약속을 지켜주시고, 늦게 온 자에게는 은혜로 대우해 주시고(엡 2 : 8－10), 양보다 질을 보시는(눅 21 : 1－4) 하나님의 은혜에 감사하고 최선을 다하여 응답할 뿐입니다. 왕이신 예수님은 우리를 일꾼으로 사용하겠다고 말씀하십니다. 모두가 똑같이 은혜로 부름을 받았습니다. 그러므로 은혜가 적다고 불평해서는 안 됩니다. 부르심의 일도 하나님의 주권이고 보상하시는 일도 하나님이 하실 일입니다. 아침에 온 자나 저녁에 온 자나 동일한 품삯을 주었습니다. 개인적으로 볼 때 어려서 믿었거나 나이 들어 믿었거나 동일한 구원에 이름을 알 수 있습니다. 구원보다 더 큰 상급이 없는데 사사건건 저울질하며 불평하고 원망하고 있지는 않습니까? 영 시에 부름을 받았어도 열한 시에 부름받은 사람의 위치에서 아무도 써 주는 사람이 없는 고통과 아픔을 통감하고 맡은 바 일을 성실히 수행해야 합니다. 함께 일하는 자들을 한 주인을 섬기는 천국의 백성으로 보는 겸손의 마음이 필요합니다.[130]

적용질문

1. 천국은 품꾼을 포도원에 보내려고 이른 아침에 나간 집 주인과 같다고 비유로 말씀하셨습니다. 이른 아침부터 일한 자와 늦은 시간에 와서 짧게 일한 자를 동일한 보상으로 주시는 '하나님의 은혜'에 대한 비유입니다. 내가 경험한 하나님의 은혜를 설명해 보십시오.

2. 나는 일찍 부름을 받았습니까, 늦게 부름을 받았습니까? 교회 안에서 뒤늦게 들어온 자가 영적으로 앞서 가는 모습을 볼 때 어떤 마음이 들었습니까?

3. 일찍 부름을 받은 사람은 앞서 가야 하고, 나중 부름을 받은 자는 뒤에 따라가는 게 정상입니다. 그런데 왜 먼저 된 자가 나중 되고, 나중 된 자가 먼저 되는 구조가 만들어 집니까?

2) 주님과 함께 고난을 받는 동역자로 부르심(마 20 : 20-28)

20 그때에 세베대의 아들의 어머니가 그 아들들을 데리고 예수께 와서 절하며 무엇을 구하니 21 예
수께서 이르시되 무엇을 원하느냐 이르되 나의 이 두 아들을 주의 나라에서 하나는 주의 우편에,
하나는 주의 좌편에 앉게 명하소서 22 예수께서 대답하여 이르시되 너희는 너희가 구하는 것을 알
지 못하는도다 내가 마시려는 잔을 너희가 마실 수 있느냐 그들이 말하되 할 수 있나이다 23 이르시
되 너희가 과연 내 잔을 마시려니와 내 좌우편에 앉는 것은 내가 주는 것이 아니라 내 아버지께서
누구를 위하여 예비하셨든지 그들이 얻을 것이니라 24 열 제자가 듣고 그 두 형제에 대하여 분히 여
기거늘 25 예수께서 제자들을 불러다가 이르시되 이방인의 집권자들이 그들을 임의로 주관하고 그
고관들이 그들에게 권세를 부리는 줄을 너희가 알거니와 26 너희 중에는 그렇지 않아야 하나니 너
희 중에 누구든지 크고자 하는 자는 너희를 섬기는 자가 되고 27 너희 중에 누구든지 으뜸이 되고자
하는 자는 너희의 종이 되어야 하리라 28 인자가 온 것은 섬김을 받으려 함이 아니라 도리어 섬
기려 하고 자기 목숨을 많은 사람의 대속물로 주려 함이니라(마 20 : 20-28)

Q 예수님이 고난과 죽음을 예고하시고 그 성취를 위해 예루살렘으로 향하시는 순간에도, 제자들은 '주의 나라', 곧 '메시야 왕국'에 대해 오해하고 서로 자리다툼을 하고 있었습니다. 이에 대한 예수님의 답변은 무엇이었습니까?

A 너희 중에 누구든지 크고자 하는 자는 너희를 섬기는 자가 되고 너희 중에 누구든지 으뜸이 되고자 하는 자는 너희의 종이 되어야 하리라(마 20 : 26-27).

사람은 태어났기 때문에 죽어가지만, 주님은 죽기 위해 태어나셨습니다(마이어 주석). '주의 나라'의 특징은 섬김과 겸손에 있으며, 스스로 죄인들을 위해 목숨까지 바치는 섬김에 있습니다. 천국의 통치는 타인의 희생을 요구하는 것이 아니라 바로 '내'가 희생하고 타인을 위하여 고난을 감수하는 희생입니다. 예수께서는 세상의 군왕들과 달리 섬김을 받으러 온 것이 아니라고 하셨습니다. 그런데 사람들은 오히려 이 사실 때문에 예수님이 오셨을 때 영접하지 않았습니다. 사람들은 예수께서 세상의 왕처럼 행동하기를 원했습니다. 그들의 마음은 그들이 그분의 백성이 되고 그분의 보상과 상급을 받는 으뜸 민족이 되고자 하는 욕망으로 가득 차 있었습니다.[131] 하나님의 나라에는 통치자이신 예수님 자신이 섬기는 종이십니다. 대속물의 본질은 고난과 섬김의 종으로서, 희생의 죽음으로 자기 생명을 십자가에 내놓는 것입니다. 자신은 고난을 받고 목숨을 버릴지라도 다른 이들을 사랑으로 섬기는 것이 천국 통치의 방향입니다. 그리스도처럼 대속의 자세와 섬기려는 의지를 지닌 자만이 천국을 섬기는 자로서 인정받을 수 있습니다. 주는 우리 모두를 위해, 인내와 사랑으로서 섬기는 자(종)의 모습을 취하고 복종하셨습니다.

적용질문

1. 예수님은 죽기까지 우리를 섬기기 위해 오셨습니다. 인류 구원이 목적이었습니다. 나의 삶과 죽음의 목적은 무엇입니까?(롬 14 : 6－8)

[6] 날을 중히 여기는 자도 주를 위하여 중히 여기고 먹는 자도 주를 위하여 먹으니 이는 하나님께 감사함이요 먹지 않는 자도 주를 위하여 먹지 아니하며 하나님께 감사하느니라 [7] 우리 중에 누구든지 자기를 위하여 사는 자가 없고 자기를 위하여 죽는 자도 없도다 [8] 우리가 살아도 주를 위하여 살고 죽어도 주를 위하여 죽나니 그러므로 사나 죽으나 우리가 주의 것이로다(롬 14 : 6－8)

2. 나는 섬기는 리더입니까, 군림하며 지시하는 리더입니까? 나는 주로 남을 시키는 유형입니까, 내가 먼저 솔선수범하는 유형입니까? 가정에서, 직장에서, 공동체에서 나는 주로 어떤 위치에서 사람들과 함께 일을 합니까?

3. 예수님의 리더십은 자신의 모든 것을 다 내어 주는 십자가 리더십이었습니다. 그러나 우리는 남을 밟고라도 내가 살아야 하는 이기적이고, 그릇된 마음으로 살 때가 많습니다. 우리를 제자로 부르시면서 자기를 부인하고 자기 십자가를 지라고 요청하십니다. 삶의 자세가 어떻게 바뀌져야 합니까?

3) 예수를 다윗의 후손으로 오신 왕으로 만나게 하심(마 20 : 29–34)

29 그들이 여리고에서 떠나 갈 때에 큰 무리가 예수를 따르더라 30 맹인 두 사람이 길가에 앉았다
가 예수께서 지나가신다 함을 듣고 소리 질러 이르되 주여 우리를 불쌍히 여기소서 다윗의 자손
이여 하니 31 무리가 꾸짖어 잠잠하라 하되 더욱 소리 질러 이르되 주여 우리를 불쌍히 여기소서
다윗의 자손이여 하는지라 32 예수께서 머물러 서서 그들을 불러 이르시되 너희에게 무엇을 하
여 주기를 원하느냐 33 이르되 주여 우리의 눈 뜨기를 원하나이다 34 예수께서 불쌍히 여기사 그
들의 눈을 만지시니 곧 보게 되어 그들이 예수를 따르니라(마 20 : 29–34)

Q 하나님은 우리에게 다윗의 자손으로 오신 예수 그리스도를 만나게 하십니다. 여리고로 지나가실 때에 맹인 두 사람이 예수님이 지나간다는 얘기를 듣고 크게 소리 지르고 도움을 요청했습니다. 그날 그들은 예수님을 만남으로 인생의 중요한 문제들을 해결받습니다. 그들이 그러한 은총을 경험할 수 있도록 행했던 그들의 행동은 무엇입니까?

A 길가에서 예수님을 기다리고 있었습니다. 그들은 예수님을 향해 "주여 우리를 불쌍히 여기소서" 큰 소리로 도움을 요청했습니다. "무엇을 하여 주기를 원하느냐?"라는 예수님의 물음에 "주여, 우리의 눈 뜨기를 원하나이다."라고 답했습니다.

예수님이 잘 다니시는 곳에 있어야 합니다. 예수님이 나타나시는 곳, 그러한 모임, 그러한 예배 등을 소홀히 해서는 안 됩니다. 일어나 예수님께 나와야 합니다. 그들을 꾸짖어 '잠잠하라'하는 사람들의 방해와 윽박지름도 무시하고 도움을 요청했습니다. 주님을 만나기를 원하는 사람은 주님께 나아가는 길을 가로막는 모든 것을 버리고 주님 앞에 부복해야 합니다. 주님만이 눈을 뜨게 하실 수 있음을 알고 부르짖은 자들은 응답을 받을 것입니다. 주님은 부르짖는 자를 외면하지 않으십니다.[132]

"주여 우리를 불쌍히 여기소서 다윗의 자손이여 하니 무리가 꾸짖어 잠잠하라 하되 더욱 소리 질러 가로되 주여 우리를 불쌍히 여기소서 다윗의 자손이여 하는 지라"(마 20 : 30–31). 비록 세상이 보기에 하찮은 맹인에 불과했으나 이들에게는 왕을 알아보는 안목이 있었습니다. 다윗의 자손이란 칭호를 사용하는 이유는 메시야를 받아들이지 않은 이스라엘에게 그분을 알리기 위함입니다. 예수님을 비난하고 거부했던 이스라엘과 달리 예수님을 영접했던 유대 사회의 소외자들, 즉 맹인, 눈멀고 벙어리 된 자, 아이들, 이방 여인들의 태도를 부각시켜 이스라엘이 하지 못한 고백을 하며 이스라엘인들에게 한 증거가 되게 합니다.[133]

인류 구원의 거대한 일을 위하여 예루살렘으로 올라가시는 예수님의 발걸음을 멈추게 한 사건의 주인공들입니다. 두 맹인 가운데 하나는 바디매오였습니다(막 10 : 46). 이들은 어떻게 자신들의 문제를 해결받을 수 있었습니까? 만약 내게 이들처럼 정말 풀어야 할 인생의 큰 문제가 있다면 더욱 더 적극성을 띠어야 합니다. 말씀에 귀를 기울이고, 집중해서 잘 듣고, 찬양하고 기도할 때도 마음을 다하여 하고, 졸거나 다른 잡념에 싸여서는 안 됩니다. 시력이 회복된 자는 주님을 항상 따라가야 합니다. 우리 믿음의 처음 시작에서 빛을 주신 분은 우리의 모든 순례의 길을 통하여 빛을 비춰 주실 것입니다. 비록 사망의 그늘과 어두운 골짜기를 지날 때에도 빛이 되어 주실 것입니다.[134)]

적용질문

1. 맹인 두 사람은 예수님이 지나가신다는 소식을 듣고 힘을 다하여 주님을 찾았습니다. 무리가 꾸짖어 잠잠하라 하였지만 더욱 소리 질러 도움을 요청했습니다. 내게도 이 두 사람 같은 진지하고도 절박한 자세로 주님을 만나야겠다는 갈증이 있습니까?

2. 내가 주님을 향해 나아가는 데 장애가 되고 문제가 되는 요인들은 무엇입니까? 스스로 이길 힘이 있습니까? 지금의 장애와 광야를 어떻게 뚫고 나갈 수 있습니까?

3. 두 맹인은 예수님을 만난 이후로 눈이 밝아졌습니다. 예수님을 주로, 왕으로 모신 이후 내 삶에 나타난 가장 큰 변화는 무엇입니까?

그가 큰 나팔소리와 함께 천사들을 보내리니

그들이 그의 택하신 자들을

하늘 이 끝에서 저 끝까지 사방에서 모으리라

제9강

두 왕국의 대결

마태복음 21－25장

9

두 왕국의 대결

21－25장

1. 왕의 예루살렘 입성(마 21장)

나귀 새끼를 타고 입성하신 왕(마 21 : 1–11)

기도하는 집으로서의 성전(마 21 : 12–17)

이스라엘이 버린 돌이 이방인의 머릿돌이 됨(마 21 : 42–46)

2. 왕의 변론(마 22장)과 책망(마 23장)

혼인 잔치 비유(마 22 : 1–14)

가장 큰 계명은 무엇입니까?(마 22 : 34–40)

왕이 싫어하는 바리새인과 서기관들의 외식주의(마 23 : 13–36)

3. 예루살렘에 대한 탄식(마 23 : 37–39)과 종말(마 24–25장)에 대하여

예루살렘의 파괴와 예수님의 탄식 그리고 종말

깨어 있으라(마 24 : 32–51)

왕의 다시 오심을 기다리는 사람들(마 25장)

1. 왕의 예루살렘 입성(마 21장)

1) 나귀 새끼를 타고 입성하신 왕(마 21 : 1-11)

1 그들이 예루살렘에 가까이 가서 감람산 벳바게에 이르렀을 때에 예수께서 두 제자를 보내시
며 2 이르시되 너희는 맞은편 마을로 가라 그리하면 곧 매인 나귀와 나귀 새끼가 함께 있는 것을
보리니 풀어 내게로 끌고 오라 3 만일 누가 무슨 말을 하거든 주가 쓰시겠다 하라 그리하면 즉시
보내리라 하시니 4 이는 선지자를 통하여 하신 말씀을 이루려 하심이라 일렀으되 5 시온 딸에게
이르기를 네 왕이 네게 임하나니 그는 겸손하여 나귀, 곧 멍에 메는 짐승의 새끼를 탔도다 하라
하였느니라(마 21 : 1-5)

……보라 네 왕이 네게 임하시나니 그는 공의로우시며 구원을 베푸시며 겸손하여서 나귀를 타시나니 나귀의 작은 것 곧 나귀 새끼니라(슥 9 : 9b)

Q 그리스도는 일생에 단 한 번 나귀를 타셨습니다. 그것도 고난을 받아 죽기 위하여 예루살렘으로 입성하시던 바로 그때입니다. 이미 오래전부터 메시야가 예루살렘에 입성하실 때 나귀를 타신다고 예언되어 있었습니다. 예수께서 나귀를 타고 입성하신 일이 우리에게 주는 의미는 무엇입니까?

A 왕이 될 수 있는 인격, 통치권을 행사할 자격은 겸손입니다. 예수님처럼 왕의 권세를 갖기를 원하는 사람은 낮아져야 합니다(슥 9 : 9).

예수님의 공생애 마지막 주간은 예루살렘 입성과 더불어 시작되며, 이때부터 예수님의 구원 사역이 그 절정을 향해 긴박하게 진행되어 갑니다. 예수님은 고난이 있음을 알면서도 묵묵히 평화의 왕으로 입성하십니다.

오늘날 많은 그리스도인들은 고난이 있거나 손해나 비난이 있으면 그 길을 가려고 하지 않습니다. 그러나 예수님은 예고된 고난에도 당당하게 그 길을 걸으셨습니다. 이로부터 만 4일 후에 주님은 십자가에 못 박히셨습니다. 사람이 자신의 최후의 시간과 상황을 알면서도 한번 결심한 일을 향해, 최고의 가치와 영원한 목적을 향하여 한 걸음씩 다가가는 일이 얼마나 아름답고 영광스러운 일입니까? 목적이 분명한 인생이 아름다운 인생입니다. 그 목적을 이루기 위해서는 우리가 지혜로워야 하고 특별히 겸손해야 합니다. 다른 사람 위에 군림하고, 교만함으로 이룰 수 있는 선한 일, 구속사의 일은 없습니다.

구속사를 위해 쓰임받은 나귀

만일 누가 무슨 말을 하거든 주가 쓰시겠다 하라 그리하면 즉시 보내리라 하시니(마 21 : 3)

우리가 가진 것들이 다 주님의 것입니다. 이스라엘 백성들에게 '주가 쓰시겠다'는 표현은 매우 의미심장한 말입니다. 이제 메시야의 시대가 왔다는 의미이며, 그 메시야의 시대를 위해 자신의 나귀가 징발된다는 의미였기에 나귀 주인에게 그것은 오히려 대단히 즐겁고 기쁜 일이었습니다.[135] 주님의 예루살렘 입성을 위하여 겸손의 왕을 모실 수 있는 특권은 준비된 사람의 것입니다. 천한 짐승이라 할지라도 주님을 섬기는 일에 쓰이는 일은 영광입니다.

겉옷을 길에 펴고 호산나 부르며 왕으로 영접하는 사람들

7 나귀와 나귀 새끼를 끌고 와서 자기들의 겉옷을 그 위에 얹으매 예수께서 그 위에 타시니 8 무
리의 대다수는 그들의 겉옷을 길에 펴고 다른 이들은 나뭇가지를 베어 길에 펴고 9 앞에서 가고
뒤에서 따르는 무리가 소리 높여 이르되 호산나 다윗의 자손이여 찬송하리로다 주의 이름으로
오시는 이여 가장 높은 곳에서 호산나 하더라(마 21 : 7-9)

제자들은 주님의 필요에 따라 그들이 지녔던 최상의 것을 제공했습니다. 옷이 더러워지거나 상하는 것을 개의치 않았습니다. 그러자 무리도 겉옷을 벗어 길에 폈습니다. 내가 가진 작은 것으로 왕이신 그리스도를 섬기는 일은 특권이요, 영광입니다. 내가 가진 것, 입고 있는 옷을 소중히 여긴 나머지 그리스도를 섬기는 일, 가난하고 고통받는 불쌍한 교인들을 위해 우리의 가진 것들을 나누어 주는 일을 못한다면 주님의 일을 이룰 수 없습니다.

앞에서 가고 뒤에서 따르는 무리가 소리 높여 이르되 호산나 다윗의 자손이여 찬송하리로다 주의 이름으로 오시는 이여 가장 높은 곳에서 호산나 하더라(마 21 : 9)

'호산나'의 의미는 '우리를 구원하소서'입니다. 이스라엘 백성들은 이 호산나라는 단어를 사용할 때 하나님과 아버지와 아들, 왕과 백성이라는 관계성으로 명확히 인식하게 됩니다. 여러 복합적인 기대, 곧 정치, 세속, 종교적 메시야에 대한 기대가 뒤섞여 있었으며, 물리적인 구원을 기대하고 있었습니다. 우리를 구원한다는 의미는 마치 아버지가 자식을 죽음에서 건져 내거나, 또는 왕이 자기의 백성을 적군의 공격으로부터 보호하고 구원해야 하는 의무와

책임이 포함된 의미로 이해되었습니다.[136] 무리의 환호 소리는 시편 118편 25~26절에서 인용된 말입니다. 시편 118편은 대찬양시(the Great Hallel), 즉 시편 113~118편의 일부로서, 장막절, 수전절, 유월절 때 사용되었습니다. 또한, 무리의 이 환호 소리는 예수님 탄생 시 천군천사들이 불렀던 찬양과도 흡사했습니다(눅 2 : 14).[137]

적용질문

1. "주가 쓰시겠다하라" 이 말씀을 지금 내게 주신다면 나는 어떻게, 무엇으로 응답할 수 있겠습니까?
2. 유대인들이 십자가에 못 박은 예수를 하나님은 주와 그리스도로(행 2 : 36), 임금과 구주로(행 5 : 31) 세우셨습니다. 오늘날의 그리스도인들에게서 교회 중에서 예수님은 어떤 대접을 받고 계시다고 생각됩니까?
3. 내 인생 속에 왕으로 입성하신 우리 주님을 나는 어떤 자세로 섬기고 있습니까?

2) 기도하는 집으로서의 성전(마 21 : 12-17)

12 예수께서 성전에 들어가사 성전 안에서 매매하는 모든 사람들을 내쫓으시며 돈 바꾸는 사람
들의 상과 비둘기 파는 사람들의 의자를 둘러 엎으시고
13 그들에게 이르시되 기록된 바 내 집
은 기도하는 집이라 일컬음을 받으리라 하였거늘 너희는 강도의 소굴을 만드는도다 하시니라
(마 21 : 12-13)

제9강

Q 예수께서 왕으로 예루살렘 성에 입성하셔서 제일 먼저 성전으로 가셨습니다. 예수께서 성전을 청소하신 의미가 무엇입니까?

A 예수님을 만나는 사람에게 나타나는 특징은 회개입니다. 정결하게 될 때 우리는 성전으로 사용됩니다.

하나님은 우리의 예배를 받기 원하십니다. 우리 몸은 성전입니다. 기도하는 집입니다. 하나님의 거룩한 생명을 공급받고, 공급받은 하나님의 놀라운 은총들을 다른 지체에게 흘려보

내며, 섬기며 사는 삶이 기도하는 성전의 삶입니다. 이 목적보다 더 큰 목적은 없습니다. 이 일보다 더 하나님을 기쁘시게 하는 일은 없습니다. 성전에 기도하는 사람은 없고, 자신의 유익을 추구하며 장사하는 사람만 있었습니다. 그리스도인들은 함께 모일 때 예배하고 기도하기 위해 모여야 합니다. 그러나 어떤 사람들은 예배나 기도가 목적이 아니라 다른 야망으로 성전을 찾아오는 사람들이 있습니다. 주님이 예루살렘 성에 입성하셔서 성전을 청결하게 하신 것처럼 내 삶 가운데 주님이 왕으로 들어오시게 되면 맨 먼저 하시는 일은 우리의 더럽혀진 성전을 청소하는 일입니다. 오직 예수님만이 우리의 마음을 깨끗하게 하실 수 있습니다. 주님은 성령과 보혈로 우리 마음의 모든 죄를 몰아내고 정결하게 하시는 권능을 가지고 계십니다. 주님의 명령 앞에서 모든 죄악이 달아나고 우리는 정결함을 얻게 됩니다.[138)]

성전의 주인은 오직 하나님 한 분뿐이십니다. 예수께서는 하나님의 교회(고전 1 : 2), 혹은 그리스도의 교회(롬 16 : 16)에 들어오시지 인간의 교회에 들어오시지 않으시며, 인간의 교회에 들어오시더라도 하나님의 교회로 바꾸어 놓으십니다.[139)] 예수님은 이 땅에 도래한 하나님 나라를 가르치셨을 뿐만 아니라 예수님이 친히 그 나라의 성전 되심을 보이셨습니다.[140)]

적용질문

1. 내 몸은 주님을 모시는 성전으로서 정결하고 건강하게 관리되고 있습니까? 어떤 관리를 하고 계십니까?(영적 공급, 신체적 공급, 심리적 공급, 문화적 공급 등)

2. 지금 나에게 기도 생활보다, 예배 생활보다 우선순위에 있는 관심사는 무엇입니까?(가족 모임, 회사, 친구, 운동, 취미생활 등)

3. 당시 예루살렘 성전에는 기도하는 사람은 없고 장사하는 사람만 많았습니다. 오늘 우리의 교회는 어떻습니까? 하나님을 예배하기 위한 목적이 아닌 상업적, 정치적 이익과 개인적 야망을 위하여 교회를 이용하려는 사람은 없습니까?

3) 이스라엘이 버린 돌이 이방인의 머릿돌이 됨(마 21 : 42-46)

42 예수께서 이르시되 너희가 성경에 건축자들이 버린 돌이 모퉁이의 머릿돌이 되었나니 이것은 주로 말미암아 된 것이요 우리 눈에 기이하도다 함을 읽어 본 일이 없느냐 43 그러므로 내가 너희에게 이르노니 하나님의 나라를 너희는 빼앗기고 그 나라의 열매 맺는 백성이 받으리라
44 이 돌 위에 떨어지는 자는 깨지겠고 이 돌이 사람 위에 떨어지면 그를 가루로 만들어 흩으리라 하시니(마 21 : 42-44)

Q 건축자들의 버린 돌이 모퉁이의 머릿돌이 되었다는 말씀을 설명해 보십시오.

A 건축자들의 버린 돌이 모퉁잇돌이 되었다는 것은 유대인들이 예수님과 복음을 대적하자 이 복음의 물줄기가 이방인에게로 돌아서 버린 사실을 말씀합니다.

버려진 돌이 모퉁잇돌이 되리라고 예상하지 못했던 것처럼, 하나님께서 구원을 이루어 가시는 방법 역시 우리가 전혀 예상할 수 없는 방법입니다. 예수께서 이 세상의 메시야가 되신 것은 모든 사람이 전혀 예상하지 못했던 구원의 방법이었습니다.[141] 주님은 이스라엘의 왕으로 오셨습니다. 처음에는 수많은 기적을 보고 예수님을 왕으로 영접했습니다. 그러나 얼마쯤 후에 그들은 왕이 아니라고 대적하고 그분을 십자가에 못 박아 죽였습니다. 그들은 예수 그리스도를 배척함으로 그때로부터 천국 건설의 책임을 상실하고 다른 사람들이 그 책임을 대신 떠맡게 되는 뼈아픈 잘못을 범했습니다. 다른 민족들이 유대인이 거절한 복음을 믿게 될 것이고 그들의 사명을 수행하게 될 것입니다.[142]

주님은 왕으로 오셨으나 어떤 사람에게는 버린 돌이 되셨고, 어떤 이에게는 머릿돌이 되셨습니다. 이 돌은 장차 하나님의 집을 세우는 중요한 모퉁이의 머릿돌이 되실 것입니다. 그래서 이 돌을 시작으로 해서 하나님의 집이 세워져 갈 것입니다. 누구든지 이 돌을 대항하여 일어선 자는 그 몸이 깨어질 것이고, 장차 이 돌이 심판의 돌이 되어 나타날 때에는 그 모든 자를 가혹히 심판하게 될 것입니다. 이 돌은 지붕이나 건물 바깥 계단, 혹은 성벽을 건축하는 데 있어서 가장 중심이 되는 돌로, 건물의 하중을 지탱해 줍니다. 따라서 다른 모든 돌은 이 돌과 긴밀한 연관성을 갖고 있습니다. 주님은 내 인생 속에 왕으로 찾아오시기를 원하십니다. 그분은 내 인생의 머릿돌이 되어 모든 건물의 중심이 되기를 원하십니다. 그리고 우리가 우리 주님으로 인하여 천국을 살기를 원하십니다. 마태복음 21장 44절에 보면 "이 돌 위에 떨어지는 자는 깨지겠고 이 돌이 사람 위에 떨어지면 그를 가루로 만들어 흩으리라"고 말합니다. 이 땅에 메시야로 오셔서 하나님 나라를 건설하시는 우리 주님을 돕는 자, 섬기는 자가 되어야지 대적하는 자, 부딪치는 자가 되면 결국 깨어지게 됩니다.

적용질문

1. 주님은 내 인생 속에 찾아오셔서 내 삶의 건축 중심에 서 계시는 머릿돌입니까? 아니면 이스라엘처럼 버린 돌로 예우하고 있습니까?

2. 유대인들이 복음을 대적하자, 예수님은 그 복음의 진로를 이방인들에게로 돌리셨습니다. 자신에게 주신 봉사와 섬김의 기회를 놓친 적은 없습니까? 또는 지금 주신 섬김의 기회에 충성되게 임하고 있습니까?

3. 사람들이 버린 이 돌이 장차 뜨인 돌이 되어 세상을 심판할 것입니다. 나는 그날에 어떤 모습으로 그 앞에 설 수 있겠습니까?

2. 왕의 변론(22장)과 책망(23장)

1) 혼인 잔치 비유(마 22 : 1－14)

1 예수께서 다시 비유로 대답하여 이르시되 2 천국은 마치 자기 아들을 위하여 혼인 잔치를 베푼
어떤 임금과 같으니 3 그 종들을 보내어 그 청한 사람들을 혼인 잔치에 오라 하였더니 오기를 싫
어하거늘 4 다시 다른 종들을 보내며 이르되 청한 사람들에게 이르기를 내가 오찬을 준비하되
나의 소와 살진 짐승을 잡고 모든 것을 갖추었으니 혼인 잔치에 오소서 하라 하였더니 5 그들이
돌아보지도 않고 한 사람은 자기 밭으로, 한 사람은 자기 사업하러 가고 6 그 남은 자들은 종들
을 잡아 모욕하고 죽이니 7 임금이 노하여 군대를 보내어 그 살인한 자들을 진멸하고 그 동네를
불사르고 8 이에 종들에게 이르되 혼인 잔치는 준비되었으나 청한 사람들은 합당하지 아니하니
9 네거리 길에 가서 사람을 만나는 대로 혼인 잔치에 청하여 오라 한대 10 종들이 길에 나가 악한
자나 선한 자나 만나는 대로 모두 데려오니 혼인 잔치에 손님들이 가득한지라 11 임금이 손님들
을 보러 들어올새 거기서 예복을 입지 않은 한 사람을 보고 12 이르되 친구여 어찌하여 예복을 입
지 않고 여기 들어왔느냐 하니 그가 아무 말도 못하거늘 13 임금이 사환들에게 말하되 그 손발을
묶어 바깥 어두운 데에 내던지라 거기서 슬피 울며 이를 갈게 되리라 하니라 14 청함을 받은 자
는 많되 택함을 입은 자는 적으니라(마 22 : 1－14).
내가 네게 장가들어 영원히 살되 공의와 정의와 은총과 긍휼히 여김으로 네게 장가들며(호 2 : 19)

Q 하나님께서는 잔치를 배설하시고 사람들을 초청하셨습니다. 그러나 모두가 핑계하고 잔치에 오기를 거절했습니다. 우리는 모두 하나님의 택한 백성이 되려면 하나님이 베푸신 잔치 자리에 들어가야 합니다. 혼인 잔치에 참여하려면 어떻게 해야 합니까?[143]

A 혼인잔치를 베푸시는 분이 누구신지를 알아야 합니다. 우리가 우상을 섬기고 하나님을 떠났어도 우리와 결혼하겠다고 하시는 하나님을 알아야 합니다(호세아). 하나님은 영원히 나를 신부로 삼아 주시고 함께하실 주님을 보내 주십니다. 내가 주님의 신부가 되면 모든 문제가 해결됩니다.

임금에게 있어서 자기의 아들은 그 나라의 상속자이자 자기의 모든 것입니다. 아들이 자라 혼인도 하고 나라 정사도 맡을 수도 있게 되었으니 왕궁에는 행복과 기쁨과 감동이 가득했습니다. 여기서 혼주인 임금은 하나님을, 신랑인 아들은 예수 자신을 가리킵니다.[144] 하나님은 잔치에 사람들을 초청합니다. 그런데 세상일에 바빠서 거절합니다. 하나님의 통치를 거부합니다.

다시 다른 종들을 보내며 이르되 청한 사람들에게 이르기를 내가 오찬을 준비하되 나의 소와 살진 짐승을 잡고 모든 것을 갖추었으니……(마 22 : 4a)

그들은 초청을 거절하고 하나님의 종들을 능멸하였습니다. 당시 중동 지역에서 임금의 혼인 잔치의 초청을 거절한다는 것은 당신의 아들은 축하받을 가치가 없다는 것이며, 그 결혼에 동의할 수 없고, 더 이상 그 임금을 인정할 수 없다는 의미였습니다. "임금이 노하여 군대를 보내어" 그들을 벌하는 것은 당연한 것입니다. 마태복음 24장 2절에 비추어 예루살렘 멸망에 대한 그리스도의 예언인 것은 의심할 여지가 없습니다. 주후 70년 로마의 군대는 예루살렘을 불태우고 많은 유대인들을 학살하였습니다. 이는 그들이 메시야를 거역한 일에 대한 심판이었습니다. 하나님은 이방의 군대를 그의 뜻을 성취하는 방법으로 사용하셨습니다(사 10 : 5).[145]

그들은 초청을 거부할 수는 있습니다. 그러나 심판을 피할 수는 없습니다.[146] 목마른 자는 나와서 돈 없이 값없이 포도주와 젖을 사라고 하십니다(사 55 : 1). 그것은 인사치레로 하는 초청이 아니라 강권하는 초청이요, 강렬한 소원이 있는 초청입니다.[147] 초대한다는 것은 하나님께서 사람을 부르는 복음의 능력을 말합니다. 이는 구원을 위한 하나님의 부르심을 의미합니다. 이미 누구든지 현실적으로 초대받고 있지만, 놀랍게도 많은 사람들이 그것을 진지하게 받아들이지 않습니다.[148]

예복을 입지 않은 사람

초청받아 온 사람 중에 예복이 준비되지 않은 사람이 있었습니다. 고급스러운 잔치에서는 초청된 사람에게 주인이 옷을 한 벌씩 주어서 의복 때문에 신분의 격차가 드러나지 않도록 했습니다. 그러나 한 사람이 예복을 거절하고 자신이 입은 옷으로 잔치에 참여했습니다.

임금이 사환들에게 말하되 그 손발을 묶어 바깥 어두운 데에 내던지라 거기서 슬피 울며 이를 갈게 되리라 하니라(마 22 : 13)

'예복'은 그리스도의 보혈의 공로를 가리키는 비유입니다. 이것은 오직 택함을 받은 자들만이 입을 수 있습니다.[149] 예복을 거절한 사람은 그리스도의 보혈의 공로가 아닌 자신의 공로를 가지고 하늘나라 잔치에 참여하겠다는 뜻입니다. 그러나 하나님은 이것을 용납하지 않으십니다. 우리에게는 그분 앞에 나올 수 있도록 그리스도의 수고로 주신 보혈이 필요합니다. 선악이 문제가 아니라 예복, 그리스도의 보혈이 문제입니다.

납세 문제(마 22 : 15-22)

17 그러면 당신의 생각에는 어떠한지 우리에게 이르소서 가이사에게 세금을 바치는 것이 옳으니이까 옳지 아니하니이까 하니 18 예수께서 그들의 악함을 아시고 이르시되 외식하는 자들아 어찌하여 나를 시험하느냐 19 세금 낼 돈을 내게 보이라 하시니 데나리온 하나를 가져왔거늘 20 예수께서 말씀하시되 이 형상과 이 글이 누구의 것이냐 21 이르되 가이사의 것이니이다 이에 이르시되 그런즉 가이사의 것은 가이사에게, 하나님의 것은 하나님께 바치라 하시니(마 22 : 17-21)

바리새인들이 가이사에게 세를 바치는 것이 가한가를 묻는 아주 곤란한 질문을 통해서 예수님을 올무에 걸어 넘어뜨리려 했습니다. 예수님은 "가이사의 것은 가이사에게 바치고, 하나님의 것은 하나님께 바치라."고 대답하셨습니다. '가이사의 것'이라는 개념은 가이사의 화상이 새겨진 동전을 의미합니다. 그렇다면 '하나님의 것'은 무엇을 의미합니까? 가이사의 화상이 새겨진 동전은 가이사에게 줘야하고, '하나님의 형상'이 새겨진 사람은 하나님께 드리면 됩니다.[150]

동전에는 가이사의 조상이 새겨져 있고 누구의 명령과 권한으로 그 동전이 주조되었는가를 밝혀주는 글자(황제의 이름)가 새겨져 있습니다. 가이사는 그 동전을 거두어들이고 싶은 때면 언제나 그렇게 할 권리가 있습니다. 유대인들이 로마의 화폐를 사용하는 한 무엇이든 로마의 명령에 따라야 합니다. 훗날 바울은 그들이 속한 정부에 복종하라고 로마의 통치 아래 사는 그리스도인들에게 권면합니다. 이는 그 권세들이 하나님께 속하였으며 하나님께 대하여 책임을 져야 하는 것을 전제로 하는 말입니다(롬 13 : 1-2).[151]

적용질문

1. 예복은 그리스도의 보혈의 공로로 얻을 수 있는 칭의의 옷입니다. 나는 나의 행위, 공로, 자랑거리로 나를 덮고 삽니까? 매일 하나님의 도우시는 은혜의 예복, 의의 예복으로 살고 있습니까?

2. 나는 임금의 이 초청 메시지를 몇 사람에게 전달해 주었습니까?

3. "가이사의 것은 가이사에게 바치고, 하나님의 것은 하나님께 바치라."고 말씀하십니다. 나는 누구에게 속한 자입니까? 그리고 그분에게 나를 드리고 있습니까?

2) 가장 큰 계명은 무엇입니까?(마 22 : 34-40)

36 선생님 율법 중에서 어느 계명이 크니이까 37 예수께서 이르시되 네 마음을 다하고 목숨을 다
하고 뜻을 다하여 주 너의 하나님을 사랑하라 하셨으니 38 이것이 크고 첫째 되는 계명이요 39 둘
째도 그와 같으니 네 이웃을 네 자신같이 사랑하라 하셨으니 40 이 두 계명이 온 율법과 선지자
의 강령이니라(마 22 : 36-40)

Q 바리새인 율법사가 예수님을 시험하여 "율법 중에 어느 계명이 가장 큽니까?" 하고 질문하였습니다. 가장 큰 계명은 무엇입니까?

A 하나님 사랑, 이웃 사랑입니다.

'사랑의 계명'에는 원천적이고 불변의 특성이 들어있습니다. 신구약 전체를 관통하는 하나님의 구속사는 하나님의 절대적 사랑의 은혜를 통한 하나님의 구원의 역사입니다. 이러한 하나님의 사랑을 경험한 사람은 반드시 하나님을 사랑하게 되어 있고 그 사랑을 풍성하게 경험하는 사람으로서 가족을 사랑하고 이웃들을 사랑하고 심지어 원수까지도 사랑할 수 있게 됩니다. 모든 계명은 지키기 위해 우리에게 주어진 것입니다. 그러나 분명 우선순위는 있습니다. 계명 안에는 하나님과 관련된 계명이 있는가 하면 사람과 관련된 계명이 있습니다. 예수님은 하나님과 관련된 계명을 먼저 지키고 그 다음에 사람에 관한 계명을 지키라고 말씀합니다. 하나님과 관련된 계명을 지키는 사람이어야 사람과의 계명을 지킬 수 있기 때문입니다.[152]

너는 마음을 다하고 뜻을 다하고 힘을 다하여 네 하나님 여호와를 사랑하라(신 6 : 5)

'목숨을 다한다'는 말은 봉사를 위하여 모든 것을 드리고 하나님의 명령이라면 기꺼이 죽을 수 있으며, '뜻을 다한다'는 말은 우리의 사고력을 하나님의 뜻에 복종시키는 것으로, 하나님의 율법과 복음을 우리 마음의 결정보다 사랑하라는 말씀입니다. '힘을 다한다'는 말은 하나님의 영광을 위하여 수고하고 애쓰며 하나님을 우리 모든 노력의 최고의 대상으로 삼아야 한다는 뜻입니다. 우리가 하나님을 사랑하게 되면 그 밖의 다른 모든 피조물들도 올바로 사랑할 수 있습니다.[153] 오늘 나는 나의 삶 속에서, 나의 예배 생활 속에서 하나님(계명)을 마음과 목숨과 뜻을 다해 사랑하고 있습니까? "둘째는 그와 같으니……" 하나님을 사랑하듯, 동일하게 내게 주어진 이웃들을 사랑하고 있습니까?

적용질문

1. 나는 하나님을 어떻게 섬깁니까? 나의 예배와 봉사는 마음과 뜻과 목숨을 다한 최선의 섬김입니까?

2. 요즈음의 나의 삶에 가장 큰 관심사는 무엇입니까? 나의 시간, 건강, 재능, 모든 자원을 다 동원하여서 일생을 다해 섬겨야 할 사명은 무엇입니까?

3. 최선을 다하여 섬기고 있는 주의 일을 하나 들어 간증해 보십시오.

3) 왕이 싫어하는 바리새인과 서기관들의 외식주의(마 23 : 13-36)

13 화 있을진저 외식하는 서기관들과 바리새인들이여 너희는 천국 문을 사람들 앞에서 닫고 너희
도 들어가지 않고 들어가려 하는 자도 들어가지 못하게 하는도다 14 (없음) 15 화 있을진저 외식하
는 서기관들과 바리새인들이여 너희는 교인 한 사람을 얻기 위하여 바다와 육지를 두루 다니다가
생기면 너희보다 배나 더 지옥 자식이 되게 하는도다 16 화 있을진저 눈 먼 인도자여 너희가 말하
되 누구든지 성전으로 맹세하면 아무 일 없거니와 성전의 금으로 맹세하면 지킬지라 하는도다 17
어리석은 맹인들이여 어느 것이 크냐 그 금이냐 그 금을 거룩하게 하는 성전이냐(마 23 : 13-17)

Q 예수께서 당시의 서기관들과 바리새인들이 행했던 종교적인 위선, 교만, 허세, 거짓 교훈, 핍박 등을 준엄하게 책망하시고 그들이 받게 될 심판을 경고하셨습니다. 예수께서 진노하신 그들의 삶의 모습은 어떤 것들입니까?

A 일곱 가지 화(마 23 : 13－36)

·행함은 없이 말만 앞서는 삶(마 23 : 3－4)
·형식에 치우쳐 중요한 복음의 내용을 저버림(마 23 : 16－24)
·높임받기를 좋아하는 자세(마 23 : 5－7)
·주의 종들을 대적하는 행위(마 23 : 29－36)

외식하는 서기관들과 바리새인들은 열심이 있었으나 사람을 살리는 일이 아닌 죽이는 일을 했습니다. 늘 타인에게는 옳게 살라고 하지만 정작 자신들은 탐욕으로 가득 차 있었고, 정직하지 못하여 다른 사람의 눈을 속이는 삶을 살고 있었습니다. 말씀을 주신 그분의 의도는 망각한 채 껍데기만 열심히 가르쳤습니다. 맹인 된 인도자들입니다. 율법의 겉모양은 중시하면서 내용은 소홀히 했습니다. 남을 의롭게 만든다는 명목으로 남을 악하게 만듭니다. 그릇된 종교는 하나님 앞에서 도리어 가증합니다. 사람들이 예배하는(그들의 예배를 받는) 하나님보다 예배하는 자신들에게 더 가치를 두고 중요하게 생각하면 안 됩니다. 예배의 행위가 만들어진 목적을 잃어버리지 말아야 하며 예배의 모든 행위를 의미있고 정당하게 만드는 요소는 그들이 예배하는 하나님이시지 그들이 행하는 종교의식이 아님을 기억해야 합니다. 예배의 목적은 예배를 드리는 사람의 영광에 있는 것이 아니라 그 예배를 받으시는 하나님의 영광에 있습니다.[154]

적용질문

1. 바리새인들도 처음에는 하나님을 사랑하고 제대로 섬기는 마음으로 출발했습니다. 그러나 시간이 흐를수록 형식적인 종교 생활로 전락해 버렸습니다. 나는 예수 사랑, 영혼 사랑, 교회 사랑을 잃어버리고 형식적으로만 교회를 출석하고 있지는 않습니까? 주님을 섬기는 일에 지금 개선해야 할 부분은 무엇입니까? 혹 내게 바리새인적인 형식주의는 없습니까?

2. 성경이 말하는 예배는 시간을 지켜 교회에 나오는 것만이 아니라 마음을 드리고 말씀을 경청하며 그 말씀을 깨달은 대로 삶에 적용, 실천하는 것입니다. 나는 진정한 예배자라고 말할 수 있습니까? 만약 업그레이드 시켜야 한다면 어떤 부분을 보완해야 합니까?

3. 예배의 목적은 온전히 하나님을 찬양하고 경배하는 일입니다. 나의 어느 부분을 통하여 하나님이 높임을 받으시고, 기뻐하신다고 생각합니까?

3. 예루살렘에 대한 탄식(마 23 : 37－39)과 종말(24－25장)에 대하여

1) 예루살렘의 파괴와 예수님의 탄식 그리고 종말

[1] 예수께서 성전에서 나와서 가실 때에 제자들이 성전 건물들을 가리켜 보이려고 나아오니 [2] 대
답하여 이르시되 너희가 이 모든 것을 보지 못하느냐 내가 진실로 너희에게 이르노니 돌 하나
도 돌 위에 남지 않고 다 무너뜨려지리라 [3] 예수께서 감람산 위에 앉으셨을 때에 제자들이 조용
히 와서 이르되 우리에게 이르소서 어느 때에 이런 일이 있겠사오며 또 주의 임하심과 세상 끝
에는 무슨 징조가 있사오리이까(마 24 : 1－3)

Q 성전의 파괴를 예언하실 때(마 24 : 1－2) 제자들은 예수님께 종말에 관하여 3가지를 질문합니다. 질문의 내용은 무엇입니까?(3절)

A "어느 때에 이런 일이 있겠사오며", "주의 임하심의 징조는 어떠하며", "세상 끝에는 무슨 징조가 있사오리이까?"

예수께서 성전의 파괴를 예언하심(마 24 : 1－2)

제자들의 세 가지 질문(마 24 : 3)
① 성전이 언제 파괴됩니까? *답변* : 누가복음 21장 20~24절
② 그리스도께서 오실 때의 징조는 무엇입니까? *답변* : 마태복음 24장 29~44절
③ 시대의 종말의 징조는 무엇입니까? *답변* : 마태복음 24장 4~28절

예수께서 제자들이 묻지 않은 두 가지 일을 더 논의하심
① 교회를 위해 그리스도께서 다시 오심(마 24 : 45－25 : 30)
② 그리스도에게 속하지 않은 자의 심판(마 25 : 31－46)[155)]

유대인에게 있어 성전이 무너진다는 것은 하나님이 이스라엘을 포기하셨다는 것과 이스라엘의 멸망을 연상하게 합니다. 하나님은 이 세상에서 가장 강한 신, 그 어느 누구에게도 지지 않는 신인데 그 하나님이 지키시는 예루살렘이 무너진다는 것은 하나님이 이스라엘을 포기할 때만 가능합니다. 그러므로 이스라엘에게 예루살렘의 멸망은 단순한 멸망이 아니고 하나님이 자신을 버리셨다는 것을 기억하는 뼈아픈 순간입니다.[156]

돌들이 돌 위에 하나도 남지 않을 것이라는 말은 회복이 불가능한 완벽한 성전 파괴에 대한 예언으로서 구약에도 여러 번 언급된 바 있습니다(렘 26 : 6, 18, 미 3 : 12, 학 2 : 15). 그런데 돌 하나도 돌 위에 남지 않는 심판은 AD. 70년 로마의 디도(Titus) 장군이 이끄는 로마 군대에 의해 역사적으로 실현되었습니다. 성전이 불에 타 성전 내부의 금 기명들이 녹아 벽돌과 돌들 사이로 흘러들어 가자 로마 병정들은 돌 하나하나까지 다 쪼개어 금을 채취함으로 돌 하나도 돌 위에 남지 않을 것이라는 예언의 말씀은 문자 그대로 성취되었습니다. 이는 AD. 63년에 헤롯의 성전이 완공된 후 겨우 7, 8년 후의 일이었다는 점에서 더욱 성전의 허무함을 제시해 주고 있습니다.

내가 이 성전을 실로같이 되게 하고 이 성을 세계 모든 민족의 저줏거리가 되게 하리라 하셨느니라(렘 26 : 6)
유다의 왕 히스기야 시대에 모레셋 사람 미가가 유다의 모든 백성에게 예언하여 이르되 만군의 여호와께서 이와 같이 말씀하셨느니라 시온은 밭같이 경작지가 될 것이며 예루살렘은 돌무더기가 되며 이 성전의 산은 산당의 숲과 같이 되리라 하였으나(렘 26 : 18)

세상의 끝은 아니지만 전쟁과 전쟁의 소문이 가까운 시일에 계속해서 있을 것입니다. 하지만 기억해야 할 것은 세상의 모든 일은 하나님의 주권하에 있다는 사실입니다. 또한 하나님은 하나님의 백성 된 그리스도인들의 피난처이시며, 바위이시며, 요새이시기 때문에 전쟁과 전쟁의 소문이 들려올 때 두려워하지 말고 하나님께 간구해야 합니다.[157]

세상 끝에 나타날 징조들(마 24 : 4-31)

① 미혹(마 24 : 4-5, 24)

4 예수께서 대답하여 이르시되 너희가 사람의 미혹을 받지 않도록 주의하라 5 많은 사람이 내
이름으로 와서 이르되 나는 그리스도라 하여 많은 사람을 미혹하리라 …… 24 거짓 그리스도들

과 거짓 선지자들이 일어나 큰 표적과 기사를 보여 할 수만 있으면 택하신 자들도 미혹하리라

미혹은 어지럽히고 속이는 일입니다(막 13 : 5－6). 이 미혹은 급한 강물처럼 많은 사람, 심지어 든든히 섰다고 여겨지던 사람들까지 쓸어가 버릴 것입니다. 영원한 섭리를 따라 역사하는 하나님의 전능하신 은혜가 아니면 어떠한 것도 이것으로부터 보호해 줄 수 없습니다.[158]

미혹하는 자가 세상에 많이 나왔나니 이는 예수 그리스도께서 육체로 오심을 부인하는 자라 이런 자가 미혹하는 자요 적 그리스도니(요이 1 : 7)

② 난리와 전쟁(마 24 : 6－7)

6 난리와 난리 소문을 듣겠으나 너희는 삼가 두려워하지 말라 이런 일이 있어야 하되 아직 끝은
아니니라 7 민족이 민족을, 나라가 나라를 대적하여 일어나겠고 곳곳에 기근과 지진이 있으리니

"난리와 난리 소문을 듣겠으나"라는 말씀을 통해서 난리와 전쟁이 있을 것임을 지적하셨습니다. 그러나 그리스도의 도시와 성벽은 분란의 시대일지라도 세워질 수 있고, 전쟁이 오히려 그리스도의 사역을 촉진시킬 수도 있습니다.[159]

③ 기근과 지진(마 24 : 7－8, 21)

7 민족이 민족을, 나라가 나라를 대적하여 일어나겠고 곳곳에 기근과 지진이 있으리니 8 이 모든
것은 재난의 시작이니라 …… 21 이는 그때에 큰 환난이 있겠음이라 창세로부터 지금까지 이런
환난이 없었고 후에도 없으리라

검은 말은 북쪽 땅으로 나가고 흰 말은 그 뒤를 따르고 어룽진 말은 남쪽 땅으로 나가고(슥 6 : 6)

④ 환난과 순교(마 24 : 9)

그때에 사람들이 너희를 환난에 넘겨주겠으며 너희를 죽이리니 너희가 내 이름 때문에 모든 민족에게 미움을 받으리라

끝까지 견디는 자는 구원을 얻으리라. 많은 사람이 낙심할지라도 끝까지 견디는 사람이 반드시 있습니다. 하나님은 끝까지 견디고 신앙의 지조를 지킨 사람에게는 영광의 면류관으로 모든 것을 보상해 주실 것입니다. 이런 일을 당할 때 두려워하거나 무섭게 생각하지 말아야 합니다. 이것은 이미 다 예상된 것이기 때문입니다.

⑤ 불법이 성하여 사랑이 식어짐(마 24 : 12)

불법이 성하므로 많은 사람의 사랑이 식어지리라

사람들의 사랑이 식는 이유는, 곧 불법으로 인한 내적인 불화와 균열 때문입니다. 실로 이 구절은 10~11절까지 나타난 교회 분열로 말미암은 결과입니다. 결국 사람 사이에 사랑이 식으면 8절의 내용처럼 세상의 끝 날이 됩니다.[160)]

사랑은 여기 있으니 우리가 하나님을 사랑한 것이 아니요 하나님이 우리를 사랑하사 우리 죄를 속하기 위하여 화목제물로 그 아들을 보내셨음이라(요일 4 : 10)

마태에게 있어서 사랑은 율법의 완성이요, 핵심이었습니다. 그러나 사랑이 식어 싸늘해진다는 것은 그만큼 율법을 버린 삶, 불법의 삶이 가득하다는 것을 보여 줍니다. 하나님도 이웃도 인정하지 않고 오직 자기만을 인정하며 자기 탐욕에만 빠져 있는 세상에는 불법이 난무하며 그 결과 사랑이 급속도로 냉각될 수밖에 없습니다. 이웃과 하나님을 외면하는 탐욕의 삶은 필연적으로 이웃을 자기 몸처럼 사랑하는 삶과는 거리가 멀 수밖에 없습니다.[161)]

⑥ 주검이 있는 곳에 독수리들이 모인다(마 24 : 28)

주검이 있는 곳에는 독수리들이 모일 것이니라

죄악이 가득한 곳에 하나님의 심판이 내린다는 의미입니다. 하나님은 유대인들을 오래 참으시나 그들의 죄악이 관영할 때에는 그들을 벌하실 것을 가리킵니다.[162)] 시체를 먹는 새는 하나님의 심판을 상징합니다.[163)]

요한계시록 6장의 인 떼는 일과 소계시록의 비교[164]

요한계시록 6장	마태복음 24장	마가복음 13장	누가복음 21장
흰말(1–2절)	미혹(4–5절)	미혹(5–6절)	미혹(8절)
둘째 인(붉은 말) : 난리와 전쟁(3–4절)	난리와 난리의 소문 (6절)	난리와 난리의 소문 (7절)	난리와 소요의 소문 (9절)
셋째 인(검은 말) : 기근(5–6절)	기근(7절)	기근(8절)	기근(11절)
넷째 인(청황색 말) : 사망(7–8절)	지진(7절)	지진(8절)	지진과 전염병 (11절)
다섯째 인 : 순교(9–11절)	환난과 순교 (9절)	환난과 순교 (9–13절)	환난과 순교 (12–19절)
여섯째 인 : 하나님의 진노 (12–17절)	진노와 심판 (27–31절)	진노와 심판 (24–27절)	진노와 심판 (25–28절)
일곱째 인	일곱 나팔과 일곱 대접을 거쳐 그리스도의 나라가 이루어 짐		

이스라엘 가운데 나타날 징조

15 그러므로 너희가 선지자 다니엘의 말한 바 멸망의 가증한 것이 거룩한 곳에 선 것을 보거든
(읽는 자는 깨달을진저) 16 그때에 유대에 있는 자들은 산으로 도망할지어다 17 지붕 위에 있는
자는 집 안에 있는 물건을 가지러 내려가지 말며 18 밭에 있는 자는 겉옷을 가지러 뒤로 돌이키
지 말지어다 19 그날에는 아이 밴 자들과 젖먹이는 자들에게 화가 있으리로다 20 너희가 도망하
는 일이 겨울에나 안식일에 되지 않도록 기도하라 21 이는 그때에 큰 환난이 있겠음이라 창세로
부터 지금까지 이런 환난이 없었고 후에도 없으리라 22 그날들을 감하지 아니하면 모든 육체가
구원을 얻지 못할 것이나 그러나 택하신 자들을 위하여 그날들을 감하시리라(마 24 : 15–22)

마태복음 24장 15~22절까지 이스라엘을 향하여 주신 예언의 말씀은 이미 두 번 성취되었습니다.

① 주전 168년에 수리아 왕 안티오커스 에피파네스(Antiocus Epiphanes, BC. 175–164)가 예루살렘을 정복하면서 예루살렘 성전의 번제단 위에 헬라의 주피터 신상을 세우고 돼지 피를 뿌려서 성전을 모독한 사건

② 주후 70년에 로마의 타이터스 장군이 로마 군대를 끌고 들어와서 예루살렘을 짓밟을 때에 성을 헐고 성전 벽돌들을 다 무너뜨리고 십만 명 이상을 포로로 잡아간 사건

적용질문

1. 하나님을 섬기기 위해 웅장하게 건축된 성전이라도 하나님의 영광이 떠나면 무너지고 맙니다. 점점 하나님과 멀어지며 하나님을 대적하는 문화로 치달리는 이 시대 속에서 나는 구속사를 위하여 무엇을 할 수 있습니까?

2. 인터넷과 여러 방송 매체들을 통해 과거 어느 때보다도 더욱 활발하게, 넓게 말씀이 증거되고 있지만 그리스도인들의 삶의 수준은 세상 사람들에게 오히려 충고를 받아야 하고, 그들의 도움을 받아 교회 내의 분규를 해결해야 할 상황까지 와 버렸습니다. 그 이유가 무엇이라고 생각합니까?

3. 불법이 성하고 부패가 가득한 시대 가운데 살면서 나는 기독교인으로서, 하나님의 나라를 확장하는 사람으로서 어떤 삶의 목표를 가지고 있습니까?

2) 깨어 있으라(마 24 : 32-51)

32 무화과나무의 비유를 배우라 그 가지가 연하여지고 잎사귀를 내면 여름이 가까운 줄을 아나
니 33 이와 같이 너희도 이 모든 일을 보거든 인자가 가까이 곧 문 앞에 이른 줄 알라 …… 45 충성
되고 지혜 있는 종이 되어 주인에게 그 집 사람들을 맡아 때를 따라 양식을 나눠 줄 자가 누구냐
46 주인이 올 때에 그 종이 이렇게 하는 것을 보면 그 종이 복이 있으리로다 47 내가 진실로 너희
에게 이르노니 주인이 그의 모든 소유를 그에게 맡기리라 48 만일 그 악한 종이 마음에 생각하기
를 주인이 더디 오리라 하여 49 동료들을 때리며 술친구들과 더불어 먹고 마시게 되면 50 생각하
지 않은 날 알지 못하는 시각에 그 종의 주인이 이르러 51 엄히 때리고 외식하는 자가 받는 벌에
처하리니 거기서 슬피 울며 이를 갈리라(마24 : 32-33, 45-51)

Q 예수께서 무화과나무 비유와 종말의 시기와 충성스러운 종의 비유를 통해 우리에게 가르치시는 교훈이 무엇입니까?

A 이 세상에는 반드시 끝이 있고, 주의 재림이 있으며, 셈할 날이 오고, 심판이 있음을 알고 깨어 있으라는 말씀입니다.

제9강

종말의 시기는 하나님만 아신다고 말씀하셨습니다. 인간으로서 그리스도의 재림의 날을 측정하는 것은 옳지 않습니다. 그저 항상 준비하고 깨어 있어야 합니다. 물론 인간에게 중요한 일을 안 할 수는 없지만 그 일로 인해 신앙 생활이 방해받아서는 안 됩니다(고전 7 : 1–40). 주인의 집을 맡은 청지기로 영혼들에게 생명의 양식 곧, 복음의 진리를 분배하여 먹이는 충성과 성실로 주의 재림을 기다려야 합니다.

오늘, 혹은 1년 이내에, 3년 이내에 나의 종말이 온다면 나는 지금부터 무엇을 준비하겠는가 생각해야 합니다. 성도들은 항상 종말과 관련된 비성경적인 예언이나 가르침을 철저하게 경계하고 조심하는 동시에, '어느 날에 주님이 임할는지 알지 못하기' 때문에 항상 깨어 있어야 합니다(마 24 : 42–43). 시대적 종말이 아직 오지 않았다고 할지라도 개인의 종말은 언제든지 열려 있습니다. 우리는 어느 상황에서도 경계를 늦추지 말아야 하며 안일하게 살아가서는 안 됩니다. 우리가 원하는 때가 아니라 하나님의 때를 분별할 줄 아는 지혜가 필요합니다.

충성스러운 종은

① 교회를 위한 청지기 사명(말씀의 전달자)에 충성되어야 합니다(마 24 : 45–51). 마지막 날이 가까올수록 양식 나눠 주는 일은 소홀히 되고, 종들이 악행하며 주인의 뜻을 저버리고 술친구들과 먹고 마시는 일들이 많아질 것입니다.

② 기도함으로 성령의 기름을 준비하는 일에 충성되어야 합니다(마 25 : 1–13).

③ 달란트를 남기는 자기 관리에 충성되어야 합니다(마 25 : 14–30).

④ 이웃들에게 선한 일로 구제하고 섬기는 일에 충성해야 합니다(마 25 : 31–46). 주인이 충성된 자에게 모든 소유를 맡기실 것을 말씀하셨습니다. 믿는 자는 그의 삶에 있어 하나님의 대리인이 되어 '그들에게 때를 따라 양식을 주는' 임무를 다 해야 합니다.[165] 신실하고 지혜로운 종은 주인이 언제 오시는지와 상관없이 주인이 맡겨주신 일들을 성실히 수행하기 때문에 후일 주인의 칭찬을 받습니다. 바울은 이 비밀을 알고 있어서 모든 일에 선한 싸움을 다 싸웠으며 직무에 충실한 결과, 자기 앞에 의의 면류관이 준비되어 있다고 고백합니다.[166]

적용질문

1. 마지막 때임을 알고 깨어 있는 삶을 산다는 말은 무엇을 의미합니까?(신랑을 기다렸던 지혜로운 다섯 신부처럼 여분의 기름을 준비하는 일, 다섯 달란트, 두 달란트 받은 종처럼 자신의 달란트를 잘 활용하여 이윤을 남기는 일, 양(羊) 편에 있는 사람처럼 이웃들에게 자비와 선행을 베푸는 일)

2. 영적으로 '깨어 있음'을 유지하기 위한 자기 관리 방법을 말씀해 보십시오.

3. 우리가 사는 시대에 죄는 편만하고 사람들은 점점 더 악해져 갑니다. 종말의 현상들이 어떤 모습으로 나타나고 있는지 나누어 봅시다.

3) 왕의 다시 오심을 기다리는 사람들(마 25장)

Q 왕의 오심을 기다리는 세 종류의 사람들에 대해 정리해 보십시오.

A 열 처녀 비유(마 25 : 1－13)－대신관계(對神關係) 달란트
비유(마 25 : 14－30)－대자관계(對自關係) 양과 염
소 비유(마 25 : 31－46)－대인관계(對人關係)

10처녀 비유－대신관계(對神關係)

지혜로운 다섯 처녀와 미련한 다섯 처녀의 비유가 의미하는 것을 설명하여 봅시다. 내 속에 들어온 복음의 씨가 성장하여 어떻게 역사하는 것인가를 말씀합니다. 즉, 성숙한 신부로서 신랑을 기다리는 우리의 마음 자세가 어떠해야 하는지 설교하고 있습니다. 신랑을 기다리고 있는 신부가 등불을 들었다고 하는 이야기는 신랑 되신 그리스도를 기다리는 신부 된 교회, 신부 된 성도들이 어떤 자세로 신랑을 기다려야 하는가를 가르쳐 줍니다. 구약은 두 가지의 기름을 소개하고 있습니다. 출애굽기 27장 20~21절에 보면 성막의 불을 밝히는 용도의 등유로 사용되었고, 출애굽기 30장 34~38절에 보면 거룩한 향을 내기 위한 관유로 사용되었습니다.

● 등유－성령의 내적 역사를 예표합니다.

성령님은 우리 내면에서 역사하여 우리의 성품과 속사람을 변화시켜 성령의 사람으로 바

뀌게 합니다. 성령의 아홉 가지 열매가 성령의 내적 역사의 결과입니다. 성령의 내적 역사는 인격의 변화를 가져와 성도의 삶을 빛이 나게 합니다.

● 관유–성령의 외적 역사를 예표합니다.

우리 밖으로 기름을 부어서 하나님을 위해 구별된 사역을 할 수 있도록 성별시켜서 은사를 행하거나 사역할 때에 능력으로 나타납니다. 기름이 성령을 상징한다면 기름 준비는 기도 생활을 의미한다고 말할 수 있습니다. 거룩한 신부로서의 교회의 단장은 충분한 기도 생활로써 가능합니다.

① 미련한 다섯 처녀–여분의 기름이 준비되지 못한 자들

우리 모두 불빛을 가지고 밝은 모습으로 주님을 맞이해야 하며 밝게 살아야 합니다. 어두움이 우리를 지배하게 하면 안 됩니다. 복음의 사람이냐를 확인하는 첫 번째 증거는 빛 가운데 있느냐, 어두움에 속해 있느냐로 결정됩니다. 하나님의 말씀이 선포되면 맨 먼저 빛이 옵니다. 복음은 빛을 선포하는 것입니다. 빛이 들어가면 밝아집니다.

미련한 처녀들은 기름을 팔라고 하지만 슬기로운 처녀들은 이에 대하여 너희 쓸 것을 스스로 사라고 합니다. 기름을 확보할 수 있는 유일한 방법을 제시합니다(사 55 : 1, 계 3 : 18). 하나님의 구원과 은혜는 마치 값진 보화를 획득하기 위해 모든 희생을 감수하듯 값을 치르고 얻는 것입니다(마 13 : 44–46). 물론 그 값은 인간의 자의적 노력이 아니라 하나님 편에서 제공하신 것이지만 하나님께서 베풀어주시는 은혜를 받아들이는 일이 필요합니다.

미련한 다섯 처녀는 자녀들을 향한 하나님의 뜻이 무엇인지 알면서도 하나님을 기쁘시게 하기 위해 꼭 해야 하는 일들을 전혀 하지 않은 자들이며 지금 꼭 해야 할 일을 다음으로 미루는 자들입니다. 정작 일을 할 때도 어리석게 태만히 하는 자들입니다.[167] 미련한 자는 자기의 마음을 믿고(잠 28 : 26) 하나님의 말씀을 믿지 않는 자입니다(마 7 : 2).[168] 어두움의 때를 위하여 우리는 여분의 기름을 준비해야 합니다. 충분한 기도 생활을 의미합니다. 돈을 예비하는 적금(積金)처럼 기도를 쌓아 놓는 적도(積禱)를 해야 합니다.

② 미련한 다섯 처녀의 특성

● 자기 사명이나 목적의식이 희미했습니다(행 19 : 32).

사람들이 외쳐 어떤 이는 이런 말을, 어떤 이는 저런 말을 하니 모인 무리가 분란하여 태반이나 어찌하여 모였는지 알지 못하더라

● 충분한 기름을 준비하지 않았습니다(행 8 : 6).

무리가 빌립의 말도 듣고 행하는 표적도 보고 한마음으로 그가 하는 말을 따르더라

● 기름의 출처를 몰랐습니다(행 8 : 18-22).

18 시몬이 사도들의 안수로 성령 받는 것을 보고 돈을 드려 19 이르되 이 권능을 내게도 주어 누
구든지 내가 안수하는 사람은 성령을 받게 하여 주소서 하니 20 베드로가 이르되 네가 하나님의
선물을 돈 주고 살 줄로 생각하였으니 네 은과 네가 함께 망할지어다 21 하나님 앞에서 네 마음
이 바르지 못하니 이 도에는 네가 관계도 없고 분깃 될 것도 없느니라 22 그러므로 너의 이 악함
을 회개하고 주께 기도하라 혹 마음에 품은 것을 사하여 주시리라

● 신랑을 맞이할 기회를 놓쳐 버렸습니다(히 12 : 17).

너희가 아는 바와 같이 그가 그 후에 축복을 이어받으려고 눈물을 흘리며 구하되 버린 바가 되어 회개할 기회를 얻지 못하였느니라

③ 슬기로운 다섯 처녀

슬기로운 다섯 처녀는 신랑이 언제 올 줄 알지 못했기 때문에 언제 신랑이 오더라도 등불을 밝힐 만반의 준비를 하였습니다. 일회적인 은혜 체험이나 행함이 결여된 믿음, 그리고 영적 건강을 상실한 상태로는 예수의 재림을 맞이할 수 없습니다. 오직 그분의 재림을 늘 염두에 두면서 날마다 준비성 있는 신앙생활을 하는 자만이 기쁨으로 그분을 맞을 수 있습니다. 깜깜한 어두움의 때에라도 빛을 밝히고 오실 신랑을 맞이하도록 충분한 기름을 준비해야 합니다. 성령님과의 살아있는 관계가 기름 준비입니다. 그리스도의 신부들은 빛 가운데 사는 자입니다.

예수께서 또 말씀하여 이르시되 나는 세상의 빛이니 나를 따르는 자는 어둠에 다니지 아니하고 생명의 빛을 얻으리라(요 8 : 12)
나는 빛으로 세상에 왔나니 무릇 나를 믿는 자로 어둠에 거하지 않게 하려 함이로라(요 12 : 46)
그 눈을 뜨게 하여 어둠에서 빛으로, 사탄의 권세에서 하나님께로 돌아오게 하고 죄사함과 나를 믿어 거룩하게 된 무리 가운데서 기업을 얻게 하리라 하더라 하더라(행 26 : 18)

우리에게는 말씀의 빛, 성령의 빛이 있어야 합니다. 빛이 없는 자, 밝음이 없는 자는 신랑이신 주님을 맞을 준비가 되어있지 않은 자입니다. 신랑을 기다리는 신부로서 나는 어디로부

터 기름을 공급받고, 얼마나 여분의 기름을 준비했습니까? 나의 매일 밝히는 불빛이 있습니까? 혹 벌써 등불이 꺼져 가고 있지는 않습니까?

달란트 비유(마 25 : 14-30)-대자관계(對自關係)

[14] 또 어떤 사람이 타국에 갈 때 그 종들을 불러 자기 소유를 맡김과 같으니 [15] 각각 그 재능대로
한 사람에게는 금 다섯 달란트를, 한 사람에게는 두 달란트를, 한 사람에게는 한 달란트를 주고
떠났더니 [16] 다섯 달란트 받은 자는 바로 가서 그것으로 장사하여 또 다섯 달란트를 남기고 [17] 두
달란트 받은 자도 그같이 하여 또 두 달란트를 남겼으되 [18] 한 달란트 받은 자는 가서 땅을 파고
그 주인의 돈을 감추어 두었더니 [19] 오랜 후에 그 종들의 주인이 돌아와 그들과 결산할새 [20] 다
섯 달란트 받았던 자는 다섯 달란트를 더 가지고 와서 이르되 주인이여 내게 다섯 달란트를 주
셨는데 보소서 내가 또 다섯 달란트를 남겼나이다 [21] 그 주인이 이르되 잘하였도다 착하고 충성
된 종아 네가 적은 일에 충성하였으매 내가 많은 것을 네게 맡기리니 네 주인의 즐거움에 참여
할지어다 하고(마 25 : 14-21)

① 악하고 게으른 종-한 달란트 받은 사람

자기가 받은 것이 적다고 땅에 묻어 버렸습니다. 주인이 와서 변리라도 얻게 해야 했었다며 책망합니다. 그는 일부러 주인의 뜻을 거역했습니다. 받자마자 땅에 묻어 버렸습니다. 그 이유는 무엇입니까? 주인을 불신했기 때문입니다. 한 달란트를 받았어도 이득을 남겼어야 한다고 주님은 말씀하십니다.

② 착하고 충성스러운 종-두 달란트, 다섯 달란트 받은 사람

주인이 달란트를 주자마자 바로 가서 재빨리 그 소유를 사용하여 어떤 일에 착수하였습니다. 자기에게 맡겨진 사명과 일에 대해 책임감과 의무감을 가지고 지체 없이 그 일을 시작하였습니다. 각기 계획하고 그 재능을 충분히 발휘하여 이윤을 남겼습니다. 주인의 이익에 관심을 두지 않고 자신의 몸을 아끼는 데만 관심을 두어 자신에게 맡겨진 일에 충성하지 못한 사람, 주인을 섬기는 데 태만한 사람이 악한 사람입니다.[169)]

③ 달란트 비유 적용

일생을 살면서 단 한 사람도 하나님께로 돌아오게 하지 못하는 사람이 많습니다. 약속대로 여러 민족의 아비가 되는 꿈을 가져야 합니다(Sonship-창 17 : 4). 우리는 다스리는 왕으로서 하나님 앞에 큰 꿈을 가져야 합니다. 자신의 배부름만을 위하여 사는 종이 있고, 하나님

을 위해 하나님의 가족들을 돌보는 종이 있습니다.

땅의 모든 족속에게 복을 끼치는 사람이 되어야 합니다(Kingship－창 12 : 3). 자기관리를 어떻게 하고 있습니까? 받은 것은 얼마이며, 현재까지 얼마를 남겼습니까? 나 때문에 이 세상 나라가, 하나님의 나라가 어떤 유익을 얻었습니까? 종말의 때는 모든 인간이 하나님 앞에 회계하는 때입니다. 신자는 그의 상급을 결정받는 회계를 받지만(고후 5 : 10) 불신자는 영원한 심판을 받는 회계를 받습니다(계 20 : 11－15)[170]

양과 염소 비유(마 25 : 31－46)－대인관계(對人關係)

31 인자가 자기 영광으로 모든 천사와 함께 올 때에 자기 영광의 보좌에 앉으리니 32 모든 민족을
그 앞에 모으고 각각 구분하기를 목자가 양과 염소를 구분하는 것 같이 하여 33 양은 그 오른편에
염소는 왼편에 두리라 34 그때에 임금이 그 오른편에 있는 자들에게 이르시되 내 아버지께 복 받
을 자들이여 나아와 창세로부터 너희를 위하여 예비된 나라를 상속받으라 35 내가 주릴 때에 너
희가 먹을 것을 주었고 목마를 때에 마시게 하였고 나그네 되었을 때에 영접하였고 36 헐벗었을
때에 옷을 입혔고 병들었을 때에 돌보았고 옥에 갇혔을 때에 와서 보았느니라 37 이에 의인들이
대답하여 이르되 주여 우리가 어느 때에 주께서 주리신 것을 보고 음식을 대접하였으며 목마르
신 것을 보고 마시게 하였나이까 38 어느 때에 나그네 되신 것을 보고 영접하였으며 헐벗으신 것
을 보고 옷 입혔나이까 39 어느 때에 병드신 것이나 옥에 갇히신 것을 보고 가서 뵈었나이까 하
리니 40 임금이 대답하여 이르시되 내가 진실로 너희에게 이르노니 너희가 여기 내 형제 중에 지
극히 작은 자 하나에게 한 것이 곧 내게 한 것이니라 하시고(마 25 : 31－40)

① 오른편에 서는 양

예수께서는 성육신하심으로써 인간의 고통과 슬픔에 동참하셨습니다(빌 2 : 6－8). 주님의 전 생애를 통해 본질상 인간의 연약한 한계 아래 머무시면서 그 속에서 아픔과 고뇌를 맛보셨습니다(마 8 : 17, 사 53 : 4, 63 : 9). 정녕 그분은 고난당하는 자의 표상이자, 우리의 아픔을 깊이 이해하시는 진정한 친구였습니다(히 4 : 15). 예수님은 고난받는 자의 고통과 마음을 온전히 헤아리시며 고난받는 자의 위로자와 보호자가 되어 주셨습니다. 이것이 바로 우리가 필연적으로 고난받는 자의 이웃이 되어야 하는 이유입니다(마 22 : 34－40, 히 13 : 2). 선행은 이웃을 내 몸처럼 사랑하라는 주님의 말씀과 일치하는 삶입니다(마 19 : 19). 이런 자들에게 하나님은 권능의 우편에 앉힐 것이며(시 45 : 9), 하나님께 가까이 나아갈 수 있게 하고(계 21 : 3), 창세로부터 예비한 나라를 상속하여 주신다고 약속하셨습니다(히 11 : 16).

손님 대접하기를 잊지 말라 이로써 부지중에 천사들을 대접한 이들이 있었느니라(히 13 : 2)

의로운 성도들은 예수님과 함께 영예로운 자리에 앉게 될 것입니다. 구약에서는 하나님의 사람들이 하나님의 영광을 보는 것에 불과했지만 신약에서는 영원한 영광을 바라보고 현재의 시련을 견디며 충성한 자는 하나님의 영광에 참예합니다. 성도들은 주님과 함께 영화롭게 됩니다(골 1 : 27). 예수께서 아버지로부터 받은 영광을 성도들에게 주시기 때문입니다(요 17 : 22).[171]

② **왼편에 서는 염소**

하나님을 경외한다고 하면서도 하나님의 형상을 입은 사람들을 돌아보지 않습니다. 이것은 사실상 하나님을 멸시한 것과 같기 때문에 악인일 수밖에 없습니다. 이런 자들에게 예수님은 나를 떠나 영원한 불에 들어가라고 하십니다(마 25 : 41).

③ **심판**

분명 마지막 날, 주의 재림 때에는 심판이 있습니다. 세 가지 비유를 통해 알 수 있는 심판의 특징은 무엇입니까? 이 심판을 잘 준비하고 있습니까? 양의 무리는 오른편에, 염소는 왼편에 양분함으로써 심판의 명료성(明瞭性)을 보여 주고 있습니다. 제삼의 자리는 없습니다. 최후 심판의 순간에는 옳거나 틀린 것만 있을 뿐입니다. 메시야가 재림한 이후에 의인들은 하나님 앞에서 영원히 살 것이고, 악인들은 영원한 형벌에 처해질 것입니다. 이 같은 영원한 구별은 이 지상에서의 짧은 생애를 통해 결정됩니다. 그러므로 끊임없는 훈련과 영적 전쟁을 잘 치러야 하며, 그 나라와 주의 재림에 대해 성실한 준비를 해야 합니다. 신부에게는 예비함이 필요합니다. 종, 사역자에게는 충성이 필요합니다. 예수님을 섬기는 자는 심판의 날이 있음을 기억하고 사람을 사랑하고 존대하는 마음으로 대해야 합니다. 세 가지 비유의 공통점은 구원과 멸망의 분리입니다.[172] 왕은 반드시 오신다는 사실을 명심해야 합니다. 그날에 우리 모두가 행한 대로, 우리의 열매들로 평가받는다는 사실을 기억합시다.

적용질문

1. 종말을 위한 준비는 마지막 순간에 갑자기 준비할 수 있는 것이 아닙니다. 지금 나는 주님 맞을 준비를 어떻게 하고 있습니까?(말씀, 기도, 치유, 전도, 양육, 구제 등)

2. 하나님께서 주신 달란트를 내 자신의 유익을 위해서만 사용하고 있지는 않습니까? 내게 주신 재능과 강점들을 구속사를 위하여 어떻게 사용하고 있습니까? 또 앞으로 어떤 계획을 가지고 있습니까?

3. 열 처녀 비유는 하나님과의 관계에 대한 태도를 의미합니다. 나는 내 속의 복음의 씨가 성장하도록 기름을 준비하고 주님을 기다립니까? 아니면 구원의 확신만으로 만족하고 살아갑니까? 기도하지 않으면 성령의 역사를 누리고 경험할 수 없습니다. 올해 안에 나의 작정 기도 계획을 세워 봅시다.

볼지어다 내가 세상 끝날까지

너희와 항상 함께 있으리라

제10강

대속을 위한 수난과 최후의 승리

마태복음 26-28장

10

대속을 위한 수난과 최후의 승리

26−28장

1. 새 역사, 새 언약의 시대를 위한 준비−십자가(마 26장)

십자가를 준비하는 여러 종류의 사람들

유월절 만찬

겟세마네의 기도(마 26 : 36−46)와 예수의 잡히심(마 26 : 47−75)

2. 십자가에 못 박히신 왕(마 27장)

빌라도의 재판(마 27 : 1−26)

십자가를 지심(마 27 : 27−44)

왕의 죽으심과 무덤(마 27 : 45−66)

3. 왕의 부활과 지상 명령(마 28장)

빈 무덤과 왕의 부활(마 28 : 1−10)

군병들의 보고와 매수(마 28 : 11−15)

왕의 지상명령(마 28 : 16−20)

1. 새 역사, 새 언약의 시대를 위한 준비 – 십자가(마 26장)

1) 십자가를 준비하는 여러 종류의 사람들

Q 십자가를 맞이하기 위한 원수들의 준비, 예수님을 사모하는 이들의 준비, 제자들의 준비가 각각 달랐습니다. 정리해 보십시오.

A 원수 : 원수들은 예수를 정죄하여 죽일 모의를 꾸밉니다.
마리아 : 은혜를 받은 마리아는 주님의 장례를 위하여 향유를 그 머리에 붓습니다.
제자 : 제자들은 유월절을 준비합니다.

"너희가 아는 바와 같이 이틀이 지나면 유월절이라 인자가 십자가에 못 박히기 위하여 팔리리라"고 말씀하십니다(마 26 : 2). 수난과 죽음을 이미 여러 번 예고해 오신 예수님은(마 16 : 21, 17 : 22, 20 : 18). 이제 좀 더 구체적으로 주님의 죽음 사건이 유월절 기간에 발생할 것이라고 말씀하십니다.

이때로부터 예수 그리스도께서 자기가 예루살렘에 올라가 장로들과 대제사장들과 서기관들에게 많은 고난을 받고 죽임을 당하고 제삼 일에 살아나야 할 것을 제자들에게 비로소 나타내시니(마 16 : 21)

[18] 보라 우리가 예루살렘으로 올라가노니 인자가 대제사장들과 서기관들에게 넘겨지매 그들이 죽이기로 결의하고 [19] 이방인들에게 넘겨주어 그를 조롱하며 채찍질하며 십자가에 못 박게 할 것이나 제 삼일에 살아나리라(마 20 : 18–19)

원수들의 모의

[3] 그때에 대제사장들과 백성의 장로들이 가야바라 하는 대제사장의 관정에 모여 [4] 예수를 흉계로 잡아 죽이려고 의논하되 [5] 말하기를 민란이 날까 하노니 명절에는 하지 말자 하더라(마 26 : 3–5)

유대의 종교 지도자들은 예수께서 팔레스타인 전역에서 행하신 놀라운 사역들로 인해 매우 긴장해 있었습니다. 그런데 예수께서 이번에는 많은 사람들의 열렬한 환영 가운데 예루살렘에 입성하셔서, 자신들이 관리하고 있던 성전을 청결하게 하시고, 노골적으로 자신들을 엄하게 책망하셨습니다. 이로 인해 예수님에 대한 분노와 적개심이 한층 고조된 종교 지도자들은 산헤드린 의회를 소집하여 구체적으로 예수님의 체포를 모의하게 되었습니다(마 26 : 3-5). 대제사장 가야바는 로마 총독 빌라도의 전임자에게 아부하여 대제사장으로 임명받은 자였습니다. 그는 자기의 욕구 충족을 위해 수단과 방법을 가리지 않았습니다(요 18 : 14). 이들의 결의 사항은 예수를 죽이되 명절에는 하지 말자는 것입니다. 하지만 이들이 두려워하는 것은 민란이고 백성의 민심이었지, 하나님이 아니었습니다.

마리아의 헌신과 예수님의 축복

6 예수께서 베다니 나병 환자 시몬의 집에 계실 때에 7 한 여자가 매우 귀한 향유 한 옥합을 가지
고 나아와서 식사하시는 예수의 머리에 부으니 8 제자들이 보고 분개하여 이르되 무슨 의도로
이것을 허비하느냐 9 이것을 비싼 값에 팔아 가난한 자들에게 줄 수 있었겠도다 하거늘 10 예수
께서 아시고 그들에게 이르시되 너희가 어찌하여 이 여자를 괴롭게 하느냐 그가 내게 좋은 일을
하였느니라 11 가난한 자들은 항상 너희와 함께 있거니와 나는 항상 함께 있지 아니하리라 12 이
여자가 내 몸에 이 향유를 부은 것은 내 장례를 위하여 함이니라 13 내가 진실로 너희에게 이르
노니 온 천하에 어디서든지 이 복음이 전파되는 곳에서는 이 여자가 행한 일도 말하여 그를 기
억하리라 하시니라(마 26 : 6-13)

마리아는 최고, 최선의 것으로 하나님을 섬겼으며, 그녀의 전인적인 헌신은 예수님의 마음을 흡족하게 해 드렸습니다. 나드는 휘발성이 있어 용기의 뚜껑을 단단히 고정시켜 보관합니다. 그런데 이를 깨뜨린다는 것은(막 14 : 3) 더 이상 원래의 향을 오랫동안 유지할 수 없게 되었음을 의미합니다. 그래서 향유는 일반적으로 가장 유효하고 적합한 상황에 사용되어야 했습니다(예 : 결혼을 위한 여인의 최상의 예물).

예수께서 마리아의 헌신을 극찬하신 이유가 무엇입니까? 우리에게는 복음을 들을 뿐만 아니라 들은 바 말씀으로 어떻게 살았느냐 하는 희생의 삶, 섬김의 모델이 필요하기 때문입니다. 사랑, 믿음, 용기, 헌신, 자기희생을 보여 준 여인의 행위는 모든 그리스도인들에게 요구되는 신앙적 자질들이라는 점에서 중요합니다. 이 여인은 예수와 함께 삼 년이라는 긴 시간을 동고동락했어도 예수의 수난을 이해하지 못했던 열두 제자들과 대조를 이룹니다(막 8 : 21, 요 8 : 27).[173] 무엇보다 하나님을 사랑하는 것이 우선해야 합니다. 예수님의 말씀대로 이 예언은 지금 그대로 성취되고 있습니다. 그녀를 기념하는 자들은 죄인이 변하여 의인이 되며, 나중 된 자가 변하여 먼저 된 자가 된다는 역설적인 하나님 나라의 진리를 깨달을 수 있습니다.[174]

적용질문

1. 마리아가 매우 귀한 향유를 예수님의 머리에 붓자 제자들이 왜 허비하느냐고 비난하였습니다. 그러나 예수님은 "예수님의 장례를 준비하는 것이라며 온 천하 어디서든지 이 복음이 전파되는 곳에서는 마리아가 한 일을 기억하리라."고 칭찬하셨습니다. 지금 내게도 예수님과 하나님 나라를 위해 헌신하고 있는 '거룩한 낭비'가 있습니까?

2. 가룟 유다는 자신의 기대와 다른 예수님을 대제사장을 찾아가 넘겨줄 마음을 품습니다. 나는 가룟 유다처럼 나의 잘못된 기대나 욕망 때문에 주님을 마음으로 배반하거나 주님으로부터 돌이킨 적은 없었습니까?

3. 향유를 부은 마리아처럼, 내 삶 속에 가장 소중하고 존경하는 분으로 우리 주님을 섬기고 있다는 증거를 이야기해 보십시오.

2) 유월절 만찬

17 무교절의 첫날에 제자들이 예수께 나아와서 이르되 유월절 음식 잡수실 것을 우리가 어디서
준비하기를 원하시나이까 18 이르시되 성안 아무에게 가서 이르되 선생님 말씀이 내 때가 가까
이 왔으니 내 제자들과 함께 유월절을 네 집에서 지키겠다 하시더라 하라 하시니 19 제자들이 예
수께서 시키신 대로 하여 유월절을 준비하였더라(마 26 : 17-19)

Q 예수님은 돌아가시기 전에 유월절 만찬을 준비하라고 말씀합니다. 유월절 의식의 가장 절정은 양을 잡는 의식입니다. 그런데 이 마지막 유월절 만찬에는 양 잡는 의식이 생략되었습니다. 그 이유가 무엇이라고 생각하십니까?

A 십자가를 지시는 사건이 곧 양을 잡아 드리는 죄사함의 의식이었기 때문입니다. 주님 자신이 희생양으로 드려지기에 이 최후의 만찬에는 양의 희생이 생략되었습니다.

마가복음과 누가복음에 의하면 유월절 식사가 준비된 곳은 큰 다락방입니다. 유월절 행사에 있어서 양을 잡는 일은 가장 핵심이 되는 일입니다(마 26 : 17). 그런데 본문에서는 유월절 양을 잡은 것에 대한 언급은 전혀 나타나지 않고 있습니다. 유월절 준비를 위해 '집', 곧 '방'만

을 준비하고 정작 유월절 식사에 필요한 '양'에 대한 언급이 없는 이유는 예수께서 자신을 유월절 양으로 이해하셨기 때문입니다. 즉 예수께서 친히 유월절 양이 되시므로 또 다른 유월절 양은 필요가 없었던 것입니다(마 26 : 19).[175]

예수님은 자신의 다가올 죽음의 의미를 설명할 가시적 증거물로 유월절 식사의 떡과 포도주를 사용하십니다. 예수께서 떡과 잔을 주시며 '내 몸' 과 '내 피'로 표현하신 것은 죄인들의 구원을 위해 십자가에서 피를 흘리시며 죽기까지 자신의 전부를 드리실 것을 상징하신 것입니다. 예수님은 새로운 양식을 공급하십니다. 유월절 식사에 필요한 것(어린양, 무교병, 포도주, 쓴 나물, 등불 등)을 준비하는데 손이 많이 갔고, 식사 장소에는 누룩이 모두 제거되어야 했기에(출 12 : 15) 미리 청소도 해야만 했습니다. 이러한 복잡한 준비 작업 때문에 제자들은 예수님의 의사를 물었습니다. 예수께서는 율법이 정한 것이 아닌, 새로운 유월절 어린양으로서 양 잡는 날, 곧 니산월 14일 오후에 당신이 친히 십자가라는 유월절 식탁에 오를 예정이었습니다.[176]

유월절 만찬의 최소 인원은 10명 이상의 그룹입니다. 여호와의 이름에 나타나는 첫 자음 '요드'가 히브리어 자음 순서상 열 번째에 나타나기 때문에 최소 10명 이상이 되어야 여호와의 이름을 부를 수 있습니다. 그룹으로 먹는 의미는 만찬을 진행하는 가운데 여호와의 이름을 송축할 필요가 있기 때문입니다. 하나님을 섬기는 일은 개인의 일이 아니라 공동체의 일입니다. 유월절 의식은 구원하는 피를 알게 합니다. 예수께서 많은 사람들을 위하여 생명의 피를 흘린다고 하신 것은 많은 사람들을 위하여 자기 목숨을 내어 주신다는 것과 마찬가지입니다.[177] 이 피 흘림의 목적은 죄사함을 받게 하려 함입니다. 죄사함은 오직 아들 예수님만이 하실 수 있습니다.[178] 이 새 의식은 옛 유월절 예식과 같이 탈출의 예식이었습니다. 하지만 그저 소망으로만 채우는 예식이 아니라 이미 주께서 성취하신 승리에 대한 확신으로 가득 채우는 예식이었습니다. 우리가 이 예식에 참여하는 것은 주님을 기억하고 주님과 교제하기 위함이며 주님을 향한 충성을 서약하기 위함입니다. 우리의 성례전(Sacramentum)은 왕을 위해 살고 싸우고 죽겠다는 우리의 충성의 서약이어야 합니다.[179]

적용질문

1. **예수님은 유월절 만찬에서 떡과 잔을 나누셨습니다. 예수님은 요한복음 6장에서 "나는 떡이다. 먹어라. 나는 음료이다. 마셔라."라고 말씀하셨습니다. 우리가 가지고 있는 믿음 안에는 그리스도를 먹고 마시는 내용이 다 포함되어 있습니다. 무엇을 먹고, 무엇을 마십니까?**(매일 말씀을 먹고, 기도를 통하여 성령의 기름 부음을 공급받음)

2. 예수님의 살과 피가 나를 살렸습니다. 이 생명을 먹고 마시며 사는 나도 동일한 스피릿으로 누군가를 위해 희생하며 섬겨야 합니다. 이런 십자가의 정신으로 섬기는 사역이나 영혼이 있다면 나누어 보십시오.

3. 예수님은 제자들이 배반할 것을 아셨음에도 끝까지 섬기고 사랑하셨습니다. 나를 불편하게 하고 거역한 사람에 대하여 나도 끝까지 사랑할 수 있습니까?

3) 겟세마네의 기도(마 26 : 36-46)와 예수의 잡히심(마 26 : 47-75)

38 이에 말씀하시되 내 마음이 매우 고민하여 죽게 되었으니 너희는 여기 머물러 나와 함께 깨어
있으라 하시고 39 조금 나아가사 얼굴을 땅에 대시고 엎드려 기도하여 이르시되 내 아버지여 만
일 할 만하시거든 이 잔을 내게서 지나가게 하옵소서 그러나 나의 원대로 마시옵고 아버지의 원
대로 하옵소서 하시고 40 제자들에게 오사 그 자는 것을 보시고 베드로에게 말씀하시되 너희가
나와 함께 한 시간도 이렇게 깨어 있을 수 없더냐 41 시험에 들지 않게 깨어 기도하라 마음에는
원이로되 육신이 약하도다 하시고(마 26 : 38-41)

Q 마지막 밤, 겟세마네에서 기도하시는 예수님과 제자들의 모습에는 어떤 차이가 있습니까?(마 26 : 38-41)

A 심히 고민하면서 기도하시는 예수님과 피곤하여 한 시간도 깨어 있지 못하는 제자들의 모습입니다.

예수님은 하나님의 아들이시지만 사람이기에 죽음을 앞두고 심히 고민하지 않을 수 없었습니다. 특히 십자가의 죽음은 단순한 죽음이 아니라, 인류의 영원한 구원을 위한 것이기 때문에, 이런 고통과 슬픔의 중대한 시간에 예수님은 제자들에게 "나와 함께 깨어 있으라" 말씀하십니다. 스승과 제자 사이의 긴밀한 관계성이 보입니다. 예수께서 함께 깨어 있기를 부탁하셨지만 제자들은 예수님의 마음과는 달리 잠에 취해 있었습니다. 예수님은 이런 제자들을 불쌍히 여기시고 마음에는 원이로되 육신이 연약하다고 하셨습니다.

예수님의 슬픔의 실체는 세상의 죄를 지심으로 인해 하나님께서 자신을 외면하실 것에 대한 고민과 애통입니다. 세상의 모든 죄로 인해 하나님께서 얼굴을 가리실 것이기 때문입니다(

신 31 : 17-18, 시 4 : 6, 10 : 11, 22 : 24). 그러므로 예수님의 기도는 아버지의 얼굴을 내게서 숨기지 말아 달라는 처절하면서도 애끓는 기도요, 마치 아버지의 손을 놓지 않으려는 어린 아이의 필사적인 사투의 기도였습니다.[180] 그런 반면에 육신적인 상황에 매여 잠시 후에 일어날 심각한 상황을 기도로 준비하지 못하는 제자들의 안타까운 모습도 봅니다. 신앙도 마음뿐일 때가 많이 있습니다. "기도해야지, 헌금해야지, 봉사해야지!" 하면서 마음만 움직일 뿐 실행하지 못하는 경우가 많습니다. 기도는 이런 연약함을 이기고 시험을 대처할 수 있는 유일한 방법이며 사탄을 대적하는 강력한 무기입니다. 시험에 들지 않으려면 기도해야 합니다. 기도는 우리가 싸워야 할 힘겨운 전쟁들을 미리 방어해 주고, 우리의 힘을 강화시켜 주는 영적 공급이요, 무장입니다. 육신이 약하여 넘어질 문제 같으면 미리 기도해야 합니다.

시험에 들지 않게 깨어 기도하라 마음에는 원이로되 육신이 약하도다 하시고(마 26 : 41)

예수의 잡히심(마 26 : 47-56)

47 말씀하실 때에 열둘 중의 하나인 유다가 왔는데 대제사장들과 백성의 장로들에게서 파송된 큰
무리가 칼과 몽치를 가지고 그와 함께 하였더라 48 예수를 파는 자가 그들에게 군호를 짜 이르되
내가 입맞추는 자가 그이니 그를 잡으라 한지라 49 곧 예수께 나아와 랍비여 안녕하시옵니까 하
고 입을 맞추니 50 예수께서 이르시되 친구여 네가 무엇을 하려고 왔는지 행하라 하신대 이에 그
들이 나아와 예수께 손을 대어 잡는지라(마 26 : 47-50)

가룟 유다와 함께 대제사장들과 백성의 장로들에게서 파송된 큰 무리가 칼과 몽치를 가지고 와서 유다가 예수께 입을 맞추는 것을 신호로 예수님을 잡았고, 제자들은 예수님을 버리고 다 도망하였습니다.

유대인들에게 있어서 입맞춤은 충성과 우정의 표시입니다. 그러나 유다는 사람으로서 지켜야 할 모든 의무를 깨뜨렸고 이런 신성한 상징조차도 야비한 목적을 이루기 위해 악용했습니다. 그러나 이 모든 것은 선지자들의 글을 이루려 함이었습니다. 예수님은 유다에게 친구라고 불렀습니다. 유대인들은 사람이 계명을 얼마나 잘 지키느냐에 따라 사람들을 '암 하아레츠', '나아만', '하베르'의 세 부류로 나누었습니다. '암 하레츠'는 그 땅의 백성으로 계명과 상관없이 사는 사람들입니다. 나아만은 믿는 사람들, 즉 계명을 지키는 사람들입니다. '나아만'을 직역하면 '친구'로 고대에는 계명을 아주 정성껏 지키는 사람을 의미합니다.[181] 예수님을 배반하기로 결정한 유다는 속이는 영에 넘어가 악을 향하여 그의 마음과 생각과 행동 방향을 돌렸음을 보여 줍니다(롬 7 : 11). 죄의 유혹은 영혼을 강퍅하게 하여 사망에 이르게 합니다(히 3 : 13).[182]

대제사장의 심문과 베드로의 부인(마 26 : 57－75)

57 예수를 잡은 자들이 그를 끌고 대제사장 가야바에게로 가니 거기 서기관과 장로들이 모여 있
더라 58 베드로가 멀찍이 예수를 따라 대제사장의 집 뜰에까지 가서 그 결말을 보려고 안에 들어
가 하인들과 함께 앉아 있더라 59 대제사장들과 온 공회가 예수를 죽이려고 그를 칠 거짓 증거를
찾으매 60 거짓 증인이 많이 왔으나 얻지 못하더니 후에 두 사람이 와서 61 이르되 이 사람의 말이
내가 하나님의 성전을 헐고 사흘 동안에 지을 수 있다 하더라 하니 62 대제사장이 일어서서 예수
께 묻되 아무 대답도 없느냐 이 사람들이 너를 치는 증거가 어떠하냐 하되 63 예수께서 침묵하시
거늘 대제사장이 이르되 내가 너로 살아 계신 하나님께 맹세하게 하노니 네가 하나님의 아들 그
리스도인지 우리에게 말하라 64 예수께서 이르시되 네가 말하였느니라 그러나 내가 너희에게 이
르노니 이 후에 인자가 권능의 우편에 앉아 있는 것과 하늘 구름을 타고 오는 것을 너희가 보리
라 하시니 65 이에 대제사장이 자기 옷을 찢으며 이르되 그가 신성모독 하는 말을 하였으니 어찌
더 증인을 요구하리요 보라 너희가 지금 이 신성모독 하는 말을 들었도다 66 너희 생각은 어떠하
냐 대답하여 이르되 그는 사형에 해당하니라 하고 67 이에 예수의 얼굴에 침 뱉으며 주먹으로 치
고 어떤 사람은 손바닥으로 때리며 68 이르되 그리스도야 우리에게 선지자 노릇을 하라 너를 친
자가 누구냐 하더라(마 26 : 57－68)

예수님이 잡히셨을 때가 한밤중이었음에도 불구하고 대제사장 가야바에게로 가니 거기에 서기관들과 장로들이 모여 있었고 그들은 예수를 죽이기 위한 거짓 증거를 찾고 있었습니다. 그들의 악의를 만족하게 하기 위하여 그 밤을 꼬박 앉아서 기다렸습니다. 예수님께 불의가 없는 사실을 그들이 더 잘 알았지만 예수께서 부활 후에 하나님 우편에 앉아 계시다가 끝 날에 심판주로 재림하실 것을 말씀하시자 신성모독죄를 적용하여 그를 죽이기로 하였습니다. 예수님을 정죄할 참된 죄목이 없는 줄 알고 오직 거짓 죄목을 꾸며 보려고 한 것입니다.

베드로의 부인－"나는 그 사람을 알지 못하노라"

69 베드로가 바깥뜰에 앉았더니 한 여종이 나아와 이르되 너도 갈릴리 사람 예수와 함께 있었도
다 하거늘 70 베드로가 모든 사람 앞에서 부인하여 이르되 나는 네가 무슨 말을 하는지 알지 못하
겠노라 하며 71 앞문까지 나아가니 다른 여종이 그를 보고 거기 있는 사람들에게 말하되 이 사람
은 나사렛 예수와 함께 있었도다 하매 72 베드로가 맹세하고 또 부인하여 이르되 나는 그 사람을
알지 못하노라 하더라 73 조금 후에 곁에 섰던 사람들이 나아와 베드로에게 이르되 너도 진실로
그 도당이라 네 말소리가 너를 표명한다 하거늘 74 그가 저주하며 맹세하여 이르되 나는 그 사람

을 알지 못하노라 하니 곧 닭이 울더라 [75] 이에 베드로가 예수의 말씀에 닭 울기 전에 네가 세 번 나를 부인하리라 하심이 생각나서 밖에 나가서 심히 통곡하니라(마 26 : 69-75)

베드로는 비록 도망가기는 했지만, 다시 주님을 걱정하는 마음으로 멀찍이 주님을 따라갔습니다. 하지만 예수님이 말씀하신 것처럼 닭 울기 전에 세 번이나 예수님을 모른다고 부인하였습니다. 처음에는 부인, 다음에는 맹세로 부인, 그다음에는 저주하며 맹세로 부인합니다. 예수님은 진실한 고백으로 십자가의 사형을 받았습니다. 그러나 베드로의 세 차례 거짓 고백은 자신의 생명을 구하기 위한 시도들이었습니다. 그는 자신의 생명을 보존하기 위해 신성모독의 중한 죄악까지 스스럼없이 자행하였습니다. 그러나 베드로의 마지막 고백과 더불어 들려오는 닭 울음소리는 참회의 눈물로 변화시킨 일종의 신선한 경종이었습니다. 베드로는 지금껏 자기를 과신했기 때문에 예수님의 경고를 유의하지 않았습니다. 시험을 이기기 위해 기도하지도 않았습니다. 결국 닭 울음소리를 듣고서야 마침내 연약하고 무기력한 자신의 실체를 발견하였습니다.

적용질문

1. 예수님은 제자들에게 시험에 들지 않게 깨어 미리 기도하라고 하셨습니다. 나는 앞으로 다가올 고난과 시험들을 위하여 어떤 기도 생활을 합니까? 나의 육체의 연약함(유혹, 욕망, 게으름, 실수, 위기 등)을 이기기 위한 방어 기도를 미리 하고 있습니까?

2. 나는 "나의 뜻대로 마옵시고 아버지의 뜻대로 하옵소서"와 같은 기도로 나의 길을 버리고 하나님의 뜻 앞에 순종하여 주의 길을 따른 경험이 있습니까?

3. 나는 예수님의 고난에 동참하게 해달라고 기도합니까? 혹 베드로처럼 큰소리쳤다가 미리 기도하지 못함으로 비겁하게 신의를 저버린 적은 없습니까?

2. 십자가에 못 박히신 왕(마 27장)

1) 빌라도의 재판(마 27 : 1-26)

날이 새매 백성의 장로들 곧 대제사장들과 서기관들이 모여서 예수를 그 공회로 끌어들여(눅 22 : 66)

Q 산헤드린 공의회가 새벽에 총독 빌라도에게 예수님을 넘겨 준 사실을 통해 그들에게 발견할 수 있는 악행이 무엇입니까?

A 자신들의 불법을 합법이 되도록 위장하고, 그리스도를 대적하는 악의 도구로 빌라도를 이용했습니다.

산헤드린 공의회는 해가 떠오른 후에야 비로소 공식 회의를 열 수 있다는 관례가 있었습니다. 따라서 이미 지난밤 사이에 비공식적으로 예수의 사형을 결의한 대제사장과 장로들은 '해가 떠오른 때'를 기다려 그 결의안을 정식 회의에 상정함으로(눅 22 : 66) 표면적으로 적법한 절차에 따라 일을 처리합니다. 그러나 사형집행에 있어서, 산헤드린은 선고할 권한만 가질 뿐 집행할 권한은 전적으로 로마 총독에게 있었기 때문에 예수 그리스도를 로마 총독인 빌라도에게 넘겨주었습니다. 당시 로마 저술가에 의하면 빌라도는 거칠고 교만한 성품의 사람이어서 유대인들은 그를 몹시 증오했고 그의 억압 정치에 시달리고 있었다고 기술합니다.

유다의 자살(마 27 : 3-10)

3 그때에 예수를 판 유다가 그의 정죄됨을 보고 스스로 뉘우쳐 그 은 삼십을 대제사장들과 장로
들에게 도로 갖다 주며 4 이르되 내가 무죄한 피를 팔고 죄를 범하였도다 하니 그들이 이르되 그
것이 우리에게 무슨 상관이냐 네가 당하라 하거늘 5 유다가 은을 성소에 던져 넣고 물러가서 스
스로 목매어 죽은지라(마 27 : 3-5)

유다의 가장 큰 죄악은 양심의 가책을 받고서도 베드로처럼 회개를 통해 다시 한번 주님께 헌신하지 않고 오히려 스스로 목숨을 끊었다는 사실입니다. 자신이 그리스도를 팔았고, 예상했던 일이지만 예수님이 당하신 일이 너무나 참혹했기 때문에 후회했다고 볼 수 있습니다. 그러나 후회는 회개에는 이르지 못합니다. 그는 자신의 죄를 깨닫고 사람들 앞에 고백했지만 이 문제를 하나님 앞에까지 가지고 가지 못했습니다. 사람들은 그를 동정하지도 않았고 도와줄 수도 없을 뿐 아니라 우리에게 무슨 상관이냐며 유다를 냉대하였습니다.[183)]

인간은 누구나 실수할 때가 있고 범죄를 저지를 수도 있습니다. 하지만 예수님을 은 삼십에 팔아넘긴 유다는 그 죄를 회개할 만한 은혜와 긍휼을 입지 못했습니다. 진정한 회개는 잘못된 생각, 잘못된 마음, 잘못된 행위를 바르게 바꾸는 작업입니다. 그러므로 우리의 마음을 고치고 바꾸는 근본적인 회개가 필요하므로 하나님의 말씀으로 감동되는 순간순간마다 심령을 새롭게 해야 합니다. 나는 진정한 회개를 합니까? 죄 문제까지도 내 힘으로 처리하려는 마

음이 있지는 않습니까? 예수를 잘 믿고 신앙생활을 잘한다고 하지만 실상 내 옆의 힘든 형제, 자매를 냉대하면서 귀를 막고 있지는 않는지 돌아보아야 합니다. 완고한 마음으로 회개의 기회를 저버리고 죄를 덮고 있지는 않는지 나를 살펴야 합니다.[184)]

신성모독이라는 '종교적 죄목'

예수님에게 사형을 선고했던 종교 지도자들(마 26 : 64–66)은 간교하게도 예수님을 민중 선동, 납세 거부 등 주로 '정치적 죄목'으로 빌라도에게 고소하였습니다(눅 23 : 2). 빌라도는 이러한 간계와 예수님의 무죄를 알고 있었으며, 특히 아내의 전갈을 통해 이를 확신하였습니다(마 27 : 18–19). 그러나 그는 결국 여론과 자신의 출세를 위해 양심의 소리와는 반대로 손을 씻으면서 십자가를 허락하고 맙니다.

적용질문

1. 빌라도는 정의, 양심보다도 자신의 정치적 입지를 더 중시함으로 예수님을 십자가에 내어주는 돌이킬 수 없는 큰 죄를 저질렀습니다. 내게 있어서 구속사보다도 더 큰 관심과 애착으로 나를 붙잡고 있는 것이 있습니까?

2. 오늘 우리는 본능을 따라, 시대의 풍조를 따라, 여론을 따라 흘러가는 시대에 살고 있습니다. 나의 일상을 이끄는 힘은 세상의 문화입니까, 육체의 본능입니까, 하나님의 말씀입니까?

3. 유다는 양심의 가책을 받고 스스로 책임지기 위해 자살을 선택했습니다. 하나님 앞에서까지 내 자존심을 지키며 내 인생의 주인이 되고자 하는 성향이 내게 없습니까? 결정적 순간의 나의 선택의 기준은 무엇입니까?

2) 십자가를 지심(마 27 : 27–44)

Q 마지막 십자가를 지시는 상황에서 남기신 가상칠언을 정리해 봅시다(눅 23 : 34, 눅 23 : 43, 요 19 : 26–27, 마 27 : 46, 막 15 : 34, 요 19 : 28, 요 19 : 30, 눅 23 : 46).

A "아버지여 저희를 사하여 주옵소서 자기의 하는 것을 알지 못함이니이다"(눅 23 : 34)
"내가 진실로 네게 이르노니 오늘 네가 나와 함께 낙원에 있으리라"(눅 23 : 43)

"여자여 보소서 아들이니이다 보라 네 어머니라"(요 19 : 26-27)
"엘리 엘리 라마 사박다니"(마 27 : 46, 막 15 : 34)
"내가 목마르다"(요 19 : 28)
"다 이루었다"(요 19 : 30)
"아버지 내 영혼을 아버지 손에 부탁하나이다"(눅 23 : 46)

예수님은 십자가 위, 죽어 가는 고통 속에서도 죄인들을 돌보시며, 구세주로서 자신의 사명을 성실히 감당하셨습니다.

구레네 시몬의 억지로 진 십자가

나가다가 시몬이란 구레네 사람을 만나매 그에게 예수의 십자가를 억지로 지워 가게 하였더라(마 27 : 32)

예수님은 이미 심한 고초를 당하셨기 때문에 혼자 십자가를 지고 갈 수 없었습니다. 군병들은 구레네 사람 시몬을 시켜 십자가를 같이 지고 가게 했습니다. 억지로 진 십자가도 우리에게 축복이 됩니다. 구레네 시몬은 아무런 원망과 불평 없이 예수의 고난에 동참하였습니다. 비록 항거할 수 없는 로마의 군법에 따라 징발되었으나 그는 피 흘리며 죽어 가신 예수님의 최후를 누구보다 생생히 목격하였습니다. 내 힘으로 할 수 없지만 억지로 십자가를 지는 것이 축복입니다. 내가 억지로 무거운 짐을 지고 조롱을 당해도 거기에 순종함이 있을 때 나와 집안의 구원이 이루어집니다.[185] 교회 역사를 통해 볼 때 구레네 시몬은 나중에 예수를 자신의 구세주로 믿게 되었으며 그의 아들 루포는 로마서 16장에 등장하고 그의 아내도 바울이 '어머니'로 여길 만큼 신앙적으로 존중받았습니다.[186]

주 안에서 택하심을 입은 루포와 그의 어머니에게 문안하라 그의 어머니는 곧 내 어머니니라(롬 16 : 13)

주님은 내게도 져야 할 십자가가 있다고 말씀합니다. 누군가의 구원, 생명을 위하여 내가 드리고 있는 희생이 있다면 그것은 내게 주신 십자가입니다.

쓸개 탄 포도주를 거절하심

쓸개 탄 포도주를 예수께 주어 마시게 하려 하였더니 예수께서 맛보시고 마시고자 하지 아니하시더라(마 27 : 34)

십자가 위에서 쓸개 탄 포도주를 권했지만 예수님은 거절하셨습니다. 진통제를 거절함으로 자신에게 주어진 십자가의 고통을 온 몸으로 받아들였습니다. 예수께서는 하나님께서 제공하신 주님의 '잔'을(마 20 : 22, 요 18 : 11) 한 방울도 남김없이 마셨습니다. 십자가에 못 박히시는 것이 순전히 주님의 자발적인 의지에 따른 것처럼 그 십자가가 주는 아주 세미한 고통조차도 친히 감수하시며 인간으로서 당하셔야 할 모든 고통을 끝까지 체험하셨습니다. 십자가가 없으면 그리스도도, 면류관도 없습니다. 십자가는 예수께서 마지막으로 그의 피를 흘리신 곳이며 대속을 성취하시는 곳입니다. 그리고 그 대속을 이루실 분은 하나님께 전적으로 순종하며 또 전적으로 그를 신뢰하는 분이어야만 가능합니다. 그리고 이에 합당한 분은 참 이스라엘, 하나님의 아들로 오신 예수님밖에 없습니다.[187)]

적용질문

1. 나의 육체의 소욕 가운데 십자가에 못 박아야 할 영역은 무엇입니까? 영적 제자들에게 본이 되지 않은 모습들이 있습니까? 나의 영적 아비, 멘토들이 내게 보인 십자가의 본은 무엇입니까?

2. 잃어버린 영혼들을 얻기 위해서는 내가 희생하고 양보하고 손해를 보는 자기 십자가가 있어야 합니다. 자기를 부인하면서 내가 힘들게 지고 있는 십자가는 무엇입니까?

3. 구레네 시몬은 자원하지 않았지만 예수님의 십자가를 지고 하나님의 구속사를 돕는 자가 됨으로 큰 은총을 경험하게 되었습니다. 억지로라도 섬기고 은혜를 누린 경험이 있다면 나누어 봅시다.

3) 왕의 죽으심과 무덤(마 27 : 45－66)

이에 성소 휘장이 위로부터 아래까지 찢어져 둘이 되고 땅이 진동하며 바위가 터지고(마 27 : 51)

[19] 그러므로 형제들아 우리가 예수의 피를 힘입어 성소에 들어갈 담력을 얻었나니 [20] 그 길은 우리를 위하여 휘장 가운데로 열어 놓으신 새로운 살 길이요 휘장은 곧 그의 육체니라(히 10 : 19-20)

Q 성소의 휘장은 성소와 지성소를 구별시키고 있었습니다(출 26 : 31-33). 휘장 안쪽의 지성소에는 대제사장이 속죄를 위해 일 년에 단 한 번 들어갈 수 있었습니다(레 16 : 34, 히 9 : 7). 예수님이 돌아가실 때 이 휘장이 찢어졌습니다. 무엇을 의미합니까?

A 예수께서 자기 피로 영원한 속죄를 이루심(히 9 : 12)으로써 구약의 모든 종교의식이 폐지되고, 예수님을 의지하여 성도들이 직접 하나님께 나아가게 되었음을 상징합니다. 십자가 이후로 우리는 왕 같은 제사장으로 지성소에 들어가 하나님 아버지를 직접 알현할 수 있게 되었습니다.

휘장과 십자가

예수님은 오전 9시경에 십자가에 못 박히시고, 오후 3시경에 운명하셨습니다. 이때 온 땅에 어두움이 임했습니다. 예수께서 죄인들을 대신하여 받으신 하나님의 저주와 형벌의 극한 고통을 말합니다. 유대인들에게 '하늘이 열린다'(마 3 : 16)는 표현은 하나님이 직접 이 땅에 강림하시길 구하는 표현입니다. 그렇기에 온 땅에 어둠이 임함은 하늘이 닫혔음을 의미합니다. 하나님께서 그 얼굴을 돌리셨습니다. 그런데 예수님의 죽으심으로 성소의 휘장이 찢어졌습니다. 성소는 근본적으로 에덴동산과 같은 구조로 지성소는 생명나무와 같은 개념이고 휘장과 그 위에 새겨진 그룹은 에덴동산을 지키고 선 화염검과 그룹을 의미합니다. 죄를 짓고 쫓겨난 사람이 다시는 생명나무로 접근할 수 없도록 그룹들이 막고 서 있었는데, 그 휘장이 찢어졌습니다. 아담의 후손은 그룹으로 인해 생명나무로 접근할 수 없었지만, 예수님의 죽음으로 이제는 누구든지 휘장을 지나 생명나무로 나아갈 수 있는 시대가 되었다는 의미가 담겨 있습니다.[188] 휘장이 찢어져 나와 하나님 사이에 막힌 담이 허물어지고 화평을 이루게 되었습니다. 더불어 인간관계에도 화평이 옵니다. 부부 사이, 부모 사이, 자녀 사이 그래서 하나님과 나 사이에 휘장이 찢어져야 합니다.[189] 이 휘장(손두께만큼 두꺼운 것으로 72주름이 있었고 매 주름은 24개의 실로 되어 있다. 그 길이는 60척, 광은 30척으로 이를 만드는데 300명의 제사장이 필요했다.)[190] 이 찢어졌다는 것은 예수께서 '자기 피로 영원한 속죄를 이루심'(히 9 : 12)으로써 구약의 모든 종교의식이 폐지되고, 예수님을 의지하여 성도들이 직접 하나님께 나아가게 되었음을 상징합니다.

아리마대 요셉의 헌신(마 27 : 57–66)

[57] 저물었을 때에 아리마대의 부자 요셉이라 하는 사람이 왔으니 그도 예수의 제자라 [58] 빌라도
에게 가서 예수의 시체를 달라 하니 이에 빌라도가 내주라 명령하거늘 [59] 요셉이 시체를 가져다
가 깨끗한 세마포로 싸서 [60] 바위 속에 판 자기 새 무덤에 넣어 두고 큰 돌을 굴려 무덤 문에 놓
고 가니(마 27 : 57–60)

자신의 신앙을 노출하지 않았던(요 19 : 38) 요셉은 예수의 죽음을 통해 옛 예언들이 성취된 것과 십자가에 달린 그분이 바로 메시야라는 사실을 재차 확신하고는 두려움의 그림자를 담대히 떨쳐 버리고 예수와 가까운 자로 자처하며 그 시신을 요구하기에 이릅니다.[191] 당시 대제사장들이나 장로들은 계명에 따라(신 21 : 23) 장사하게 되어 있음에도 불구하고 의구심과 더불어 예수님께 심각한 수치를 안겨 주기 위해 예수님의 시체를 밤새 나무에 달아 놓으려고 했었던 듯합니다. 그러나 산헤드린의 의원인 아리마대 요셉은 그들의 눈 밖에 날 것을 예상했음에도 예수님에 대한 존경과 공경심으로 그 무서운 환난 중에도 담대히 나와서 예수님의 시체를 장사하였습니다.[192] 이 용기는 하나님께서 주신 선물입니다.[193] 그는 비난과 반대를 각오해야 했습니다(Calvin). 평소에는 숨어 있었어도 위기에 나타나 헌신하는 제자는 참으로 고마운 존재입니다.[194] 아리마대 요셉은 자신이 가진 부를 가지고 예수님의 장사를 지내며, 예수님을 위해 사용하였습니다. 그러나 대제사장들과 바리새인들은 자신이 가진 것을 가지고 예수님을 흠집 내고 다른 사람의 구원도 막는데 사용하였습니다.

적용질문

1. 예수님이 돌아가실 때 성소의 휘장이 찢어진 사건은 나에게 어떤 의미가 있습니까? 아직도 성막의 뜰에 머물러 나의 구원과 축복만을 추구하는 사람입니까? 아니면 성소와 지성소를 향하여 마음을 두고 내가 섬겨야 할 영혼들과 하나님의 마음, 구속사를 위하여 제사장으로 섬길 마음의 자세가 되어 있습니까?

2. 예수님은 자신의 죽음으로 하나님과 우리 사이의 막힌 담을 허무셨습니다. 가정, 직장, 이웃, 교회 안에서 지금 내가 허물어야 할 막힌 담은 무엇입니까? 그것을 위해 나는 어떤 노력을 하고 있습니까?

3. 예수님의 시신을 자신의 무덤에 모셨던 아리마대 요셉의 자기 노출(Coming out)은 참으로 용기 있는 행동이었습니다. 비난이 오고, 불이익이 온다 해도 복음을 가진 자로 나도 자신을 드러낼 수 있겠습니까?

3. 왕의 부활과 지상 명령(마 28장)

1) 빈 무덤과 왕의 부활(마 28 : 1－10)

[19] 그의 힘의 위력으로 역사하심을 따라 믿는 우리에게 베푸신 능력의 지극히 크심이 어떠한 것
을 너희로 알게 하시기를 구하노라 [20] 그의 능력이 그리스도 안에서 역사하사 죽은 자들 가운데
서 다시 살리시고 하늘에서 자기의 오른편에 앉히사(엡 1 : 19－20)
[1] 안식일이 다 지나고 안식 후 첫날이 되려는 새벽에 막달라 마리아와 다른 마리아가 무덤을 보
려고 갔더니 [2] 큰 지진이 나며 주의 천사가 하늘로부터 내려와 돌을 굴려 내고 그 위에 앉았는데
[3] 그 형상이 번개 같고 그 옷은 눈같이 희거늘 [4] 지키던 자들이 그를 무서워하여 떨며 죽은 사람
과 같이 되었더라(마 28 : 1－4)

Q 주님이 부활하신 사실이 성도에게 미치는 영향이 무엇입니까?

A 부활하심으로 음부의 권세를 이기신 그 생명의 능력이 성도의 삶을 변화시킵니다.

부활은 예수께서 죄와 사망의 권세, 곧 사탄의 권세를 물리치시고, 구원 사역을 완성하신 것을 의미합니다. 십자가는 죄 문제를 해결해 줍니다. 부활은 주님 오실 때 우리도 주님처럼 다시 살아 부활할 것을 약속하며, 현실에서는 거듭나는 것을 의미합니다. 이 거듭남의 은총은 우리를 주님과 함께 십자가에 못 박히게 하고, 함께 부활하여, 함께 하늘에 앉게 하여 줍니다(엡 2 : 5－6). 옛 사람이 죽고 거듭난 내가 주님의 형상으로, 주님의 대행자로 살아가도록 하는 이 일이 구속사의 대과제이며 우리를 부르신 목적입니다.

적용질문

1. 나는 예수 그리스도의 십자가를 믿음으로 죄사함과 구원을 경험했습니다. 그 십자가는 나를 부활 신앙으로 이끕니다. 나는 죽음 이후의 부활을 확실히 믿습니까? 무엇이 우리의 부활 신앙의 근거가 됩니까?(고전 15 : 20－23) (하나님의 능력이 예수 그리스도를 먼저 부활시켜 부활의 첫 열매가 되게 하심으로 우리의 부활 신앙의 근거가 됨)

2. 예수님의 부활의 능력이 현실 속에서는 우리의 거듭남으로 나타납니다(벧전 1 : 3). 예수를 부활시킨 그 하나님의 능력이 내게 어떤 역사를 일으켰습니까? 예수님 안에 들어온 이후 무엇이 달라졌습니까?

3. 부활의 정의는 '하나님이 죽은 자들 가운데서 예수를 일으키셨다'는 것입니다(엡 1 : 19-20). 최근에 내게 있었던 이러한 하나님의 은혜, 능력을 간증해 보십시오.

2) 군병들의 보고와 매수(마 28 : 11-15)

11 여자들이 갈 때 경비병 중 몇이 성에 들어가 모든 된 일을 대제사장들에게 알리니 12 그들이 장
로들과 함께 모여 의논하고 군인들에게 돈을 많이 주며 13 이르되 너희는 말하기를 그의 제자들
이 밤에 와서 우리가 잘 때에 그를 도둑질하여 갔다 하라 14 만일 이 말이 총독에게 들리면 우리
가 권하여 너희로 근심하지 않게 하리라 하니 15 군인들이 돈을 받고 가르친 대로 하였으니 이 말
이 오늘날까지 유대인 가운데 두루 퍼지니라

Q 파수를 보던 군병들이 처음에는 사실대로 예수님이 부활하신 것을 상부에 보고했으나, 후에는 뇌물을 받고 거짓 증거를 하게 됩니다. 이를 통해 우리는 어떤 사실을 알 수 있습니까?

A 군병들도 여인들과 같이 예수님의 부활을 본 목격자들이지만, 저들의 삶에는 아무런 변화가 나타나지 않습니다. 기적을 보고, 주님이 주신 요나의 표적을 보고도 믿음으로 화합하지 않으면 죽은 지식에 불과합니다.

이들은 양심이 화인 맞은 악인들이었기에 의인의 부활을 보고도 자신들의 죄를 돌이키기는커녕 오히려 악한 방법으로 진리를 거짓으로 바꾸려 했습니다. 사람이 자기 기득권을 지키기 위해 혈안이 되면 이처럼 악의 노예가 됨에 주의합시다.

마태복음 저자는 이 기사를 쓸 때에는 유대인에게 그리스도를 증거하기 위하여 썼습니다. 그 당시 풍미했던, 예수의 시체를 도적맞았다는 소문에 대한 진상을 설명하고 있습니다. 다른 복음서들이 이 사실에 대해 언급하지 않은 것은 유대인 이외의 사람에게는 별로 흥미가 없는 사실이기 때문입니다. 마태복음 28장 15절에 '오늘날까지'라고 표현한 것으로 보아 저자가 마태복음을 쓸 당시인 AD. 65년 전후까지도 이런 소문이 조작되어 떠돌고 있었던 것으로 보입니다.

적용질문

1. 군인들도 여인들처럼 부활의 목격자가 되었습니다. 죽은 자가 예언대로 다시 살아나는 놀라운 일이 일어났음에도 이들이 예수님을 믿지 않은 이유가 무엇이라고 생각합니까? 나는 예수님의 부활을 경험했습니까? 그것을 증거하는 삶을 살고 있습니까?

2. 군인들은 돈을 받고 사실을 왜곡시켜 예수님의 시신을 제자들이 도둑질해 갔다고 소문을 퍼뜨렸습니다. 그들은 무엇을 위해 사는 사람들입니까? 그들이 추구하는 최고의 가치는 무엇입니까?

3. 대제사장들과 장로들은 돈을 써서 군병들을 매수해서까지 예수님의 부활을 숨기려 한 이유는 무엇이라고 생각합니까? 그들의 신앙은 무엇을 위한 것입니까? 우리 안에는 이런 모습이 없습니까?

3) 왕의 지상명령(마 28 : 16－20)

18 예수께서 나아와 말씀하여 이르시되 하늘과 땅의 모든 권세를 내게 주셨으니 19 그러므로 너희
는 가서 모든 민족을 제자로 삼아 아버지와 아들과 성령의 이름으로 세례를 베풀고 20 내가 너희
에게 분부한 모든 것을 가르쳐 지키게 하라 볼지어다 내가 세상 끝날까지 너희와 항상 함께 있
으리라 하시니라(마 28 : 18－20)

Q 예수님의 지상명령에 나타난 교회의 중요한 목적들을 찾아보십시오(마 28 : 18－20).

A ‘가서’－선교(전도)의 현장으로 찾아가라.
‘모든 민족을 제자로 삼아’－궁극적 목적은 제자 삼아 양육하는 일이다.
‘아버지와 아들과 성령의 이름으로 세례를 베풀고’－성삼위 하나님과의 연합이다.
‘내가 너희에게 분부한 모든 것을 가르쳐 지키게 하라’－실행, 삶, 인격화
‘하늘과 땅의 모든 권세를 내게 주셨으니’, ‘세상 끝 날까지 너희와 항상 함께 있으리라.’
－주님의 보장

교회는 세상을 섬기기 위해 존재합니다. 복음 전파는 주님이 교회에 주시는 지상명령입니

다. 선교는 적극적이고 능동적이며 지속적이어야 합니다. 하늘과 땅의 모든 권세를 가진 분이 위임한 권세와 당부한 명령을 가지고 언제 어디서나 복음 전하는 길을 '가는' 선교사들이 바로 성도들입니다.

아버지와 아들과 성령의 이름으로 세례를 주고

옛 사람, 자기를 버리고 새로운 하나님의 생명에 동참하여 살아있는 교제를 나누는 것을 의미합니다. 자기를 부인하고 자기 십자가를 질 때(세례)에 우리는 비로소 주님의 제자가 되고, 주님의 부활하신 생명으로 거듭나게 될 때에 성삼위 하나님의 생명, 곧 영생에 동참하게 됩니다. 죽어야 삽니다. 세례를 통해 옛 사람이 장사 되어야 하나님의 생명으로 거듭납니다. 세례가 우리를 주님과 연합하게 합니다. 내가 죽은 만큼 그리스도는 사십니다. 물과 성령으로 거듭나야 하나님 나라에 합당한 자로 설 수 있습니다(요 3 : 3, 5).

내가 너희에게 분부한 모든 것을 가르쳐 지키게 하라

교회는 교육과 훈련으로 다음 세대를 세워 가야 합니다. 교육이란 예수님을 닮아가도록 훈련하고 학습시키는 방법이요, 도구입니다. 교회는 성도들이 그리스도의 장성한 분량에 이르도록 도와야 합니다. 마태복음 10장에서 제자들을 파송하면서 '병을 고치고', '전파할 것'을 명하셨지만(마 10 : 7-9) '가르치는 것'에 대한 직접적 명령은 아직 하시지 않았습니다. 공생애 시 예수께서는 살아있는 유일한 선생으로서(마 23 : 8) 가르치는 권세가 그분에게만 있었기 때문입니다. 그런데 이제 주님의 승천과 더불어 제자들에게 '가르칠' 책임과 권위를 부여해 주고 계십니다. 제자들은 세상에 나아가 생전에 스승이 가르쳐 주신 계명들과 교훈(디다케)을 가르칠 수 있는 권리와 동시에 의무를 갖게 되었습니다.[195] 제자들은 주님의 제자 삼으라는 명령을 받들어 다시 제자 삼고(행 14 : 21-22) 바울은 고린도에서 1년 6개월 동안 머물며 말씀을 증거하고 제자들에게 하나님의 말씀을 가르칩니다(행 18 : 11).

[21] 복음을 그 성에서 전하여 많은 사람을 제자로 삼고 루스드라와 이고니온과 안디옥으로 돌아가서 [22] 제자들의 마음을 굳게 하여 이 믿음에 머물러 있으라 권하고 또 우리가 하나님의 나라에 들어가려면 많은 환난을 겪어야 할 것이라 하고(행 14 : 21-22)

일 년 육 개월을 머물며 그들 가운데서 하나님의 말씀을 가르치니라(행 18 : 11)

영적으로 무지한 자들을 깨우쳐 가르치고 악한 행실에서 벗어나 의로운 삶을 살게 하는 것이 제자들의 임무입니다(딤전 4 : 16)[196]

하늘과 땅의 모든 권세를 내게 주셨으니

……볼지어다 내가 세상 끝날까지 너희와 항상 함께 있으리라(마 28 : 20b)

예수님은 사망을 이기시고 부활하신 후 만유를 통치하시며 교회의 머리가 되십니다. 전도자들은 사망을 이기시고 부활하신 예수님의 권세를 가지고 담대하게 나가야 합니다. 주님은 따르는 표적으로 말씀을 확실히 전할 수 있도록 우리를 도우십니다. 오순절 이후에는 이러한 능력 사역이 보편화되었던 이유가 바로 주님의 약속 때문이었습니다.

제자들이 나가 두루 전파할새 주께서 함께 역사하사 그 따르는 표적으로 말씀을 확실히 증언하시니라(막 16 : 20)

성도들은 이 세상에 혼자 사는 것이 아닙니다. 주님 앞에서 주님과 함께 살아갑니다. 주님께서는 우리에게 말씀하시기를 "내가 너희를 고아와 같이 버려두지 아니하겠다."(요 14 : 18)고 말씀하셨습니다. 우리는 이제 더 이상 개인적인 존재가 아닙니다. 공동체요, 모든 참여자들이 동등하게 그의 주권에 가담하는 연합체로 서야 합니다. 우리는 예수님의 존재와 그의 행동을 우리의 삶으로 증거해야 할 무리들입니다.[197] 마태복음은 구약의 선지자들이 예언했던 예수 그리스도의 탄생과 그의 이름이 '임마누엘'이라는 말로 시작되었습니다(마 1 : 23). '임마누엘', 즉 '세상 끝날까지 너희와 항상 함께 있으리라'는 말씀을 마지막에 강조함은 모든 성도들에게 사명을 붙잡고 담대하게 살 것을 격려하는 말씀입니다.

그러나 내가 너희에게 실상을 말하노니 내가 떠나가는 것이 너희에게 유익이라 내가 떠나가지 아니하면 보혜사가 너희에게로 오시지 아니할 것이요 가면 내가 그를 너희에게로 보내리니(요 16 : 7)

예수님이 잡히셨을 때 제자들은 그분을 버리고 도망을 쳤습니다. 사람들 앞에서 맹세하고 저주까지 하면서 부인했습니다. 또한 예수님이 부활하신 후에도 제자 중 얼마는 그분을 의심했습니다(마 28 : 17, 눅 24 : 11, 요 20 : 25). 그러나 사랑이 풍성하신 예수님은 오히려 그들을 찾아와 위로하시고, 사명과 능력까지 주셨습니다. 이 때문에 제자들은 오순절 성령강림 이후에 다시 회심하고 세워져서 주님의 권능으로 담대히 복음을 선포하고 초대교회를 굳게 세워 나가게 되었습니다. 우리 자신을 바라보면, 너무나 죄가 크고 무기력하며 주님의 일을 하기에는 자격이 부족하다고 생각할 때가 많습니다. 그러나 좌절하지 말고 임마누엘 되신 주님을 의지하며, 성령의 힘으로 담대히 나아갑시다.

"하나님 나라"
"구속사"
"복음"
"그리스도의 몸, 교회"
"성언운반일념 4세대"

우리의 꿈이요 희망입니다.

적용질문

1. 마태복음은 '우리가 섬겨야 할 하나님 나라의 복음'의 책입니다. 사람들을 구원받게 하여 제자로 세우고, 배운 말씀대로 살게 하고, 모든 족속에게까지 가서, 그들을 세례받게 하고 제자 삼는 일이 주님이 우리에게 주신 지상명령입니다. 이런 중대한 사명을 위해 나는 어떤 계획을 가지고 있습니까?

2. 내가 일대일이나 소그룹에서 전달할 수 있도록 준비된 말씀은 어떤 책(신구약 말씀)이 있습니까? 마태복음을 마치기 전에 말씀 전달자로 훈련받기 위하여 뒤이어 공부할 책을 계획해 보셨습니까?(창세기, 레위기, 여호수아, 사도행전, 에베소서 등 우리의 목표는 평신도 10권, 목회자 40권입니다.)

3. 나는 요즘 구속사의 완성을 위하여 어떤 고민을 하고 있습니까? 내가 몸담고 있는 공동체가 구속사를 위하여 가지고 있는 목표는 무엇입니까? 나는 1.3.1.3 정신을 실천하고 있습니까? (1.3.1.3 정신 – 하루 1시간 기도로 1년 안에 3사람 전도하고 그중 1명을 양육하여 3년 안에 복음 4세대를 이룬다.)

미주(Endnotes)

1 강병도, 『카리스종합주석-마태복음 1』(서울 : 기독지혜사, 2009), p. 143.
2 바이블 렉스 9.
3 장재일, 『히브리적 관점으로 다시 보는 마태복음』(서울 : 쿰란출판사, 2012), p. 44.
4 강병도, 『카리스종합주석-마태복음 1』(서울 : 기독지혜사, 2009), p. 197.
5 잭 스코트, 『갈릴리에서의 예수님의 사역이 주는 교훈』(서울 : 나침반출판사, 1989), p. 16.
6 장재일, 『히브리적 관점으로 다시 보는 마태복음』, p. 49.
7 바이블렉스 9.
8 에두아르트 슈바이처, 『마태오복음』(서울 : 한국신학연구소, 2001), p. 27.
9 김양재, 『큐티하는 자는 복이 있나니』(서울 : 두란노, 2006), p. 63.
10 위의 책, p. 15 .
11 강병도, 『카리스종합주석-마태복음 1』, p. 155.
12 에두아르트 슈바이처, 『마태오복음』, p. 49.
13 김양재, 『큐티하는 자는 복이 있나니』, p. 59.
14 장재일, 『히브리적 관점으로 다시 보는 마태복음』, p. 55.
15 김양재, 『큐티하는 자는 복이 있나니』, p. 60.
16 장재일, 『히브리적 관점으로 다시 보는 마태복음』, p. 59.
17 강병도, 『카리스종합주석-마태복음 1』, p. 162.
18 김양재, 『큐티하는 자는 복이 있나니』, p. 88.
19 위의 책, p. 283.
20 김양재, 『큐티하는 자는 복이 있나니』, p. 73.
21 위의 책, p. 97.
22 위의 책, p. 99.
23 장재일, 『히브리적 관점으로 다시 보는 마태복음』, pp. 86-87.
24 알버트 반즈, 『마태 마가복음』(서울 : 크리스찬서적, 1988), p. 68.
25 김양재, 『큐티하는 자는 복이 있나니』, pp. 119-120.
26 알버트 반즈, 『마태 마가복음』, p. 74.
27 강병도, 『카리스종합주석-마태복음 1』, p. 326.
28 장재일, 『히브리적 관점으로 다시 보는 마태복음』, pp. 106-108.
29 김양재, 『큐티하는 자는 복이 있나니』, pp.134-135.
30 에두아르트 슈바이처, 『마태오복음』, p. 68.
31 잭 스코트, 『갈릴리에서의 예수님의 사역이 주는 교훈』, pp. 40-41.
32 J. D. 킹스베리, 『마태복음서 연구』(서울 : 기독교문서선교회, 2006), p. 80.
33 알버트 반즈, 『마태 마가복음』, p. 98.
34 김양재, 『큐티하는 자는 복이 있나니』, p. 101.
35 http : //sgti.kehc.org/data../person/cha/3.htm
36 장재일, 『히브리적 관점으로 다시 보는 마태복음』, pp. 90-92.
37 김양재, 『큐티하는 자는 복이 있나니』, p. 159.
38 에두아르트 슈바이처, 『마태오복음』, p. 86.

39 장흥길, 『나의 멍에를 메고 내게 배우라』(서울 : 한국성서학연구소, 2008), p. 55.
40 잭 스코트, 『갈릴리에서의 예수님의 사역이 주는 교훈』, p. 50.
41 김양재, 『큐티하는 자는 복이 있나니』, pp. 172-174.
42 위의 책, p. 180.
43 위의 책, pp. 181-182.
44 장재일, 『히브리적 관점으로 다시 보는 마태복음』, pp. 187-188.
45 위의 책, p. 189.
46 위의 책, pp. 195-197.
47 김양재, 『큐티하는 자는 복이 있나니』, p. 204.
48 위의 책, p. 205.
49 위의 책, pp. 207-208.
50 장재일, 『히브리적 관점으로 다시 보는 마태복음』, pp. 208-209.
51 위의 책, p. 226.
52 알버트 반즈, 『마태 마가복음』, p. 163.
53 강병도, 『카리스종합주석-마태복음 1』, p. 600.
54 위의 책, p. 602.
55 잭 스코트, 『갈릴리에서의 예수님의 사역이 주는 교훈』, p. 98.
56 강병도, 『카리스종합주석-마태복음 1』, p. 599.
57 위의 책, pp. 610-611.
58 잭 스코트, 『갈릴리에서의 예수님의 사역이 주는 교훈』, p. 109.
59 위의 책, pp. 116-117.
60 장흥길, 『나의 멍에를 메고 내게 배우라』, p. 89.
61 알버트 반즈, 『마태 마가복음』, p. 196.
62 강병도, 『카리스종합주석-마태복음 1』, pp. 880-882.
63 알버트 반즈, 『마태 마가복음』, pp. 215-216.
64 김양재, 『새 말씀 새부대 새노래』(서울 : 두란노, 2011), pp. 77-78.
65 잭 스코트, 『갈릴리에서의 예수님의 사역이 주는 교훈』, pp. 165-167.
66 장흥길, 『나의 멍에를 메고 내게 배우라』, p. 117.
67 호크마 주석.
68 강병도, 『카리스종합주석-마태복음 2』(서울 : 기독지혜사, 2009), p. 79.
69 H. C. 웨첸, 『 사람됨의 기원과 운명』(서울 : 대한기독교출판사, 1982), p. 129.
70 알버트 반즈, 『마태 마가복음』, p. 244.
71 장흥길, 『나의 멍에를 메고 내게 배우라』, p. 116.
72 호크마 주석.
73 호크마 주석.
74 호크마 주석.
75 장재일, 『히브리적 관점으로 다시 보는 마태복음 1-13장』(서울 : 쿰란출판사, 2011), p. 381.
76 장재일, 『히브리적 관점으로 다시 보는 마태복음 1-13장』, pp. 387-389.
77 H. C. 웨첸, 『사람됨의 기원과 운명』, p. 132.
78 강병도, 『카리스종합주석-마태복음 2』(서울 : 기독지혜사, 2009), p. 104.

79 김양재, 『새 말씀 새부대 새노래』, pp. 288-289.
80 장재일, 『히브리적 관점으로 다시 보는 마태복음 1-13장』, pp. 409-410.
81 김양재, 『새 말씀 새부대 새노래』, pp. 297-298.
82 잭 스코트, 『갈릴리에서의 예수님의 사역이 주는 교훈』, p. 185.
83 김양재, 『천국을 누리라』(서울 : 두란노, 2011), p. 43.
84 성령 훼방죄에 대한 개혁주의 입장 http : //cafe.naver.com/hmchurch/2918
85 김양재, 『천국을 누리라』, p. 107.
86 장재일, 『히브리적 관점으로 다시 보는 마태복음 1-13장』, pp. 468-470.
87 장재일, 『히브리적 관점으로 다시 보는 마태복음 1-13장』, p. 479-480.
88 위의 책, pp. 483-484.
89 김양재, 『천국을 누리라』, p. 246.
90 알버트 반즈, 『마태 마가복음』, p. 339.
91 장재일, 『히브리적 관점으로 다시 보는 마태복음 14-28장』(서울 : 쿰란출판사, 2012), pp. 72-73.
92 장재일, 『히브리적 관점으로 다시 보는 마태복음 14-28장』, p. 81.
93 에두아르트 슈바이처, 『마태오복음』, p. 339.
94 J. D. 킹스베리, 『마태복음서 연구』, pp. 99-100.
95 알버트 반즈, 『마태 마가복음』, p. 339.
96 김양재, 『천국을 누리라』, p. 258.
97 강병도, 『카리스종합주석-마태복음 2』, p. 542.
98 알버트 반즈, 『마태 마가복음』, p. 339.
99 김양재, 『천국을 보여 주는 인생』(서울 : 두란노, 2011), p. 43.
100 강병도, 『카리스종합주석-마태복음 2』, p. 553.
101 위의 책, p. 625.
102 장재일, 『히브리적 관점으로 다시 보는 마태복음 14-28장』, pp. 135-136.
103 위의 책, p. 143.
104 위의 책, p. 148.
105 강병도, 『카리스종합주석-마태복음 2』, p. 632.
106 장흥길, 『나의 멍에를 메고 내게 배우라』, p. 154.
107 알버트 반즈, 『마태 마가복음』, p. 358.
108 장흥길, 『나의 멍에를 메고 내게 배우라』, p. 159.
109 장재일, 『히브리적 관점으로 다시 보는 마태복음 14-28장』, pp. 149-150.
110 위의 책, pp. 151-152.
111 알버트 반즈, 『마태 마가복음』, p. 362.
112 박윤선 주석.
113 강병도, 『카리스종합주석-마태복음 2』, p. 713.
114 이상근 주석.
115 이상근 주석.
116 김양재, 『천국을 보여 주는 인생』, p. 172.
117 장재일, 『히브리적 관점으로 다시 보는 마태복음 14-28장』, pp. 195-197.
118 잭 스코트, 『갈릴리에서의 예수님의 사역이 주는 교훈』, p. 19.

119 강병도, 『카리스종합주석 – 마태복음 2』, p. 718.
120 장재일, 『히브리적 관점으로 다시 보는 마태복음 14–28장』, p. 214.
121 호크마 주석.
122 장재일, 『히브리적 관점으로 다시 보는 마태복음 14–28장』, p. 217.
123 김양재, 『천국을 보여 주는 인생』, p. 208.
124 강병도, 『카리스종합주석 – 마태복음 2』, p. 774 .
125 캠벨 몰간, 『마태복음 강해 下』(서울 : 아가페출판사, 1988), pp. 129–130.
126 김양재, 『천국을 보여 주는 인생』, pp. 260–261.
127 장흥길, 『나의 멍에를 메고 내게 배우라』, p. 178.
128 강병도, 『카리스종합주석 – 마태복음 2』, p. 840.
129 에두아르트 슈바이처, 『마태오복음』, p. 411.
130 김양재, 『나를 살리는 회개』(서울 : 두란노, 2012), p. 82.
131 잭 스코트, 『갈릴리에서의 예수님의 사역이 주는 교훈』, p. 82.
132 알버트 반즈, 『마태 마가복음』, p. 442.
133 J. D. 킹스베리, 『마태복음서 연구』, p. 147.
134 알버트 반즈, 『마태 마가복음』, p. 443.
135 장재일, 『히브리적 관점으로 다시 보는 마태복음 14–28장』, p. 335.
136 위의 책, p. 340.
137 호크마 주석.
138 알버트 반즈, 『마태 마가복음』, p. 473.
139 강병도, 『카리스종합주석 – 마태복음 2』, p. 137.
140 장재일, 『히브리적 관점으로 다시 보는 마태복음 14–28장』, p. 351.
141 위의 책, p. 361.
142 잭 스코트, 『갈릴리에서의 예수님의 사역이 주는 교훈』, p. 107.
143 김양재, 『나를 살리는 회개』, p. 178.
144 이상근 주석.
145 이상근 주석.
146 김양재, 『나를 살리는 회개』, pp. 181–185.
147 강병도, 『카리스종합주석 – 마태복음 3』(서울 : 기독지혜사, 2009), p. 236.
148 에두아르트 슈바이처, 『마태오복음』, p. 437.
149 박윤선 주석.
150 장재일, 『히브리적 관점으로 다시 보는 마태복음 14–28장』, p. 375.
151 잭 스코트, 『갈릴리에서의 예수님의 사역이 주는 교훈』, p. 119.
152 장재일, 『히브리적 관점으로 다시 보는 마태복음 14–28장』, p. 385.
153 알버트 반즈, 『마태 마가복음』, p. 489.
154 잭 스코트, 『갈릴리에서의 예수님의 사역이 주는 교훈』, pp. 143–144.
155 워렌 위어스비, 『핵심 성경공부 2』(서울 : 나침반사, 2001).
156 장재일, 『히브리적 관점으로 다시 보는 마태복음 14–28장』, p. 428.
157 강병도, 『카리스종합주석 – 마태복음3』, p. 431.
158 매튜헨리 주석.

159 메튜헨리 주석.
160 호크마 주석.
161 강병도, 『카리스종합주석-마태복음 3』, pp. 434-436.
162 박윤선 주석.
163 강병도, 『카리스종합주석-마태복음 3』, p. 443.
164 김형태 목사, '사명자 성회' 노트.
165 에두아르트 슈바이처, 『마태오복음』, p. 487.
166 강병도, 『카리스종합주석-마태복음 3』, p. 452.
167 잭 스코트, 『갈릴리에서의 예수님의 사역이 주는 교훈』, p. 178.
168 박윤선 주석.
169 에두아르트 슈바이처, 『마태오복음』, p. 496.
170 이상근 주석.
171 강병도, 『카리스종합주석-마태복음 3』, p. 55.
172 이상근 주석.
173 강병도, 『카리스종합주석-마태복음 3』, p. 607.
174 위의 책, p. 609.
175 호크마 주석.
176 호크마 주석.
177 알버트 반즈, 『마태 마가복음』, p. 581.
178 장흥길, 『나의 멍에를 메고 내게 배우라』, p. 223.
179 캠벨 몰간, 『마태복음 강해 下』, p. 294.
180 장재일, 『히브리적 관점으로 다시 보는 마태복음 14-28장』, pp. 530-531.
181 위의 책, pp. 538-540.
182 강병도, 『카리스종합주석-마태복음 3』, p. 611.
183 박윤선 주석.
184 김양재, 『뜨겁게 행하라』(서울 : 두란노, 2013), pp. 198-201.
185 김양재, 『 뜨겁게 행하라』, p. 237.
186 장재일, 『히브리적 관점으로 다시 보는 마태복음 14-28장』, pp. 605-606.
187 J. D. 킹스베리, 『마태복음서 연구』, pp. 112-113.
188 장재일, 『히브리적 관점으로 다시 보는 마태복음 14-28장』, pp. 616-622.
189 김양재, 『뜨겁게 행하라』, p. 258.
190 이상근 주석.
191 호크마 주석.
192 장재일, 『히브리적 관점으로 다시 보는 마태복음 14-28장』, pp. 626-627.
193 박윤선 주석.
194 이상근 주석.
195 호크마 주석.
196 강병도, 『카리스종합주석-마태복음 3』, p. 852.
197 H. C. 웨첸, 『사람됨의 기원과 운명』, p. 249.

구속사를 열어가는 성경연구 시리즈

우리가 섬겨야 할 하나님 나라의 복음 : 마태복음

초판발행 2016년 2월 15일
5쇄발행 2025년 10월 20일

지 은 이 박승호
펴 낸 이 강성훈
펴 낸 곳 한국장로교출판사
주　　소 03129 / 서울특별시 종로구 대학로3길29 신관4층(총회창립100주년기념관)
전　　화 (02) 741-4381 / 팩스 (02) 741-7886
영 업 국 (031) 944-4340 / 팩스 (02) 944-2623
등　　록 No. 1-84(1951. 8. 3.)

ISBN 978-89-398-4129-1 / Printed in Korea
값 19,000원